心一堂彭措佛緣叢書·索達吉堪布仁波切譯著文集

大圓滿前行廣釋（一）
附大圓滿前行實修法

華智(巴珠)仁波切　原著
索達吉堪布仁波切　漢譯及講解

Śūnyatā

書名：大圓滿前行廣釋（一）附大圓滿前行實修法
系列：心一堂彭措佛緣叢書‧索達吉堪布仁波切譯著文集
原著：華智（巴珠）仁波切
漢譯：索達吉堪布仁波切
責任編輯：陳劍聰

出版：心一堂有限公司
地址/門市：香港九龍尖沙咀東麼地道六十三號好時中心LG六十一室
電話號碼：+852-6715-0840　+852-3466-1112
網址：www.sunyata.cc　publish.sunyata.cc
電郵：sunyatabook@gmail.com
心一堂 彭措佛緣叢書論壇：　http://bbs.sunyata.cc
心一堂 彭措佛緣閣：　　　　http://buddhism.sunyata.cc
網上書店：　　　　　　　　http://book.sunyata.cc

香港及海外發行：香港聯合書刊物流有限公司
地址：香港新界大埔汀麗路三十六號中華商務印刷大廈三樓
電話號碼：+852-2150-2100
傳真號碼：+852-2407-3062
電郵：info@suplogistics.com.hk

台灣發行：秀威資訊科技股份有限公司
地址：台灣台北市內湖區瑞光路七十六巷六十五號一樓
電話號碼：+886-2-2796-3638
傳真號碼：+886-2-2796-1377
網絡書店：www.bodbooks.com.tw
台灣讀者服務中心：國家書店
地址：台灣台北市中山區松江路二〇九號一樓
電話號碼：+886-2-2518-0207
傳真號碼：+886-2-2518-0778
網絡網址：http://www.govbooks.com.tw/

中國大陸發行‧零售：心一堂‧彭措佛緣閣
深圳地址：中國深圳羅湖立新路六號東門博雅負一層零零八號
電話號碼：+86-755-8222-4934
北京流通處：中國北京東城區雍和宮大街四十號
心一店淘寶網：http://sunyatacc.taobao.com/

版次：二零一五年二月初版，平裝

定價：港幣　　　一百一十八元正
　　　新台幣　　四百六十元正

國際書號 ISBN 978-988-8316-34-2

目錄

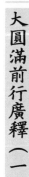

目
錄

前行之重要性

思考題

1、我們為什麼要修加行？歷代大德對加行是如何看待的？你對此有哪些感觸？

2、有些人覺得：「修加行是藏傳佛教的傳統，我學漢傳佛教的，沒有必要修這些。」這種想法是否正確？為什麼？

3、如何修持共同加行和不共加行？你今後會怎麼樣修？

4、請從各方面具體闡述磕頭的修法。你過去是怎麼磕頭的？學了這節課後，你有哪些收穫？

5、你以前修過加行嗎？這次你有什麼安排？

頂禮本師釋迦牟尼佛！

頂禮文殊智慧勇識！

頂禮傳承大恩上師！

　　　　無上甚深微妙法　　百千萬劫難遭遇

　　　　我今見聞得受持　　願解如來真實義

為度化一切眾生，請大家發無上殊勝的菩提心！

　　下一個學期，我準備給大家傳講《大圓滿前行引導文》，並要求參加學習的道友修前行。正式開講之前，

大圓滿前行廣釋（一）附大圓滿前行實修法

今天利用短暫的時間，順便說一下修前行的重要性。

修前行有何必要？

很多人應該清楚，藏傳佛教中不管是哪一個教派，在學習、修持最高的密法之前，都有修加行的傳統。只有把四加行或五加行修完了，合格的上師才會給你傳授生起次第、圓滿次第等無上瑜伽。這種現象在藏傳佛教中相當普遍，也是極為嚴密的修行次第。

我們學習佛法是為了解脫，而解脫必須依靠修行次第。沒有這個次第的話，除了極個別利根弟子和具超越功德的上師二者因緣聚合時，僅通過上師的表示、直指或簡單的法語，弟子不經地道當下便可開悟以外，普通修行人不可能達到這種境界。因此，依照傳承上師常用的規矩次第修行，這是非常有必要的。

寧瑪巴了不起的大證悟者華智仁波切及其傳承弟子紐西龍多、堪布阿瓊、堪布根華、托嘎如意寶、法王如意寶晉美彭措等傳承上師，都對加行法門非常重視，正因為如此，如今《大圓滿前行》的筆記、備忘錄等數不勝數。此傳承的大德們，無論在尼泊爾、印度、藏地，其門下弟子都有一種超勝的特點——不會口口聲聲宣揚自己見到明點、證悟空性、有神通神變，但任何違緣也不能毀壞他們的修證，各方面驗相均證明其境界非常高深。所以，大家在修行過程中，務必要遵照傳承上師的次第。

前行之重要性

在這部《前行引導文》中，華智仁波切依照無垢光尊者《大圓滿心性休息》的次第，首先要求修人身難得、壽命無常、輪迴過患、因果不虛四個共同加行，然後在此基礎上，繼續修持不共加行。華智仁波切本人非常有智慧，這一點從他著作中也不難看出，然而即使睿智如他，也在如來芽尊者面前聽了二十多次加行，最終才匯集出這部《前行引導文》，這也在暗示我們後學者一定要重視前行法。如果沒有打牢前行基礎，隨隨便便就直奔正行，一味地好高騖遠，其結果往往會無功而返、事與願違。

寧瑪巴大成就者頂果欽哲仁波切在《成佛之道》一書中說：「不要以為前行法是某種比較初級、屬於初學者的簡單修持，或者不如大手印、大圓滿等法門深奧。事實上，前行修持之所以放在最開頭，就是因為它具有關鍵的重要性，是一切修持最重要的基礎。如果直接就去做所謂的『主要修持』，而沒有以前行來做預備，這對我們一點幫助也沒有。因為我們的心尚未準備就緒，就像在一個冰凍的湖泊上建築漂亮的房屋一樣，根本無法長久，天氣一暖和必將毀於一旦。」

許多人剛剛學佛時，特別想馬上就開悟，找到一個具法相的上師後，讓上師今天灌頂，明天講引導文，後天就讓自己成就，要求特別高。作為上師也比較為難——不傳甚深法吧，弟子會不高興；傳甚深法吧，又不

大圓滿前行廣釋（一）附大圓滿前行實修法

3

符合傳承上師的規矩。以前上師如意寶面前就來過一個人，他把馬拴在門口的椿子上，進去拜見上師後說：「您可不可以給我灌個頂，傳個大圓滿法？」上師說：「我可以觀察一下，你待一段時間吧。」他說：「不行啊！我的馬已拴在門口了，得盡快趕回去，您一定要把所有竅訣圓滿給我傳授！」（上師笑著說：「法王後來經常引用這一段公案。」）

前行之重要性

有些上師對法非常重視，不一定馬上給你傳最高的法。當然，有些上師因為不同的因緣，也許會給你傳很深的法——我遇到過很多法友，有些人就說：「某某上師給我傳了最高的法。」我問：「你修過五十萬加行沒有？」「沒有沒有，上師說不用修，我的根基很不錯。」還有些人連頂也沒有灌過，就開始直攀無上大圓滿，這與傳承上師的規矩有點差別。不過，我也不敢說這種做法完全不對，畢竟每個上師度化弟子的方便不盡相同，眾生的根基也千差萬別，在禪宗有些公案中，也有許多頓悟的故事。但對大多數人而言，還是需要一個有次第的修行。

華智仁波切傳承下的意科喇嘛，是我們色達地區非常出名的修行人，他經常住在寂靜地方。當年依止過他的那些弟子，在初來乍到的兩三年中，根本聽不到他傳甚深的密法，都是在他的要求下，日復一日地修加行。這樣嚴格的訓練，為弟子們奠定了堅實的基礎。在十年

浩劫的恐怖年代，許多停留於表面聞思的人，紛紛退失信心、毀謗佛法，而意科喇嘛的弟子卻在違緣面前顯得尤為堅強，幾乎沒有一個改變初衷。

很多道友都希望自己變成合格的修行人，獲得甚深的證悟境界，這樣的話，必須要下一定的功夫才有收穫。如果沒認識到這一點，把修行想得特別簡單，沒有證悟就怨天尤人，甚至對佛法和上師生起邪見，最後自他皆會墮落。因此，無論是居士還是出家人，都要重視這個加行法門。

阿底峽尊者是印度東西方鼎鼎有名、證悟境界極高的成就者，但他來到藏地之後，並沒有傳甚深的法門，而是到處宣講前行法。後來有些弟子不解地說：「上師，您傳的前行太多了，人們都稱您為『前行上師』，多難聽啊！好像您只懂前行一樣。」阿底峽尊者聽後，反而高興地說：「如果我真成了『前行上師』，那說明很多人的佛法基礎已經打下來了！」

我們修任何一個法，都要看基礎打得好不好，前行的基礎打好了，學起來才會遊刃有餘。這跟學文化是一樣的，如果剛開始不會 b、p、m、f 等拼音，學後面的語法就會特別困難。然而，現在有些人不懂修行次第，一學佛就想讓最高、最深、最妙的法融入自心，雖然這個目標很好，可要看自己的根基能不能與法相應，如果沒有相應，到時候你很可能對佛法生起邪見，最後修什麼

大圓滿前行廣釋（一）附大圓滿前行實修法

也不會成功。

　　你們出家或學佛也不容易，既然學了佛，就要讓佛法的理念在心中永遠存留。佛法的這種偉大精神、不可思議的理念，任何學說均無法與之相提並論，這並不是因為我是佛教徒，才如此竭力地讚歎，而是經過這麼多年，看到社會上形形色色的知識後，確實覺得佛陀的智慧是唯一閃閃發光的寶珠。世間上的經濟、政治、軍事，包括各國動亂、複雜政局，在佛教徒眼裡不過是過眼雲煙，佛陀早就說了，一切都是無常的，生老病死是必經階段，並不值得大驚小怪。比如，近來的金融危機風暴，讓大城市裡的人苦不堪言，許多中小企業和國內外銀行紛紛倒閉，由於股市持續暴跌，很多有錢人一下子變得身無分文。（這些情況，我們山溝裡的人不一定聽說。）其實，這些變化在佛教中已經講得很清楚，一切事物最初的發展與興盛，乃至最後的衰敗與滅亡，完全是諸法無常、高際必墮的實證。所以，懂得佛法的人遭遇挫折痛苦時，根本不會一蹶不振、怨天尤人。

　　我經常這樣想：佛陀偉大的修行證悟境界，縱然只沾到滄海一粟，也會終生受用不盡。這麼珍貴的智慧理念，對每個人來講都非常難得，乃至生生世世也不要讓它失去。為了讓它在自相續中永遠存留，大家必須要下一番功夫，這就是我提倡修加行的目的，並不是密宗想通過修加行來拉攏弟子。

前行之重要性

6

遣除普遍之疑慮

有些人或許問：「為什麼不修持其他的法，而單單選擇修加行呢？」

這是很有必要的。先拿共同四加行來說，我們一定要知道「人身難得」，如果沒有這種理念，人身的定位就沒有把握好；雖然覺得人身很難得，但若沒有觀無常，不精進修行也沒用，因此要修「壽命無常」；光是觀無常還不夠，還要知道人死後隨業力而轉，造惡業墮入三惡趣，行持善法轉生三善趣，這就是「因果不虛」；無論轉生善趣還是墮入惡趣，統統是輪迴，而不是解脫，故應當從中出離，此為「輪迴過患」。通過這四種修法，必定能生起出離心。

因此，我們下一節課，從「人身難得」開始修共同加行。每個人務必要認認真真地修①，這並不是一種形式，《前行》已經講過許多次了，大家理論上比較明白，但不是明白就可以了，說得來、聽得懂、背得來還不夠，還必須要通過再三修行，對法義有一種感覺。例如「人身難得」這個道理，不能只是嘴巴上會講、字面上會寫，而應該對它時時觀修，最終體會到它的真正含義。誠如禪宗所言：「如人飲水，冷暖自知。」所以，佛法的意義要真正去修，沒有修的話，表面上說得再漂

---

①上師從下一節課開始，每講完《大圓滿前行》一堂課，就帶大家觀修《前行實修法》一個引導（見本講記後面）。以令大家對法義有深刻體會。

大圓滿前行廣釋（一）附大圓滿前行實修法

亮，也沒有什麼意義。

現在有些大學的老師、學生，嘴巴非常會說，口才也非常不錯，講什麼都頭頭是道、天花亂墜，古今中外很多理論可以滔滔不絕地說出來，然而他的內心與佛法格格不入，一旦生老病死降臨到頭上，完全束手無策，只能坐以待斃。可是有些修行人，外表上沒什麼超勝之處，但他面對死亡和違緣挫折時，相當坦然、相當安詳，其原因就是佛法融入了自己的心。

所以大家一定要好好修加行。首先應該修共同四加行，修完了之後，正如宗喀巴大師所說，一定會斷除對今生和來世的貪執，真實生起出離心②。然後，再進一步修不共加行，逐一修持皈依、發菩提心、念修金剛薩埵、供曼茶羅、上師瑜伽。

為什麼要修不共加行呢？因為「皈依」是進入佛門的標誌；「發心」是區別大小乘的分水嶺，修行時應明確這不是為了自己，而是為了利益一切眾生；光有皈依和發心還不行，無始以來在輪迴中所造的自性罪和佛制罪，一定要通過「念修金剛薩埵」得以清淨；同時，成佛需積累廣大福慧二資，這就要「供曼茶羅」；最後依靠上師加持，遣除相續中的所有障礙，現證諸法的實相境界，就要修持「上師瑜伽」。整個修行次第應該是這樣。

---

② 宗喀巴大師在《三主要道論》中云：「人生難得壽無常，修此可斷今生執；無欺業果輪迴苦，修此可斷後世執。」

有些人問：「每個加行為什麼要修十萬遍呢？」

這是傳承上師們規定的。因為不可能每個人都保質保量地修完加行，但至少也要圓滿十萬遍的數量，這樣自相續才會調柔。如果你是特別傲慢的人，在皈依境上師三寶前一定要磕頭，磕一個不行，兩個三個也不行，必須要磕滿十萬個。如此一來，傲慢就會全部遣除，你也不得不承認自己是皈依佛的人，心境與世間人會有天壤之別。

五十萬加行對一個人來講，無疑是馴服內心「野馬」的殊勝手段。我們若想智慧境界得以顯露，心性必須要調柔，心性要調柔的話，則必須修五十萬加行。如果沒有這樣修，表面上你是佛教徒，已經皈依十幾年了，可內心還是剛強難化，行為和性格一點都沒改變，那也只是徒有虛名而已。因此，修加行的確很重要！

有些人想：「修加行是藏傳佛教的傳統，與漢傳佛教有很大差別吧？」

其實並不是。加行的內容在漢傳佛教中全部都有，只不過沒有系統地歸納過、強調過罷了。

有些學淨土宗的人一聽說修加行，就特別害怕、不敢報名，那天我看到這種情況，便專門開了一個淨土組。不過這樣也很好，正因為他們的「方便示現」，我才下決心講《極樂願文大疏》，否則也沒有這個機緣。但這種擔心沒有必要。你們想一想，在漢傳佛教中，有

大圓滿前行廣釋（一）附大圓滿前行實修法

哪一部經論說不需要頂禮？雖然有些動作稍有不同，但修持頂禮十萬遍，任何大德都不敢說這不如法，而且皈依不是辦個皈依證、上師認定一下就可以了，必須要反反覆覆在上師三寶面前念皈依偈，誰也不會說這多此一舉；發菩提心也是同樣，凡是學習大乘、承諾利益眾生的人，不可能不必念修發心偈；懺悔在修行中舉足輕重，漢地也有那麼多懺悔文，念百字明的功德在續部中不計其數，這個也不可能否定；積累資糧供曼茶羅並非特立獨行，漢地供養諸佛菩薩時也有各式各樣的供品，我們以儀軌供養十萬遍，又有什麼不合理的？因此，這並不是法有問題，只不過是你自己不理解而已！

前行之重要性

前行之修行次第

一、共同加行

大家這次修加行，首先應當從共同加行修起。

倘若各方面因緣具足，應將瑣事全部放下來，通過入定的方式修行。所謂的入定，不是什麼都不想，閉著眼睛一直打坐，這一點暫時不用，以後如果要修無相禪定，到時候再說。聽說我們這裡個別道友坐禪時不起任何念頭，始終安住在阿賴耶上，這個沒有必要。

修共同加行的過程中，如果自己有條件，每天最好能修四座，這是紐西龍多和堪布阿瓊的傳統。你們可以翻閱一下堪布阿瓊的《前行備忘錄》，它在藏傳佛教中非常著名，這三百多頁並不是哪裡都找得到的。書中就要求，初學者最好能一天修四座——早上一座、上午一座、下午一座、晚上一座，每座半個小時到兩個小時左右，可根據自己的情況來定。

當然，這種修行時間安排，對城市裡的在家人來講可能不太適合，倘若一天都這樣修，那吃什麼呀？尤其是現在競爭那麼激烈，生活的要求越來越高，很多人分期付款買了房子、買了轎車後，就要一輩子給它打工——於規定的期限內每年要付好幾萬。（生活上的壓力，出家人與在家人截然不同，出家人有一個小小的板皮房就很快樂了，根本不需要一輩子給它打工。）既然欠了那麼多債，白天上班

要做許多事情，一天修四座確實很困難。但你至少也要保證早上一座、晚上一座，若沒有特殊原因，每天應保證兩座的修行時間。

在入座之前，首先要杜絕一切散亂之因，把電話拔掉、手機關掉，亂七八糟的事情處理好，然後想：「我要入座半個小時，在這個過程中，什麼事情都不管。」把門關上就好好坐著。學院的道友若想入定修加行，最好在門上掛一塊「閉關修加行」的牌子，這樣別人就不會打擾了。

入座的時候，先要皈依、發心，然後一直思維所觀的內容。例如，「人身難得」引導中第一個是修八無暇，把這段文字反反覆覆看完後，開始對其含義進行思維，最後你所得的感受會跟字面上的學習完全不同。當然，剛開始的時候，法義不一定在你心裡浮現出來，但只要再再地看幾遍，細心體會字裡行間的意義，修行境界必定會在相續中出現，這樣以後，你遇到任何環境也不容易退轉了。否則，學了好幾遍《大圓滿前行》，今年學一遍，明年學一遍，但法沒有融入內心深處的話，違緣出現時仍會一籌莫展。所以，修行還是非常重要，每個引導都應該以入定的方式這樣修。

最後結座出定時，不要忘記作迴向。

修共同加行的期間，希望大家在力所能及的範圍內，每天按照入定、出定來修。當然，到了一定的時

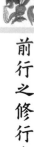

候，你出入定達到任運時，走路、吃飯都可以修，就像很多高僧大德一樣。但剛開始時肯定不行，你在路上一直想著人身難得，結果碰到一個好朋友，隨便聊了幾句閒話，你心裡的人身難得就被他拿跑了，從此以後再也沒有那種感受了。因此，對凡夫人來講，把散亂全部放下來修持很重要，這也是適合初學者的修行方法。

　　總之，大家一定要依照次第修——最初皈依、發心；中間一心一意地修持；出座時看自己修得好不好，不好的話譴責自己，好的話就隨喜自己，之後開始迴向善根。每天理應如是修持。

　　以後修前行的時候，我不會天天這樣重複，希望大家將這些教言牢記於心，修行時間要長一點。有些上師光修共同加行就用了三年、四年、六年，我們不一定用那麼長時間，但《前行實修法》中有五十幾個引導文③，一個引導文修三天的話，起碼也要修好幾個月。

　　以上是共同加行的修法。

二、不共加行

　　本來，不共加行應從「皈依」開始修，不過這次比較特殊，我們從「上師瑜伽」修起。很早以前，我就想帶大家共同祈禱法王如意寶，念誦十萬遍的上師祈禱文，若能如此，加持必定融入自心，很多感覺是完全不

大圓滿前行廣釋（一）附大圓滿前行實修法

---
③四個共同加行，加上「依止善知識」，共55個引導文。

同的。我們修加行也好、正行也好，全部要靠上師的加持，若沒有上師加持而僅憑自己的能力，想成就還是非常困難的。以前大家修加行時，把皈依和磕頭合在一起修，磕一個頭就念一遍皈依偈，最後皈依偈念完了，磕頭也修完了，以這種方式圓滿過。但這次我們把磕頭和上師瑜伽一起修④，一邊念上師的祈禱文一邊磕頭，修不共加行時先圓滿上師瑜伽，然後再修其他法。

　　之所以這樣，其實還有一個原因：大城市裡菩提學會的很多道友，在短暫的一兩個月中，絕對沒辦法磕完十萬個頭，不要說一天磕五百個，即使只磕一百個，他們壓力也非常大，因此，每個人應先祈禱上師加持自己修加行圓滿。當然，時間可以稍微長一點，精進者一兩年中修完五十萬加行，特別忙碌的人可能需要三四年。但不管怎麼樣，出家人也好、在家人也好，應該共同發願修加行。

　　在這個過程中，我相信相當一部分人會善始善終、功成圓滿，但也有一部分人半途而廢，還有些人剛磕一百個頭就倒下去了——「不行啦！我的腳好酸好痛，全身都軟軟的。」其實這很正常，以前我磕頭的時候，頭一兩天真的很累，但慢慢適應就好了。運動員為了爭得金錢或名譽，每天都要刻苦鍛煉，那我們為了究竟解

前行之修行次第

---

④磕頭，屬於上師瑜伽「七支供」中的頂禮支。所以，有些傳承上師也有把磕頭和上師瑜伽一起修的傳統。

脫，腳有點酸、有點軟、有點硬，又有什麼大不了的？因此，大家一定要努力，不要磕兩三個頭就開始抱怨：「啊！特別痛，眼前有各種星星出現了。」——這些星星可能是大圓滿的明點，你不用修加行啦。開玩笑！

磕頭之具體修法

磕頭的時候，可以按照《前行》中的皈依境來觀想，也可如喬美仁波切所說，把自己的上師觀為所頂禮的對境。

如果你觀想《前行》中的皈依境，那應將上師觀為蓮花生大士，或者也可觀為釋迦牟尼佛等自己很有信心的本尊。打個比方說，把水晶放在不同顏色的布上，它會映出不同顏色，放在藍布上就是藍色，放在紅布上就是紅色。同樣，把上師觀為與蓮花生大士無別，蓮花生大士的加持就會融入自心；把上師觀為與釋迦牟尼佛無別，釋迦牟尼佛的加持會融入自心；甚至把上師觀為黃財神，祈求自己財富圓滿，也會得到如是加持。因此，最關鍵的就是把上師觀為所皈依的對境。

接下來明觀皈依境。具體來說，先將自己周圍觀想成清淨悅意的佛剎，正前方有一棵具五個樹枝的如意樹。觀想在中間的樹枝上：本體為根本上師，形象是鄔金蓮花生大士，雙足以國王遊舞式安坐，所有服飾按皈依境所講的那樣，一切非常圓滿莊嚴。隨後觀想右邊的樹枝上，是文殊菩薩、觀音菩薩、金剛手菩薩、除蓋障

大圓滿前行廣釋（一）附大圓滿前行實修法

菩薩等八大菩薩為主的大乘聖眾；左邊的樹枝上，是目犍連、舍利子為主的小乘聖眾；前方的樹枝上，是釋迦牟尼佛為主的十方三世諸佛；後方的樹枝上，是大圓滿續部為主的經函。概而言之，中間與前方是佛寶，左右兩邊是僧寶，後方是法寶，此皈依境即是三寶所依。

下一步，把自己的身體觀為無量身體，每一個身體前面是害自己的怨敵、大仙兒、魔等，左側是今生的母親，右側是今生的父親，周圍是浩瀚無邊的六道眾生。大家一起面向蓮花生大士為主的皈依境雙手合掌，身口意三門畢恭畢敬，幻化為無量無邊的身體頂禮⑤。假如你對蓮花生大士生不起信心，也可將上師觀為釋迦牟尼佛、阿彌陀佛等其他形象，然後在其面前這樣頂禮。

頂禮的時候，雙手如《大解脫經》所云：「如蓮花待放，合掌於頂上。」合掌時不可僅僅以兩手的指尖接觸，也不可掌心毫無空隙地併攏，而應如蓮花苞一樣空心合掌。現在有些居士磕頭時，手心緊緊地合在一起，這不是很如法。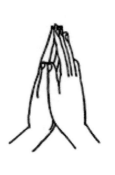

然後，先在心間一合掌，按無垢光尊者的觀點，這表示對諸佛菩薩的恭敬之情。接著依次下來，第一步合

前行之修行次第

⑤周圍的眾生也要幻化為無量無邊的身體，此觀修方法是依據密宗的其他教言，與《大圓滿前行》略有不同。

掌在頭頂髮旋處（有些人合掌在前額，這不是很正確），觀想對佛陀金剛身頂禮，依此自己無始以來身體所造的一切罪業得以清淨，獲得佛陀金剛身的加持；第二步合掌在喉間，觀想對佛陀金剛語頂禮，依此自己無始以來語言所造的一切罪業得以清淨，獲得佛陀金剛語的加持；第三步合掌在心間，觀想對佛陀金剛意頂禮，依此自己無始以來內心所造的一切罪業得以清淨，獲得佛陀金剛意的加持。三門合掌之後，觀想得到三門清淨的功德，遣除三門一切罪業。

　　接著五體投地頂禮，可以磕長頭，也可以磕短頭。站起來時身體要挺直，伏下去時五體投地——前額、兩手掌、兩膝蓋這五個部位接觸地面。觀想清淨五毒，獲得五身⑥，以及得到佛陀身、語、意、功德、事業五種加持。

　　磕長頭和磕短頭在佛經中均有記載，但如果你身體比較好，最好還是磕長頭。有些人磕長頭時，趴下去後在頂上一合掌，然後再起身，這在經典中不知道有沒有，我沒有看到過，這樣有也可以、沒有也可以。

　　不管怎麼樣，在磕頭的過程中，身語意必須要集中精力，不要一邊頂禮一邊身體東張西望，口中胡言亂語「最近買的白菜是多少斤啊？今天中午吃什麼」，心裡也是心不在焉。而應該身體恭敬作禮，磕一個頭口誦一

⑥五身：法身、報身、化身、不變金剛身、現前菩提身。

大圓滿前行廣釋（一）附大圓滿前行實修法

遍祈禱文（磕完十萬個頭，剛好祈禱文念了十萬遍），心中盡量把皈依境觀想得清清楚楚，若實在觀不起來，也要對皈依境有清淨的信心、恭敬心。不然，你對這個生嫉妒心，對那個生嗔恨心，對那個又生貪心，在貪嗔癡的心態下開始磕頭，這沒有什麼功德。

華智仁波切在《前行》中講了很多這方面的道理，並說磕頭時一定要如法，否則「除了自己的身體白白受累以外，沒有任何實義」。關於這一句話，有些上師在解釋時說：「所謂的『沒有任何實義』，只不過是低劣加否定⑦而已，實際上是功德很小的意思。」

我們如理如法磕頭的功德非常大。佛經中說，這樣頂禮一次，將獲得身下所覆蓋的面積直至金剛大地以上所有微塵數的轉輪王位，或者得到佛陀無見頂相的⑧功德。尤其以上師作為對境，在他面前恭敬頂禮和祈禱，《菩提道次第論講義》、《事師五十頌講義》中都說了，這種功德不可思議。因此，我這次勸大家把上師觀為本尊或蓮花生大士，然後一邊頂禮一邊祈禱，如此哪怕是一剎那的憶念，也遠遠勝過千百萬劫中憶念本尊、修持本尊的功德。

我們這麼多人共同修加行，確實是相當殊勝的因

---

⑦低劣加否定：由於微乎其微、極不明顯，故表達時用了完全否定的語氣。比如一個人膽子很小，就說他沒有膽子；一個人錢很少，就說他沒有錢。

⑧《優婆塞戒經》云：「得無見頂相，何以故？為菩薩時，於無量世頭頂禮拜一切聖賢、師長、父母，尊重讚歎，恭敬供養，是故獲得無見頂相。」

緣，在修行的過程中，肯定會遇到一些違緣，有時候身體不好了，有時候別人不理解，各種情況都會出現。當然，如果是一個脆弱的人，看到一根草也會驚慌失措，生怕它刺入自己心間，從而不敢勇往直前，這種人顧慮比較多，修法的勇氣也比較弱。但對堅強的人來講，任何困難都可以面對，依靠上師三寶的加持，修加行一定會圓滿的！

我們學院好幾個道友已經修三四次加行了，非常的了不起，而外面有些人，儘管皈依十年、二十年，但至今也沒有修過加行。1989年我遇到有些老居士，他們信誓旦旦地說：「上師老人家，我要修加行。您放心好了，再過兩年，我一定把五十萬加行修得圓圓滿滿！」現在不要說圓圓滿滿，連一半都沒有修。很多人由於缺乏精進心，比較散亂懈怠，再加上遇到各種違緣，有意義的法總是修不完。

對我們每個人來說，高深的境界暫時不要談，必須先從基礎打起。我們的相續跟普通人沒有差別，因此，理應依照普通人的次第修持。看外面的世間學校，大多數都是按照普通人的根基來，先上幼兒園，再上小學、中學、高中，這種教學方式非常切合根基。同樣，佛教中雖有個別「特殊人物」能一聞千悟，但你沒有出現這種成就驗相時，應該把自己看成普通人，在修行上要多下功夫。有些人平時磕三個頭都很困難，現在要修五十

大圓滿前行廣釋（一）附大圓滿前行實修法

萬加行，簡直是非常偉大的一個「工程」，沒有一定的毅力恐怕難如登天。但是只要有強大的心力，總有一天會圓滿的。

我這次真的非常高興，在上師三寶的加持下，有機會跟大家共修加行，哪怕中間出現違緣沒有圓滿，由於發心是清淨的，自己也心滿意足了。我即生中不敢說是非常合格的修行人，但出家僧衣沒有脫，每天沒有忙於世間八法，這完全歸功於最初學了《大圓滿前行》。剛開始的時候，我對《前行》的法義有極強烈的希求心，一部分內容也融入了自相續，以此見解引導，在出家團體中一直沒有退下來。而當初一起出家的很多道友，因為沒有學過這部論典，對佛法的定解不穩固，以至於現在要麼還俗了，要麼有種種情況發生。所以，僅僅是一部法甚至一句教言，對我們一生乃至生生世世，也有不可估量的重要意義。

大家在修行過程中，一定要始終祈禱上師三寶，尤其是祈禱法王如意寶。這並非因為是我的上師才這樣讚歎，而是在這麼多年中，我確實覺得在末法時代法王的加持非常強。學院這麼多人若沒有法王的加持，在茫茫人海中會變成什麼樣的迷惑者也不知道，如今法王以慈悲之手，把我們從輪迴苦海中撈了上來，安置於解脫的岸邊，這種恩德昊天罔極，用其他方式根本無法回報，只有祈禱上師如法修行，才能回報上師之恩德於萬一。

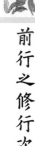

因此，大家應該共同發願修五十萬加行。

當然，極個別道友發心特別忙，這次想修圓滿也許有一定的困難。但即便如此，最好你能發願在有生之年中，盡量抽時間修一遍加行，這樣依靠上師三寶的加持，以後也有圓滿的機會。

我自己認為，如今在所有的修行中，圓滿五加行是最重要的。世人覺得工作、金錢、婚姻最重要，但在我眼裡，這些猶如糞土般不值一提。這次修五加行，對今生乃至生生世世是最好的開端，故大家務必要引起重視，不僅僅是數量上完成，同時還要保質保量，每一項最初以菩提心攝持，最後將善根迴向一切眾生，心裡真的要這樣想。若能做到這一點，諸佛菩薩的加持會逐漸融入你的心，慢慢瓦解一切自私自利，利他心進而日益增上。

尤為值得一提的是，修加行時發心的方向一定要掌握，對此我自己深有感觸：以前我剛剛從學校出來，當時德巴堪布要求我們一個月內必須完成十萬皈依和十萬頂禮，我就和道友們早上磕一千、中午磕一千、晚上磕一千，你追我趕地拼命把數量完成了，但那時發菩提心等好多竅訣都不懂，質量上還是有很大的差距。現在自己有一點成熟了，至少知道磕頭不是為了健康而練瑜伽，不像有些人認為的——「磕長頭對身體很好啊！全身都在運動，磕幾天下來，你一切病都沒有了。」這不

大圓滿前行廣釋（一）附大圓滿前行實修法

是磕頭的主要目的，充其量只是個次要目的，我們最主要的目的，就是要利益眾生！

前行之修行次第

前行廣釋

華智仁波切　著

索達吉堪布　譯講

祈禱本師釋迦牟尼佛：

　　釀吉欽布奏旦涅咪揚　大悲攝受具諍濁世剎

　　宗內門蘭欽波鄂嘉達　爾後發下五百廣大願

　　巴嘎達鄂燦吐謝莫到　讚如白蓮聞名不退轉

　　敦巴特吉堅拉夏擦漏　恭敬頂禮本師大悲尊

祈禱遍智無垢光尊者：

　　剛熱托嘎仁欽年布格　托嘎雪山寶藏頸

　　雲丹根作嘎威傑察德　圓諸功德喜樂園

　　多尼釀波威比納玖瓦　二義精藏瑜伽士

　　龍欽饒將桑波所瓦得　祈禱龍欽繞降賢

祈禱全知麥彭仁波切：

　　瑪威桑給欽熱釀拉夏　心顯文殊師利智

　　根德桑布門藍納巴央　勤學普賢行願義

　　這吉嘉威春蕾怎匝巴　持佛佛子事業者

　　將央拉彌雅拉所瓦得　祈禱文殊上師足

大圓滿前行廣釋（一）附大圓滿前行實修法

祈禱上師法王如意寶：

涅慶日俄再愛香克思　　自大聖境五台山

加華頭吉新拉意拉悶　　文殊加持入心間

晉美彭措夏拉所瓦得　　祈禱晉美彭措足

共機多巴破瓦新吉羅　　證悟意傳求加持

為度化一切眾生，請大家發無上殊勝的菩提心！

前行廣釋

第一節課

從今天開始，我們共同學習藏傳佛教的殊勝教言——《大圓滿龍欽寧提前行引導文·普賢上師言教》。

各位應該明白，這個法在藏傳佛教中極為殊勝，它匯集了各大傳承上師的教言，猶如裝滿寶藏的倉庫般，只要一開啟，每個人均能各取所需，得到與自己相應的調伏煩惱之法。所以，大家有幸學習這麼好的論典，應該是自己的一種福報。當然，每個人的想法不相同，我是這麼認為的，不知道你們會不會這樣想。

我這次講《前行》有兩個要求：

一、希望大家在學習期間善始善終、圓滿傳承，明白《大圓滿前行》從頭到尾到底講了什麼，每個詞句的含義是什麼，它所表達的意義自己能否做到……這些方面詳詳細細去思維。

二、要修持《大圓滿前行》，不能只是文字上聽了、意義上懂了，更需要在實際行動中，把它的內容貫穿於心，通過修共同加行和不共加行來調伏自己，讓自己的相續得以轉變，變成一個真真正正的修行人。

所以，聽這個法的過程中，希望你們發大心、發大願，克服一切困難。極個別學員在聽受時，可能身體不好了、心情不好了、有種種瑣事纏身，但只要你的心很堅強，一定會超越一切障礙。學習的時候，若能時時祈

大圓滿前行廣釋（一）附大圓滿前行實修法

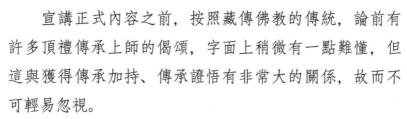

禱三根本⑨及三寶：「請賜予我加持，願我學這個法傳承圓滿，自相續與法完全相應，與往昔持明傳承上師的智慧成為無二無別！」始終以這種虔誠心祈請一切出世間聖者，他們智慧的光芒定會照射到你信心的白蓮上，令其超越一切違緣而綻放，並散發出開顯解脫的芳香。

宣講正式內容之前，按照藏傳佛教的傳統，論前有許多頂禮傳承上師的偈頌，字面上稍微有一點難懂，但這與獲得傳承加持、傳承證悟有非常大的關係，故而不可輕易忽視。

同時，我還要強調一點，大家在聽受《前行》時，思想一定要開放，不要認為「這是藏傳佛教的法，我們漢傳佛教的沒必要學」，或者「這是寧瑪派的法，其他教派的人不用學」。這種觀念非常狹窄，是目光短淺的表現。當今世界各國都在以開放的心胸，彼此取長補短、互通有無，如此才有進步的機會。我們佛教各宗若閉門造車、畫地為牢，實為不智之舉。從歷代傳承上師的傳記中看，很多上師對各大教派的法義均能融會貫通。例如麥彭仁波切的上師蔣揚欽則旺波，他既是寧瑪派的也是薩迦派的，一生中接受了藏傳佛教的各派傳承，被公認為「七大教派之傳承祖師」。包括我們法王如意寶，對薩迦派、格魯派、噶舉派、寧瑪派的教法，也都聞思過、修行過。所以，各宗派的教義是互不相違的，對此大家務必要注意！

---

⑨三根本：上師、本尊、空行。

第一節課

法王如意寶之序言：

《大圓滿前行》譯成漢文之後，法王專門為其寫過一個「序」。他老人家在序言中說，此《前行》涵蓋了藏傳四大教派的修法引導文——薩迦派的《三顯三續引導文》、格魯派的《菩提道次第廣論》和《密宗道次第廣論》、噶舉派的《解脫莊嚴論》、寧瑪派的《大圓滿心性休息大車疏》，這些道次第的內容皆可歸攝於此。不僅如此，廣弘於漢地的顯宗各派，如以《彌陀經》為主的淨土宗、《華嚴經》為主的華嚴宗、《金剛經》為主的禪宗、《法華經》為主的天台宗，其教義也包含在這裡面。

現如今，《大圓滿前行》的影響遍布全世界，尼泊爾、印度、錫金、不丹以及美國、加拿大等地各教派的弟子都在學習，無數人通過修持它，得到了非常大的加持和利益。對於這一部法，各大教派的上師過去一直在傳授，現在也在極力弘揚，未來仍會繼續這樣，所以，有些人不必擔心學了以後有不良影響。就拿我們五明佛學院來說，各教派的四眾弟子都在不斷地學修《前行》。對一個佛教徒而言，最初發菩提心、中間積累福慧二資、最後現前色身和法身，這方面任何教派都沒有什麼差別，所有純潔清淨的教法在究竟觀點上是圓融的。因此，大家當以非常虔誠的信心接受這部法，不要認為「學習這部論典，只是把別人的法學一學，實際上這樣的修持對我沒有必要」，這種說法和想法是不合理的。

大圓滿前行廣釋（一）附大圓滿前行實修法

題目：大圓滿龍欽寧提前行引導文

大圓滿：是藏傳佛教中至高無上的法。誰能通達輪涅所攝的萬法攝於自己心中，光明的心與空性的心無二無別，誰就證悟了大圓滿。在其他教派中，這種大圓滿的境界又稱為「明心見性」、「無二智慧」、「大手印」等等。

龍欽寧提⑩：傳承歷史上，大圓滿的分類特別多，概括而言，有布瑪心滴、空行心滴、龍欽心滴。其中的龍欽心滴，是將布瑪莫扎的《布瑪心滴》、蓮花生大士的《空行心滴》歸納起來的甚深竅訣。因此，本論攝集《四心滴》⑪、《七寶藏》⑫的一切精要，是藏傳佛教真正的如意寶。（當然，很多人可能以前沒學過，講太多了也沒有必要。但對我個人而言，聞思了這麼多年，一半時間都花在密宗上，對密宗的信心、歡喜心，確實難以用語言表達。）

前行：修任何一個法，無論是顯宗、密宗哪個教派，只要你想得到成就，首先必須具備最初的前導，否則，不會有趣入正行的資格。

引導文：就像去往某地需要嚮導一樣，我們要想修

---

⑩寧提：藏文，譯為心滴，即指一切佛法的精華醍醐。
⑪《四心滴》：又名「四精義支」，即布瑪莫扎的《布瑪心滴》、蓮花生大師的《空行心滴》，以及無垢光尊者匯集前兩個心滴的《上師心滴》與《空行心滴》。其中，《布瑪心滴》和蓮花生大師的《空行心滴》叫「母心滴」，後兩個叫「子心滴」。
⑫《七寶藏》：皆由無垢光尊者所造，分別為《宗派寶藏論》、《勝乘寶藏論》、《竅訣寶藏論》、《如意寶藏論》、《法界寶藏論》、《實相寶藏論》、《句義寶藏論》。

持前行法門，則需依靠本論文字作指引。通過學習它的詞句和內容，能明白很多以前不明白的道理，找到真正的解脫方向。

《大圓滿前行》的傳播範圍非常廣，不但在藏地家喻戶曉、人盡皆知，就連漢地很多人，對它的信心也特別大，我想這就是作者和傳承上師的加持。我們學佛法一定要講「加持」，如果不講加持、不講信心，那就是世間的學術研究，充其量只是理論上懂得而已，但內心中根本無法改變。

我一直認為《大圓滿前行》的加持非常不可思議。比如我翻譯了二十多本書，其中《大圓滿前行》請得最快，每次做一兩萬本，幾天就一掃而光了，又開始做，又請光了……這幾年來漢文版一直都是這樣。至於它的英文版，1990年由蓮花光中心⑬翻譯完成，聽說在國外銷售得也非常快。可見，這部法確有不共的加持。

同時，它的內容是華智仁波切以殊勝智慧立成的文字，無論是漢族人、藏族人看了，都能得到不可估量的利益。我曾經在金旺堪布座下聽過很多法，他講《大圓滿前行》時就說過：「且不論《大圓滿前行》的所有法句，哪怕是短短一頁內容，無論是依止上師、輪迴痛苦，看起來雖是普普通通的語言，但其法義的加持不可思議，看後定會融入你的心，令你的相續迅速轉變。」

⑬由英國、法國的居士發心組建。

大圓滿前行廣釋（一）附大圓滿前行實修法

所以，大家一定要把這個法聽圓滿，千萬不要半途而廢，聽完之後務必要思維，思維之後務必要修行。

法王如意寶的一位上師叫喇嘛羅珠，他是意科喇嘛的弟子，一輩子最注重的就是讓大家修加行。所謂的修加行，並不僅僅指五十萬加行，法王說過，五十萬加行簡單得很，短時間內就可以完成，而最重要的應該是修共同四加行，這個修法不是一兩天、一兩個月、一兩年的事情，而要將其視為終生最重要的功課，只有這樣，自己的相續才會改變。正是鑒於此，喇嘛羅珠和法王如意寶傳承下的老弟子，在任何違緣和障礙面前，都不會隨隨便便地改變。

然而現在有些上師，傳法時直接就講非常深奧的大圓滿正行，通過直指讓弟子體悟心性。雖然依靠上師的加持，有些弟子當時感覺不錯，似乎通達了密法或禪宗的最高境界，但由於沒有穩固的前行基礎，尤其是缺乏共同加行中的看破今世，以至於處處貪圖暫時的名聞利養，這樣下來，修行絕不會長久，最後有些出家人還俗了，有些居士生邪見了，很容易誤入歧途。有些人上半生修行非常好，但因為沒有打好前行基礎，到了下半生，很可能對佛法生起邪見，自己尚且無法解脫，更不要說以大悲心去利益眾生了。反之，若一開始就把人身難得、壽命無常等修得非常圓滿，那麼上上的功德——對三寶的信心、利益眾生的菩提心、積累資糧、懺悔業

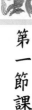

30

障等，自然而然可以顯現出來。

我們長期在法王如意寶前聽法的老弟子，一方面自己修行很慚愧，但另一方面，可以驕傲地說，許多人有比較紮實的基礎，今後一個個必定會獲得不共的特殊修證。當然，修證的境界越高，越不會說「我今天看見什麼」、「我現在證悟了什麼」，把大圓滿頓超或直斷的境界輕易顯露出來。通常他們會表現得很謙虛，說自己只不過修了一點加行、觀了一點無常，但實際上他們內心的修證深不可測，不但打好了加行的基礎，正行的境界也全部證得了。

因此，修持正行之前，很多上師十分注重讓弟子修加行，甚至不惜以各種方式進行調化。昔日意科喇嘛就是如此，對不重視加行、修不好加行的弟子，他會施以極為嚴厲的批評。凡是受過他批評的弟子，據說後來都有不同成就——畢竟若沒有一定的根器，他老人家也不太管，特別嚴厲地批評過很多次的人，可以遣除其違緣，最終證悟境界比較高。我依止上師的過程中，法王如意寶雖然不會經常批評，但在修加行或發心的過程中，上師偶爾也有這種示現。後來可以看出，誠如《事師五十頌講義》中所言，這確實是一種不共加持。甚至上師離開人間以後，在夢境等其他境界中，有時候也會批評或者以不歡喜的姿態調伏弟子，這些都是上師的加持以不同方式融入自己的心。

大圓滿前行廣釋（一）附大圓滿前行實修法

前行基礎對每個人都非常重要，但有些上師顯現上不是特別重視。其實，除了個別利根者依靠上師加持可速得成就以外，對大多數人來講，還是需要修前行。法王如意寶的弟子那麼多，弘法利生的能力如是強，卻不會讓世人產生邪見、毀謗，究其原因，就是因為上師合格的傳承弟子很謙虛，不會到處宣揚自己證悟了、能看到他人的前世後世。而這一切如法的言行舉止，歸根結底來源於前行的修持。

對我自己來講，一生的轉變就是依靠這部《前行》，你們很多人可能也是同樣。這次共同學習時，每個人的收穫肯定不同，但應該要把握大致方向：一方面以聞思通達逐字逐句的內容，一方面要以虔誠的信心祈禱本傳上師。一旦各方面因緣成熟，縱然你是普通的凡夫人，也可以證悟最高深的究竟境界。當然我講得不太好，只是起個拋磚引玉的作用，但以前講過好幾次，很多老道友對裡面的詞句比較熟悉，假如有不懂的地方，可以互相提問、探討。

又名：普賢上師言教

普賢上師：華智仁波切對自己的根本上師如來芽尊者有極大信心，認為上師與普賢王如來無二無別。

言教：此引導文是依如來芽尊者口傳教言，不增不減記錄下來並匯集成文，是前行教言的一個備忘錄。華

32

智仁波切在結文中也說，他把上師言教不折不扣地記了下來，對此當時健在的金剛道友可以作證⑭。其實在我們後人眼裡，就算華智仁波切加自己的語言，也跟如來芽尊者沒什麼差別，他們二位是真正的大成就者，而且在藏地，華智仁波切的名氣比如來芽尊者還大。但華智仁波切很謙虛地說，他對上師言教一個字也捨不得忘，一定要把它全部記錄下來，以令後人真正與上師相應。

　　對我們寧提派而言，要想獲得證悟，根本不必費心鑽研經教，或者依靠其他苦行，只要將傳承上師的加持與自己的祈禱相結合，就可以輕而易舉地開悟。大多數修行人一邊念《龍欽寧提前行儀軌》⑮一邊修加行，通過這種方式即能得以開悟。而按照法王如意寶的傳統，則是一邊念《開顯解脫道》一邊修加行，這樣便可認識心的本性。所以，你們用不著天天背論典、學因明，只要好好地修加行，舒舒服服地坐在那裡，一下子就豁然開悟了——開玩笑，「聞思班」快失去信心了，你們要聞思啊！

作者：華智仁波切

　　華智仁波切的傳記，附在了《前行》前面。他是寂

大圓滿前行廣釋（一）附大圓滿前行實修法

---

⑭結文云：「吾雖多聞繁冗詞藻論，善巧繪畫詩韻彩虹圖，然非大恩上師之言教，故此未雜自造之詞類。無等上師真佛出於世，雪域世間增上善妙矣，圓寂之時逝去尚未久，健在金剛道友可作證。」
⑮《龍欽寧提前行儀軌》：其內容由智悲光尊者撰著，文字由弟子晉美成列沃色（第一世多竹欽）編輯。

天菩薩、觀世音菩薩、夏瓦熱大成就者三者無二無別的化身，是一位有修證、有智慧、有慈悲的傳承上師。他一生中《入行論》與《真實名經》始終未離身，通過《入行論》來弘揚顯宗，通過寧提教法來弘揚密宗。他的生平介紹在歷史上比較廣，我在這裡不贅述。

敬禮一切三根本！

這是譯禮。是譯者在翻譯之初，為了遣除一切違緣、增上一切順緣而作的頂禮句。

《大圓滿前行》的漢文譯本比較多。最早是郭元興居士的譯本，我依之在學院講過一次。不過它文字比較古，接近於文言文，我們後人讀起來有點似懂非懂。

隨後，貢嘎上師的一位弟子根桑慈誠，也把本文的大概要義作過翻譯，並整理成《大圓滿心滴前行》。1987年，我為部分道友傳授過一次，但裡面的內容不太齊全，只有「共同前行」與「不共前行」的大體敘述。

之後，由於因緣成熟，1999年我把《大圓滿前行引導文》譯出來了。後來，也有些人以種種方式「翻譯」過這部論典⑯。但不管怎麼樣，依靠三根本的加持，我翻譯的過程順利圓滿，沒有出現任何違緣。

第一節課

---

⑯有些人將《前行》的譯者換成自己名字，內容一個字也不改，然後開始對外發行印刷。

頂禮一切具無緣大悲之至尊上師！

這是總頂禮。華智仁波切在造論之初，先頂禮所有的上師。這些上師具足通達一切萬法的智慧與利益一切眾生的大悲，而智慧與大悲又是一切功德之根本，所以，這些上師該有的功德都具有了，作者在他們足下恭敬頂禮。或者說，「無緣大悲」代表觀世音菩薩，這些上師與觀世音菩薩無二無別，作者對他們恭敬作禮。

以下的頌詞，先是依次頂禮三大傳承上師、無垢光尊者、智悲光尊者、如來芽尊者；之後宣講全論概要；最後是立誓句。

（一）頂禮三大傳承上師：

如來密意持明表示傳，補特伽羅人中成善緣，

循勝士跡究竟二利者，三大傳承上師前敬禮。

如來密意傳、持明表示傳、補特伽羅耳傳這三大傳承的上師，在人間具有殊勝的善緣，他們跟上了前輩大德的足跡，同時究竟了自利和他利兩大事業。在三大傳承上師面前，作者畢恭畢敬地頂禮。

所謂的「三大傳承」，即是如來密意傳、持明表示傳、補特伽羅耳傳。

如來密意傳：佛陀以無言語、無表示的方式傳授諸法，使如海眷屬現前了實相密意，斷證功德與本師成為無別。就像密宗各大歷史書中所說的一樣，大圓滿的

大圓滿前行廣釋（一）附大圓滿前行實修法

十二大本師（最後是釋迦牟尼佛、嘎繞多吉）對眷屬進行意傳加持，最終令其完全開悟。這種傳承在顯宗中也有，比如在佛陀時代，佛陀相續中的戒體，極個別特殊弟子自然而然得到，這也是佛陀以意智慧而傳授的。如來密意傳的佛陀亦是傳承上師之一，倘若沒有這個最初的傳承，我們在釋迦牟尼佛前頂禮無法安立。現在有些人認為密宗傳承比較特殊，其實也並不特殊，普賢王如來與釋迦牟尼佛全部都在密宗的傳承上師裡面。

持明表示傳：持明上師不通過語言、文字來傳法，僅僅以身體的表示，比如直指虛空等，就能使弟子證悟法性，上師的境界全部融入弟子心中。禪宗的表達方式⑰類似於此。這一傳承的上師幾乎都在印度，依次是：嘎繞多吉（喜金剛）——蔣華西寧（文殊友）——西日桑哈——嘉納思札——蓮花生大士、布瑪莫扎。

補特伽羅耳傳：蓮花生大士來到藏地之後，依靠語言、文字來口耳相傳⑱，令弟子領受法義，依此實修而成就。這是從蓮花生大士傳給空行益西措嘉、國王赤松德贊開始，之後一直傳到釀萬登珍桑波——列單蕩瑪甯吉降村——傑珍桑給旺修——嘉瓦揚敦——……——革瑪燃匝——無垢光尊者——智悲光尊者——如來芽尊者——華智仁波切——麥彭仁波切——堪布根華——托嘎

第
一
節
課

如意寶——大恩上師晉美彭措。如此一脈相傳，與漢地淨土宗一代代的傳授方式比較相似，但也有不同之處。

關於這三大傳承，許多人可能沒有聽過，但對我而言，在上師面前聽過很多次了。如今我們很多法的傳承非常圓滿，尤其是《大圓滿前行》，是上師臨圓寂前傳得最完整的兩部法之一⑲，相信很多道友都有圓滿傳承，希望你們把這些教言銘記於心。

以前如來芽尊者曾說：「除了我之外，我以上的傳承上師全部都是佛和菩薩的真實化現。」法王如意寶講《前行》時也說過：「除了我之外，我以上的傳承上師都是住於持明果位的大成就者。」儘管這些是自謙之詞，但也足以體現這個法的殊勝性。現在這個法傳到了我們這裡，大家務必要重視——這方面我本想說很多話，但今天不多說了。

希望大家對三大傳承的上師始終要有信心，沒有信心的話，開悟根本談不上。有些年輕人對佛法的信心比較缺乏，理論上讓他講的話，講得非常好聽，就像高級教授講課一樣，可內心中沒有對上師三寶的信心，也沒有對眾生的悲心、對整個輪迴的出離心，這樣的話，即使講得再漂亮，臨死時也不一定起作用，只不過是種下解脫種子而已。

---

⑲一部是《賢愚經》，一部是《大圓滿前行引導文》。傳完這兩部法之後，法王在講《寶性論》的中途示現圓寂。

大圓滿前行廣釋（一）附大圓滿前行實修法

所以，學習佛法不但要有理解法義的智慧，更要有對傳承上師的信心。如果你看上師傳記時，始終熱淚盈眶，對上師有無比的感恩之情，很多時候感激得流眼淚，那說明法的加持入於你心中，這樣繼續下去有一定希望。相反，如果上師的傳記、傳承上師的事蹟在你耳邊聽了一兩百遍，仍是一點感覺都沒有，那你的修行前景堪憂。我們學習佛法，改變自己的心很重要。以前你在社會上混的時候，行為特別亂，而現在通過上師加持，心入了法，改頭換面是非常需要的。

當然，飲水思源，我們一切的改變和證悟，其加持的來源無非包括在三大傳承中，因此，對三大傳承上師一定要以虔誠信心恭敬頂禮。最近很多人每天都在磕頭，磕頭時應該把上師觀為三大傳承上師的總集來頂禮。同時也要想到：「傳承上師給我們傳下如此珍貴的法寶，真的非常感激。科學家發明一件只利於今生的東西，後人在使用的過程中，常會隨念他們恩德，而傳承上師給我們帶來的利益，不僅是今生的快樂，而且是生生世世的快樂，有遠見、有智慧的人更要有強烈的感恩之心！」

（二）頂禮無垢光尊者（龍欽巴）：
法性界中證法身密意，光明界中見報身剎土，
所化者前現化身利眾，遍知法王尊者前敬禮。

38

全知無垢光尊者，是藏傳佛教中無與倫比、特別偉大的一位上師，此處以法、報、化三身分別讚歎：從法身的角度，在無可言表的法性界中，他早已證悟了諸法不生不滅的法界密意；從報身的角度，在顯現的光明界中，他現見了具有五決定⑳的圓滿報身剎土；從化身的角度，在所化眾生面前，他示現普通出家人形象，通過聞思修、講辯著的方式度化無量有情。在這樣三身具足的全知法王龍欽巴面前，作者以三門恭敬頂禮。

我們作為後學者，對全知無垢光尊者也要恭敬頂禮，他對整個藏傳佛教的貢獻不可磨滅，對所有眾生的利益無法估量，他被稱為「法王」當之無愧。不像現在的世間上，這個也是法王、那個也是法王，明明沒有任何修證，也沒有利益眾生的殊勝功德，只靠發一些宣傳品、搞各種關係，就給自己冠以法王之名，這樣沒有什麼意義。而全知無垢光尊者，他所有的傳承弟子，無論是藏族人、漢族人，只要虔心祈禱他，都可以得到一分成就、一分修證，這是很多人親身體會到的。

無垢光尊者的生平事蹟，我以前翻譯過他的傳記㉑，他的功德跟一般上師完全不同。然而，如今有些人對自己的介紹添枝加葉、大肆杜撰，我就看過一個人的傳記，裡面的內容遠遠超過無垢光尊者。其實，現在有些人跟

大圓滿前行廣釋（一）附大圓滿前行實修法

---

⑳五決定：處決定、身決定、眷屬決定、法決定、時決定。
㉑詳見上師仁波切翻譯的《全知無垢光尊者略傳》。

古代大成就者相比，真的沒辦法用語言來說。就像漢地淨土宗祖師或者六祖惠能大師，他們的貢獻跟現在一個人比起來如何，大家心裡非常清楚。具有加持、具有修證的傳承上師，對整個佛法的傳播、度化眾生的事業有極其超勝之處，我們後人想用語言文字表達內心的感受，根本沒辦法形容出來。

例如，無垢光尊者所造的《大圓滿心性休息大車疏》，華智仁波切非常讚歎，這部論典可以說是藏地的修行次第論，論中教理也極為豐富。依靠上師如意寶的加持，我們曾完整地學習過，不論是我講者，還是你們聽者，當時都有一分快樂，這樣的快樂也許會永遠存留在你們心底。我個人而言，在上師如意寶座下圓滿聽受《大圓滿心性休息大車疏》，是終生中非常難忘、最有意義的一件大事。大家現在這樣聽聞佛法、接受傳承，對有信心、懂得前後世的人來講，也有很高的價值，但若對佛法一竅不通，恐怕會把它當作世間的一堂課來對待，那所得的利益也就僅此而已。

（三）頂禮智悲光尊者（無畏洲、吉美林巴）：

　　明智照見一切所知性，大悲光明現於所化界，

　　開顯深道頂乘教法者，持明無畏洲師前敬禮。

此頌從智、悲、力三個方面進行讚歎：尊者的智慧，對一切世俗法和勝義法通徹無礙；尊者的大悲光

明，普現於一切所化眾生界㉒； 尊者以其不共能力，開創了甚深密法的頂乘深道——「龍欽心滴」㉓，並將此廣弘於人間。在上師持明無畏洲面前，作者恭恭敬敬地頂禮。

智悲光尊者，又名無畏洲。他在6歲求學時，上師為他取名「智悲光」；十幾歲開取伏藏之後，又得到「無畏洲」這一稱號㉔。他也是藏傳佛教中極了不起的傳承上師。他對佛教最大的貢獻，就是開創了「龍欽心滴」這一法門。

作為後學者，應當經常祈禱這些傳承上師。如果你沒有其他祈禱文，可以念誦這幾個頂禮偈，不斷地祈禱三大傳承上師、無垢光尊者、智悲光尊者。若能如此，相續中的煩惱通過上師加持即可遣除，智慧和大悲無形中會自然出現。所以，我始終認為，恭敬祈禱本傳上師是極為重要的事情！

㉒智悲光尊者在傳記中說：「我用了七年時間專門修習大悲心，以此功德，我的法脈及法本肯定能利益無量有情。」可見，尊者大悲心的範圍十分廣大，不像凡夫人那樣，悲心僅限於自己的父母親友。
㉓有關龍欽心滴的來歷：持明無畏洲當時正在巴日寺閉三年關。火牛年（1757）十月二十五日，在光明定境中，見自騎白獅飛至尼泊爾的博達塔旁。在彼處，一智慧空行母給他一個智寶寶盒，內中有五個黃卷和七粒水晶珠。他打開兩個黃卷，頭一個是用符號文字寫觀音修法，另一個是名為「Nad Chang Thug Kyi Drom Bu」的指引授記。他吃下全部黃卷和水晶珠，然後先前被隱藏在心的有關伏藏教法的全部句與義，均如印刷般喚醒，清晰無誤。他將那些教法保密了數年。在土兔年（1759）他開始在桑耶寺附近的青浦閉另一次三年關。在該次閉關中，他連續三次於淨觀中見到無垢光尊者（1308-1363），亦因空行的多番勸請，故把那些伏藏教法記下來，是為龍欽寧提法系。在木猴年六月初十，持明無畏洲首次公開此套伏藏教法，為十五名弟子灌頂和傳法。
㉔只有伏藏大師才能叫「洲」。

第一節課

第二節課

　　學習《大圓滿前行》之初，首先講對傳承上師的頂禮句。昨天華智仁波切頂禮了三大傳承上師、無垢光尊者、智悲光尊者，今天開始頂禮他唯一的根本上師——如來芽尊者。

（四）頂禮如來芽尊者：

　　觀音自在顯現上師相，說法結緣令入解脫道，

　　隨機調化事業無邊者，大恩根本上師前敬禮。

　　有關歷史和授記中說，如來芽尊者是觀世音菩薩以善知識的形象，來到人間度化眾生，故被人們稱為「觀音化身」。諸多伏藏品和經論中記載，凡與如來芽尊者直接或間接結上善緣的眾生，都能趣入解脫道，往生清淨剎土。同時，他針對眾生不同的根基、意樂、界性，能施以不同的調化，度生事業無比廣大，教下弟子遍布天下。在如此殊勝、具有三恩德㉕的大恩根本上師面前，作者以三門恭敬的方式頂禮。

　　如來芽19歲時依止智悲光尊者，在他面前得受了光明大圓滿的灌頂及竅訣。後來他前往石渠的扎恰瑪隆（托嘎如意寶建立道場的附近），在那裡閉關修行21年，現見了一切覺性本體，完全證悟了大圓滿，是歷史上公認的大成就者。

㉕三恩德上師：賜予密法、灌頂、竅訣的上師。

大圓滿前行廣釋（一）附大圓滿前行實修法

他的親傳弟子猶如繁星般不計其數，其中最了不起的有兩大弟子——如太陽般的蔣揚欽哲旺波㉖、如月亮般的華智仁波切。華智仁波切依止如來芽尊者很長時間，後來依靠自己信心，獲得了上師相續中的一切功德。因此，華智仁波切唯一的根本上師就是如來芽尊者。

在藏地，與華智仁波切比起來，如來芽尊者不一定那麼出名，但後代弟子聽到他的名號、學習他的教法，自然會得到不共的殊勝加持，從而獲得覺受、開悟，甚至持明果位。

如來芽尊者晚年時，在石渠建造了扎嘉寺。他接近圓寂前，把自己的指甲交給華智仁波切，說：「你以後在扎嘉寺為我造一尊像，把我的指甲用來裝藏，這像將與我無二無別。」據說這尊像如今成為無數信徒的朝拜處。如來芽尊者的傳承弟子，無論是拉薩、安多、青海、康區、四川都不可勝數，其中很多人捨棄今世而前往寂靜處修行，最終證得了持明果位。

所以，大家對傳承上師應恭敬虔誠地祈禱，如果不會念其他祈禱文，念這幾個頂禮句也非常好。一般來講，藏傳佛教的很多大法師在講經說法的開端，經常用華智仁波切的這些偈頌來頂禮傳承上師；很多人平時在自己的念誦中，也引用這幾個偈頌來頂禮傳承上師。華智仁波切本來有許許多多上師，但這裡主要頂禮了幾位

㉖如來芽尊者認定他為上師智悲光尊者的化身。

特別重要的上師。這幾位上師，稍微懂得藏傳佛教歷史的人，都清楚他們的豐功偉績，包括他們給後人留下的著作、教下開悟弟子，以及對佛法和人類的貢獻。

不過，現在真正懂歷史的人可能比較少。學校裡的老師教歷史時，只是讓大家記住：公元多少年，這個人怎麼樣出生；公元多少年，他離開了人世；他一生造過多少論典……完全是一種學術研究。我看過有些人寫的上師傳記，除了介紹年齡、時代、政治背景、畢生經歷等有相的東西以外，對無形的加持、無形的開悟，研究或者判斷的現象比較少。我們作為佛教徒，對外在的歷史背景等固然要關心，但最關鍵的，應該是尋求內在的證悟，這一點對每個修行人來講很重要！

（五）全論概要：

圓滿教法遍知傳承論，竅訣精要即生成佛法，

正道前行內外共不共，教言分支捷徑往生法。

此引導文圓滿包含了釋尊八萬四千法門的精要，從理論和實修相結合的角度講，也囊括了兩位全知所傳下來的論典——無垢光尊者的《大圓滿心性休息》和智悲光尊者的《功德藏》。所以，本文全部是竅訣的精華，依此修持定能即生成佛。它的內容分為三部分：共同外加行、不共內加行，以及教言的支分——捷徑往生法。

《大圓滿前行》涵攝了無垢光尊者和智悲光尊者

論典的精華竅訣。比如無垢光尊者的《大圓滿心性休息》，很多道友也都學過，華智仁波切在《竅訣金鑰》中讚歎道：「如來諸宗無謬具，如此善說前未有。」它圓滿具足佛教各宗各派的無謬教言，如此善妙的論典，在人類歷史上曠古絕今、前所未有。他還說：「九乘佛法皆居此。」所有九乘次第的佛法都居於《心性休息》中。這麼殊勝的《心性休息》，我有時間就翻一翻，看到它就非常歡喜。不過現在很多人業力深重，對具有加持的論典不願意看，而以分別念編寫的小說等，卻視如珍寶、愛不釋手，這類現象在末法時代層出不窮。其實，無垢光尊者和智悲光尊者傳下來的論典是最深奧的，而這些論典的竅訣精要，全部匯集於《大圓滿前行》中。故本論是一切佛法的精要、一切佛法的總綱，依靠它，今生就能獲得圓滿正等覺佛果。所以你們不要認為「這個法是前行啊，不一定很殊勝」，實際上它具足一切圓滿的教言，既可以算是前行，也可以算是正行。

　　本論歸納起來分為三部分：共同前行、不共前行、往生法。共同前行，又名共同外加行，其內容是人身難得、壽命無常、因果不虛、輪迴過患、解脫利益、依止上師。不共前行，又名不共內加行，宣說了一切佛法之根本的皈依、利益一切眾生的菩提心、遣除罪障的金剛薩埵修法、積累資糧的供曼荼羅、加持融入自心的上師瑜伽。最後，是正行無上密法的捷徑——三種往生法。

全文共有這幾層內容。

　　華智仁波切通過傳承上師的論典、根本上師的教言，依自己的智慧給後人留下了如意寶般的《普賢上師言教》。我們如果懂得這些內容，就可以算是一個合格的佛教徒。在藏傳佛教中，一個人只要學習佛法，上師通常會讓他先學《大圓滿前行》，這樣的傳統非常好，現在漢地為主的很多城市，也紛紛效仿這種做法。希望這次結上法緣的佛友們，今後應該輾轉相告，讓更多人明白佛教的基本內容。否則，很多人表面上皈依佛教、是學密宗的，更有甚者，自稱有所證悟、有神通神變，但連基本的法理都不懂，則實為可笑之處。

　　我們沒有必要自欺欺人。如果想騙人，現在騙人的手段多如牛毛，最好不要利用佛教。我們今生得到難得的人身，並有因緣皈入佛教，應該秉性正直，如理如法地修學。當然，若沒有善知識和教典的引導，凡夫人僅憑自己的分別念，很難以通達深奧的佛法，所以務必要依止具有加持力的論典和上師，這樣一來，自相續才會逐漸調柔，煩惱也會得以調伏，之後才有能力利益眾生。

　　（六）立誓句：

顯而易懂義深極希有，無等上師無謬之口傳，

依照自心定解此宣說，願師本尊加持我相續。

華智仁波切說：《大圓滿前行》沒有使用華麗的詞

大圓滿前行廣釋（一）附大圓滿前行實修法

藻，只以淺顯易懂的語言，闡明整個修行次第。儘管文字簡單，但意義十分甚深。這些內容是無等上師如來芽尊者的無謬口傳，我數數聽聞之後，依照自心對這些法的定解，立誓宣說這一部論典，祈請上師本尊加持我相續！

本論的內容通俗易懂，就算是剛入佛門的小僧人，基本上也能看明白；但若細細琢磨，其涵義又相當甚深，縱然是聞思多年的格西、法師，也有許多不懂之處，個別內容很難以解釋。因此，《前行》從文字上雖然好懂，但它的意義極為甚深，越思維越覺得它深奧，這就是聖者金剛語的特色。

這部論典不是華智仁波切隨隨便便臆造的，而是他按照根本上師如來芽尊者的傳授，一字不漏記錄下來的。他在結文中也說：「我原本十分精通繁冗的詞藻學，也十分善巧繪製詩韻的彩虹圖，可這些並非大恩上師的口傳教言，故而我在論中未摻雜自己分別念所造的文字。」因此，所有內容均是如來芽尊者的無謬口傳，華智仁波切在其座下聽聞二十五遍以後，才匯集成了這一部《大圓滿前行》。

古大德的聞法精神與我們確實不同。現在有些人不要說聽二十五遍，僅僅聽了三四遍，再聽就覺得不耐煩了——「怎麼又要講《大圓滿前行》呀！」這種心態是不合理的。對本論，你也許文字上過得去，但內容不一定完全通達，反覆聽聞還是有必要。2002年我在廈門剛

翻譯完《釋迦牟尼佛廣傳》後，在閩南佛學院遇到一位廈門大學的教授，我們談了很長時間，聊了一些佛法和世間法的問題，包括現代量子力學與佛教之間的差別。當時他頗為感慨地說：「以《大圓滿前行》為指導，打好修行基礎特別重要。華智仁波切尚且在上師前聽過二十五遍，更何況是我們了？現在我看了五六遍，但還不夠，我發願每年看一遍！」如今過了這麼多年，不知道他每年看了沒有，如果有他的電話，我倒很想問一下。

　　大學教授一般會有傲慢心，但他還是很有智慧的，對《前行》越看越有勁兒、越看越有道理，不像有些人那樣，看一遍就把法本扔一邊去了。所以我們對法義應無有厭足，不能聽一部法就可以了。前段時間，有些人說：「我已經學了《入菩薩行論》，又學了《親友書》，現在要不要學《大圓滿前行》？我會不會聞思得太多了？」這種擔憂沒有必要，我曾讀過蔣揚欽哲旺波尊者的傳記，裡面說他一輩子聽法有七百多函！我看了大吃一驚。短暫的一生中，很多人不要說七百多函，連七十函也沒有；不要說七十函，連七本書的傳承也沒有圓滿過。有些人學一兩部論典就滿足了，這種心態要不得，學佛應該有強烈的渴求心，不能得少為足。若是世間的妙欲，你大可知足少欲，有一間房子就夠了，沒有必要貪太多，但是對於佛法，應該欲望越大越好——學了一本書肯定不行，還要再學一本；這法聽過一次不

大圓滿前行廣釋（一）附大圓滿前行實修法

行，還要再聽一次；五十萬加行修了一次不夠，還要再修兩次、三次、四次……

　　當然，我們修加行時，不能只修不共加行。以前有位法師講經時說：「修五十萬加行很簡單，幾天就搞定了，這不算什麼。修共同四加行才是最難的，一定要花大量時間！」他覺得五十萬加行輕而易舉、微不足道，但現在很多人卻認為，磕十萬個大頭是一個非常大的「工程」，其實這是心力不夠的表現。假如你心力比較強，在對治貪嗔癡方面，花多少時間和精力也不會覺得多。

　　本文的內容，是如來芽尊者的殊勝口訣，華智仁波切再三聽聞之後，得到相當穩固的定解，遂將自己的覺受和竅訣如實落在文字上，這即是《大圓滿前行》的由來。我們作為後學者，也應當牢記自己上師的教言。我曾講過法王如意寶的一個弟子，他是巴塘的，平時只是個默默無聞的小僧人，但他十多年來一直記錄法王的日常講話，哪怕是一句開玩笑、對弟子的批評，也全部落在文字上。去年法王圓寂三年時，他把這些印成一本書，大家都感覺非常希有。以前上師在的時候，我們對很多話沒太大感觸，知道上師肯定會天天說這個、批評這個，但上師離開人間之後，就算是非常普通的語言，現在慢慢去思維，也能體會出甚深的密意，覺得一般人肯定說不出來。同樣，華智仁波切也是將如來芽尊者的教言，包括上師引用的印藏大德之教證，完完整整地寫下來了。

在寫的過程中，他祈願根本上師、傳承上師以及本尊、空行、護法加持自己，願這部法世世代代地流傳下去，利益無量無邊的眾生。正因為他當時的祈禱和發願，如今《大圓滿前行》的加持不可思議，很多人看了以後，內心短短的時間就會改變，對一生的影響相當大。在座的很多道友也是依靠這個法本，解決了今生乃至生生世世的大問題，通過傳承上師的加持，相續中才有了聖者的無漏聖財。

我始終認為，學習佛法的過程中，祈禱本傳上師尤為重要。一旦上師的加持融入你心，聞思修什麼法、辦什麼事都比較容易，不然，做很多事情難如登天。因此，大家要經常祈禱傳承上師，願他們的大悲、智慧和利益眾生的不共能力，全部融入自己相續，讓自己將來像他們一樣，在利益眾生方面顯出特殊的力量。我們只求這一點，不求其他人天福報，沒必要希求加持自己活得長一點，或者晚年時退休金一點不扣，全部拿到手裡。我們唯一求的就是利益眾生，哪怕粉身碎骨、壽命短暫，也絕不畏懼退縮，「願我生生世世具足利益眾生的力量，擁有度化眾生的勇敢之心」，這就是菩薩勇識的發願！

至此，已講完了本論前面的幾個頌詞。

大圓滿前行廣釋（一）附大圓滿前行實修法

第二節課

附：

日修閉關要訣

最近大家都在修《大圓滿前行》共同加行，具體修行之前，我給大家順便講一下修行要訣。

這個要訣適合於共同加行，也適合於不共加行，此為華智仁波切和堪布阿瓊的教言精華，我自己一直以這種方式在修行。通過這節課的學習，希望你們掌握有些竅訣後，在有生之年也以這樣的方法修持。不要像現在有些世間人，為了身體健康或疾病痊癒而修一些瑜伽、武功，這種行為跟我們這裡的修行教言差別非常大。我本人依止上師之後，只要想得起來，就會按照這種方法修，希望你們也能長期這樣修持。

此處所講的，主要是閉關的明確修法，這可以歸納為一天的修要，即一個人從早上到晚上該怎麼修行。修行時可分入座和出座，根據自己的具體情況，入座分為兩座、三座、四座、六座等許多層次。如果你時間特別緊，沒有修六座的時間，至少也要保證早上或晚上修一座。我認識的一個同學，她是政府部門的高官要員，白天工作非常繁忙，但晚上始終保持一座修行，六七年來一直沒有斷過。人的信心還是很重要，只要有信心，時間和環境都可以空出來，哪怕被關在監獄裡，也照樣可以虹身成就，就像昔日很多高僧大德一樣。有些人總是

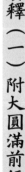

大圓滿前行廣釋（一）附大圓滿前行實修法

抱怨：「我沒有修行的自由，我的家人很壞啊！」但你再怎麼沒有自由，也肯定比監獄好一點，監獄裡的人尚且有機會修行，你為什麼抽不出時間？因此，縱然你平時再忙，也應盡量空出一座的時間。包括學院有些發心人員，我希望你們最少要完成一座修行，這是起碼的要求，倘若連短短半個小時都不能修，那你可能已經轉生到「無暇」中了。

下面簡單介紹一下一天的修行。一般而言，心滴派的修行人非常重視入座修行，每一天的修行，可分為晨起修行、日間正式修行、晚睡修行三個階段。

晨起修行

早晨首先觀想，諸佛菩薩和傳承上師通過搖動金剛鈴和手鼓的聲音，讓自己從無明煩惱的睡夢中醒來。

醒來之後，馬上念「喇嘛欽、喇嘛欽……」，祈禱上師垂念自己，或者念21遍百字明。然後在床上安住一下，觀察昨晚做的是惡夢還是善夢，做惡夢則譴責自己，做善夢則隨喜和迴向。

起床以後，最少要磕三個頭。磕完頭就開始洗臉、刷牙、方便、提水等，做一些日常瑣事。爾後打掃佛堂，在佛像前供水、供香等。

日間正式修行

正式修行，包括前行、正行、後行三部分。

一、前行：

什麼事情都做完後，關上房門，開始入座。按照堪布阿瓊在《前行備忘錄》中的教言，前行必須具足三個要點：

1、身要：入座的時候，先在舒適的坐墊上，身心放鬆，稍加休息。然後

定印

作毗盧七法，即1）雙足金剛跏趺或半跏趺坐。2）雙手結定印：右手在上，左手在下，兩拇指相觸，放於臍下。3）脊背端直：不可東倒西歪，也不可前俯後仰。有些修行竅訣中說，身端直則脈端直，脈端直則心端直，心端直則覺性自然現前。4）頸部稍向前屈：不能往後仰，也不能左右歪斜。5）臂膀後展放鬆：不要向胸前內收。6）雙目垂視鼻尖，不能睜得太大。7）舌抵上顎。

2、語要：一般口中的念誦叫做語要，但這裡不是講念誦，而是與呼吸有關，即指排九次垢氣。

具體做法：右手握金剛拳㉗，壓在右大腿根的動脈上。左手以三股金剛印按住左鼻孔，從右鼻孔中排三次垢氣。同時觀想：無始以來自他眾生以嗔心所造的一切

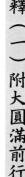

大圓滿前行廣釋（一）附大圓滿前行實修法

㉗金剛拳：拇指壓住無名指的指根，其他四指握成拳頭。

罪業，以白色氣體的形象往外排出㉘。

然後左手握金剛拳，壓在左大腿根的動脈上，右手以三股金剛印按住右鼻孔，從左鼻孔中排三次垢氣。同時觀想：無始以來自他眾生以貪心所造的一切罪業，以紅色氣體的形象往外排出。

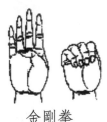

金剛拳

最後雙手都握金剛拳，壓在兩大腿根的動脈上，從兩鼻孔中同時排三次垢氣。心裡觀想：無始以來自他眾生以癡心所造的一切罪業，以黑色氣體的形象往外排出。

三股金剛印

這叫做排九次垢氣。之後，有些引導文中說，開始念元音咒㉙、輔音咒㉚、緣起咒㉛，如果實在不會念，也可直接念「嗡啊吽」，依靠諸佛菩薩三金剛㉜的加持，使自己的語言得以清淨。

這樣排垢氣，表面上只是一般的瑜伽，而實際上，我們相續中的貪嗔癡垢染通過這種方式可以全部排出。就像吃飯前要把碗洗乾淨、倒水前要把水桶洗乾淨一樣，正式觀想之前，也應將相續中的垢染通過排氣的方

㉘呼吸長短可根據自己情況定，沒有具體要求。
㉙元音咒：嗡　阿阿　俄俄　嗚嗚　熱熱　樂樂　誒誒　沃沃　昂阿索哈。
㉚輔音咒：嗡　嘎哷噶噶昂　匝擦匝匝釀　札叉札札那　達塔達達那　巴帕瓦巴瑪　雅局拉瓦　夏卡薩哈嘉索哈。
㉛緣起咒：嗡　耶達瑪黑德抓巴瓦　黑頓得堪達塔噶多哈亞挖達　得堪雜喲訥若達　誒望巴德瑪哈夏瑪呢耶索哈。
㉜三金剛：金剛身、金剛語、金剛意。

式來淨除。

3、心要：可分兩個方面，一是發心，二是祈禱。

1）發心：修行時務必要觀察自己的發心。

如果是無記心，則把它轉為善心。

如果是惡心，則徹底捨棄，不要生起。

如果是善心，它分為世間、出世間兩種。世間善心，包括救畏心和善願心。所謂的救畏心，是害怕怨敵、病魔等損害，而渴望遠離這種怖畏；所謂的善願心，是希求發財、健康、漂亮、工作順利等人天福報。以這些目標而修行是不合理的，理應把它捨棄。出世間善心，又分聲聞緣覺之發心、大乘菩薩之發心。其中聲聞緣覺希求自己解脫之心，我們也要捨棄，而唯一希求大士道的菩提心——為利益天邊無際的一切眾生，讓他們獲得圓滿正等覺佛果而修行。

略而言之，發心就是排除無記心、惡心、世間善心等不良心態，真正生起菩提心。

2）祈禱：在前方虛空大概一尺高的地方，觀想自己的上師，坐在千瓣蓮花獅子寶座上。假如你對上師信心特別大，則可觀想上師現在的樣子，如法王如意寶《上師瑜伽速賜加持》中的觀想方法一樣；假如你信心沒有那麼大，則可將上師觀為觀音菩薩、釋迦牟尼佛、蓮花生大士等聖尊形象。

然後，在上師面前一心一意祈禱：「十方諸佛菩薩

大圓滿前行廣釋（一）附大圓滿前行實修法

的智慧總集根本上師如意寶您，請一定要垂念我、加持我！讓佛法融入我的心，遣除所有的迷亂分別，讓我修行圓滿成功，最終獲得無上證悟。」尤其是，如果你正在修人身難得，就祈禱「願我像上師您一樣，人身難得的境界在相續中生起」；如果你修的是壽命無常，就祈禱「願我像上師您一樣，壽命無常的境界在相續中生起。就在這一座上，就是現在這個時候，一定要在我相續中生起來」。以無比的恭敬心一直這樣祈禱。祈禱的過程中，一般要求念上師祈禱文，此時以非常強烈的信心合掌，在上師面前念7遍或21遍祈禱文。

祈禱完之後，觀想上師化光融入自身，自己的心與上師的智慧變成無二無別。在這種境界中安住，不跟隨過去的分別念，不執著現在的分別念，也不迎接未來的分別念，盡可能什麼都不執著。

以上是前行的身要、語要、心要。

二、正行：

上師瑜伽本來屬於前行，不過也可當作正行來修，一邊祈禱上師一邊磕頭，將此作為一個座間，最後作迴向就可以了。但若沒有將上師瑜伽作為正行，而是作為前行，那修完上師瑜伽以後，則應開始正行的修持。

正行是什麼呢？就是觀修人身難得、壽命無常等等。比如昨天觀修了八無暇，今天觀修十圓滿，裡面的

內容一個一個思維之後，知道自己沒有墮入地獄、餓鬼、旁生，而有幸獲得了人身，真的非常有福報，今後當唯一行持正法。一直到「菩提心」修法之間，全部以這種方式修持。

這是堪布阿瓊的竅訣。尼泊爾有個老修行人叫桑吉多傑，他八十多歲了，是堪布阿瓊的弟子。他在有些輯要中講過，從「人身難得」到「菩提心」之間的修法，至少需要146天來修習。若與《大圓滿心性休息》的前行修法結合起來，共同四加行起碼也要修100天，這是很多上師的傳統。

這次我提倡大家修加行，並非是一時衝動、心血來潮。我這輩子對《大圓滿心性休息》和《大圓滿前行引導文》比較重視，10年前給大家傳《三處三善引導文》和《前行》時是這樣，現在仍然是這樣。有些人一生中修這個、修那個，跟這個上師學、跟那個上師學，甚至遇到外道也隨學他們的瑜伽，最終把自己搞得不倫不類，這是非常可悲的。希望大家把自己的基本修行固定下來，每天從早到晚都這樣修，我自己是這樣的，不過你們有些人會聽，有些人不一定會聽。

三、後行：

利用半個小時或一兩個小時修完一個引導文之後，要將這一座的觀修善根進行迴向。如果沒有能力安住於

大圓滿前行廣釋（一）附大圓滿前行實修法

無緣中迴向，則可觀想「諸佛菩薩如何迴向，我亦如是普皆迴向」，有時間的話，念一遍《普賢行願品》；沒有時間的話，就念「文殊師利勇猛智……」㉝兩偈作迴向。這些方法以前都講過。

晚睡修行

一天四座或六座修圓滿以後，晚上把供佛、供護法的供品全部收了，臨睡前先磕三個頭，然後坐在床上認真觀察一天的修行，修得比較好就隨喜自己，並迴向給眾生；修得比較差就呵責自己、譴責自己，心想：「我在上師面前聽了那麼多竅訣，別人每天修得那麼成功，我為什麼修成這樣？真是壞蛋！」像堪布阿瓊所說，使勁掐自己的肉以示懲罰，狠狠地罵自己。之後就開始睡覺。

睡的時候，有些人夜不倒單，有些人作獅子臥，這些都可以。然後按照心滴派有些上師的教言，觀想上師化光融入自己心間的四瓣蓮花㉞，於上師所發出的無量光芒中入眠；或者觀想上師發光，整個器情世界全部融入自己，自己再融入上師，上師化光消於法界，在這種無緣境界中入於光明夢境（如果光明夢境沒有修過，就在無有執著的

㉝「文殊師利勇猛智，普賢慧行亦復然，我今迴向諸善根，隨彼一切常修學。三世諸佛所稱歎，如是最勝諸大願，我今迴向諸善根，為得普賢殊勝行。」
㉞「四瓣蓮花」的說法，在《上師心滴》、《直指心性》中均有提及。

境界中入眠)。

其實，老一輩的很多修行人，早上起來時從念百字明或者祈禱上師開始，白天行住坐臥也時時祈禱上師三寶，晚上睡覺一直念「喇嘛欽、喇嘛欽……」，在上師的智慧與自己的心無二無別的境界中入眠。每天的生活都是這樣。然而現在許多修行人，早上起來時很多行為非常可憐，白天也一直散亂度日，晚上猶如一塊石頭扔到床上，躺下去就像豬八戒一樣呼呼大睡，每天都是迷迷糊糊、渾渾噩噩，人生幾十年一晃而過。其實這樣不太好，真正的修行人，一生的行為應該像一天的行為。

非常希望大家祈禱上師三寶，令自相續得到一些利益。全知無垢光尊者也講過，如果沒有實地修持，哪怕能背誦並精通千經萬論，在臨死時也無濟於事。因此，我們在學習的同時，一定要精進修行！

上師課後之教言：

剛才所講的內容，基本上是堪布阿瓊的竅訣，同時也結合了法王如意寶傳講的教言，以及大圓滿心滴講義中的法義。我自己的修行很差，本不該把這些說出來，但今年大家都在實修，以後可能也一直這樣修，因此，沒有什麼需要保密的，應該提供給大家。多年以來，我一直沿循這樣的修行道路完成了自己的前半生，後半生肯定也只有這一條路，除此以外，我從來沒有想過：早

大圓滿前行廣釋（一）附大圓滿前行實修法

上起來就飛來飛去，晚上一下子就入於光明。根本沒有這種想法，也不可能這樣的。

　　作為一個初學者，一天的修行次第就是如此，只不過有些說法略有不同，你們也不用大驚小怪——「那個講義說排出的垢氣是黑色的，您怎麼說有那麼多顏色呢？」其實每個上師的教言有所差別，我是按大圓滿心滴的一些講義來講的，還結合了法王如意寶以前講的竅訣，所以這些教言都不矛盾，大家沒有必要擔心。

　　我們修任何一個正行引導文之前，首先都要修上師瑜伽，否則，與心滴派的傳統不符合。有些人念了皈依偈就馬上修正行，這樣不是很好，應該先修一下上師瑜伽，強烈祈禱上師加持自己，令所修的法義融入自心。若能一直不離這種強烈的祈禱，修行必定會得以圓滿，這是傳承上師的教言。

　　我個人的話，不敢說正行方面有什麼教言，但依止上師近二十年的過程中，身體好一點、心情好一點的時候，每天除了這個以外，再沒什麼其他可修的了——不可能看到這本書有個修法，覺得比較好就試一試，看到那本書有個修法，又開始修一修。本人是在一個修行竅訣上完成一生的，諸傳承上師的修行都是這樣，我所認識的上師也是這樣。因此，你們最好也能如此。今天所講的修行方法非常重要，希望大家銘記於心！

第三節課

此大圓滿龍欽寧提內外前行，是華智仁波切長期依止如來芽尊者聽受二十五次之後，依照上師口傳而記錄下來的。其中內容非常豐富，具有殊勝的傳承加持力。

全文分二：

甲一、聞法方式；甲二、所講之法。

甲一（聞法方式）分二：一、發心；二、行為。

乙一（發心）分二：一、廣大意樂菩提心之發心；二、廣大方便秘密真言之發心。

發心分為兩種，一是大乘顯宗的菩提心，一是金剛乘密宗的觀清淨心。

大家應該明白，《前行》不是一般人可以聽受的，這個法雖然表面上是基礎法、前行法，但實際上對聽受者的要求比較高。就像世間學校的高考，沒有一定水平的人不能參加，同樣，聽法者如果發心不正確，也不能聽受這個法。現在社會上大多數人都不聽法，即使有因緣偶爾聽受，目的也不會為了利益無量眾生，更不會觀想一切均為清淨。有些人聽法是為了滿足好奇心，有些人是為了發財、治病、得名聲、工作順利，這些目的都不如法。本論是相當深的大乘竅訣，對希求世間八法、名聞利養的人來講，恐怕不一定適合其意樂。所以，我們從發心的角度，也可以看出這部論典的殊勝性、甚深性。

大圓滿前行廣釋（一）附大圓滿前行實修法

丙一、廣大意樂菩提心之發心:

一般來講,世間人的發心渺小、狹窄,完全是自私自利或希求今世,除此以外,發願「乃至成佛之間,饒益無量無邊的眾生,令其獲得不可言說的無上佛果」,這種念頭從來也沒有想過。誠如寂天論師所言,不論是具有功德的梵天、帝釋,還是恩重如山的父母,縱然在夢中也沒想過要發菩提心,更何況說真正生起了。但對大乘修行人來說,在聽受本論之前,首先要發菩提心。

那麼,如何發起菩提心呢?必須具備兩個條件:

一、緣眾生的大悲

我們先要明白:身處在六道輪迴中的眾生,無始以來沒有一個未曾做過自己的父母。做父母時,他們都是無微不至地呵護我、恩寵我,最好的食物先給我吃,最好的衣服先給我穿,十分慈愛地撫育我成長。

其實,六道眾生都當過父母,這在佛經中也有記載:《父母恩重難報經》中說,有一天,佛陀帶領眾弟子往南方行走,見到路邊有一堆枯骨,佛陀便對這些骨骸以五體投地的方式頂禮。阿難不解地問:「您是三界導師、四生慈父,為眾人所皈依敬仰,為何要禮拜這堆骨骸呢?」佛陀說:「這一堆枯骨,或是我前世祖先的骨骸,或是多生累世父母的遺骸,由於這個緣故,我今天理應對它頂禮。」佛陀在《梵網經》中也說:「一切

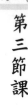

第三節課

64

男子是我父，一切女人是我母……六道眾生皆是我父母。」只是因為時間過於久遠，加上胎障所蔽，眾生認識不到罷了。

然而，修持菩提心的聖者，能真正體會到這一點。阿底峽尊者在聶塘時，有天看見一匹馬將脖子卡在樹中，拼命地在那裡嘶叫掙扎。尊者忙對旁邊的人說：「我的老母親正在受苦，請快救救她！」所以真正修過菩提心的人，無論看見什麼眾生，上至梵天帝釋，下至螻蟻昆蟲，都會生起與父母無別的想法，絕不會產生殺害之心。法王在《懷業時語》中也說：「三界眾生皆為父母親，當以大慈大悲平等護。」

三界眾生既然都當過父母，我們就不能只孝順今生父母，而對其他的眾生，尤其是關係不好的怨敵、人類以外的動物不管不顧，甚至肆意殘殺，否則，這是修行人的一種恥辱，不是大乘菩提心的表現。其實，修行最難的就在這裡。很多人口頭上說要發菩提心，高僧大德講經時也再再強調發菩提心，可是你這種心生起來了沒有？你能否將一切眾生與今生父母平等對待？這還是值得觀察。倘若你所學的理論並沒有付諸實踐，從沒有生起過一剎那的菩提心，那你說得再漂亮，也只不過是重複前人的話而已，對自己沒有多大利益，想真正利益他人就更不可能了。

所以大家在學習過程中，一定要經常思維：眾生都

大圓滿前行廣釋（一）附大圓滿前行實修法

做過自己的父母，做父母的時候，始終無微不至地關心我。就像堪布阿瓊所說，即使父母沒有經濟條件當乞丐，他們乞討的食物中，哪怕有一點油脂或一團肉塊，也捨不得自己吃，馬上會給我；在垃圾堆裡找到一件破破爛爛的衣服，也會把稍微乾淨、結實的地方，給我做成衣服或補丁。除了極個別父母因特殊業力不疼愛子女以外，一般來講，不管是有錢人、沒錢人，他們對孩子的關愛無法用語言來形容。

每個人都當過孩子，你們可以想一想：父母對自己付出多少？自己又對父母付出多少？有些人長大後雖然很孝順，但一個月中連半個小時也抽不出來陪父母，好好對他們噓寒問暖，所以父母非常可憐。當然，若想報答父母的恩德，僅陪他們聊天是不夠的，關鍵要讓他們學習佛法。現在提倡最多的報恩方法，就是給父母洗洗腳，其實這不是很重要，腳髒也可以、腳乾淨也可以，腳怎麼樣都沒關係，最重要的是應該給父母「洗洗心」。父母無始以來相續中遍滿了貪嗔癡，今生中若沒有辦法以自力洗掉，也應讓他們借助於佛法的力量消除，這才是最好的報恩方法。

當然，這是對今生父母而言的。同樣，一切眾生無始以來都當過我們父母，對我們恩重如山、恩深似海。但遺憾的是，他們因為愚昧無知，再加上沒有大乘佛法和善知識的引導，雖然拼命追求各種快樂，卻不知奉行

第三節課

66

快樂之因——十種善業，為了發財去偷盜、為了長壽去殺生，將樂因當成仇敵一樣毀滅掉，如寂天菩薩所言：「愚人雖求樂，毀樂如滅仇。」他們雖不願遭受任何痛苦，卻不知捨棄痛苦之因——十不善業，反而為了快樂而邪淫或賭博，以至於「眾生欲除苦，反行痛苦因」，所想與所做背道而馳，最終得不到絲毫快樂。

放眼整個世界，隨著科學技術的高度發達，人類造惡業的手段層出不窮，造善業的手段微乎其微、極其鮮少。很多人糊裡糊塗地步入歧途，對世間法的智慧完全成了造業的手段，善惡報應自己一竅不通，等在前方的唯有迷茫、黑暗、恐怖，就像雙目失明的盲人徘徊在無邊無垠的曠野中一樣，根本不知方向。

很多人確實非常可憐，一旦淪為地獄、餓鬼、旁生的眾生，何時才能了知取捨因果啊？有時候我們應想一想，自己會不會墮入三惡趣？一旦墮入三惡趣中，解脫的機會極其渺茫，可以說幾乎沒有。我們現在獲得了人身，一定要抓住機遇，否則，以一念之差而造下彌天大罪，到時想後悔也來不及了。所以，我們現在擁有人身的時候，應該把握好自己的方向。同時緣那些迷茫的老母有情生起大悲心，這是發菩提心的第一個條件。

二、緣佛果的智慧

再進一步觀想：要想幫助一切眾生遠離痛苦，別的

方法無濟於事，如今我遇到大乘善知識和大乘佛法，自己也有幸堪為法器，這種殊勝因緣具足的時候，一定要聽受能斬斷輪迴根本的大乘佛法，同時不斷地認真思維、修持。此舉並不是為了自己快樂或得到名聲，而是為了使曾經做過自己父母、現在為六道痛苦所折磨的一切有情，擺脫各自業和煩惱的束縛，獲得遍知佛陀的果位。這就是緣佛果的智慧。

簡而言之，所謂的菩提心，正如彌勒菩薩所云：「發心為利他，求正等菩提。」發心利益一切有情（緣眾生的大悲），願他們獲得圓滿正等覺佛果（緣佛果的智慧），就是菩提心的兩個條件。智悲光尊者也說過：「所謂的菩提心，斷除了自私自利，為眾生希求佛果之心猶如飢餓者尋找食物、口乾者尋找水一樣強烈。」這樣的殊勝發心，無論任何時候都要具足。

菩提心的修行方法，本論以竅訣方式告訴了大家，在藏傳佛教中，這個竅訣書相當難得，被當作最甚深的「指路明燈」。這次我們也不趕進度，每天能講多少算多少，希望大家在聽受的過程中，務必要把裡面內容貫穿於心，將華智仁波切的金剛語與自己的心互相對照，就像美女照鏡子一樣，反反覆覆看哪裡有「黑點」。對照之後你會發現，不要說以前沒學佛時造的惡業無法想像，即使學了佛以後，很多修行也是一種形象，且不說算不上大乘佛法，連小乘佛法的邊也沾不到，自己口頭

上講得特別高妙，實則與正法南轅北轍。

有些人聽了我們的課以後，說：「我過去沒有懂得佛法，現在才懂了一些。」實際上，若把《前行》的內容結合你的相續，你懂得恐怕還不夠，一定要發願繼續學習。其實本論內容越學習越難，就拿「發菩提心」來說，誰都能口若懸河地講上半天，我也講了二十多年了，可每次觀察自己的起心動念，並沒有時時以菩提心攝持，有時候講課處於無記的狀態中，好像完成任務一樣，不是為自己、也不是為眾生，反正這一堂課不能缺，說是為了一切眾生，但為眾生的念頭沒有生起，這是很可怕的！

所以，每個人在聞法之前，當聽到「為度化一切眾生，請大家發無上殊勝的菩提心」時，自己的意識要當下轉變，若能轉變，一剎那就可以攝持聞法功德，這是非常關鍵的。當然，這也跟自己平時串習有關，若從來沒有這樣串習過，聽了多少年法也不一定發菩提心。但如果你每次不管做什麼善法，首先都想到利益眾生，那麼久而久之，就會習慣成自然。

因此，無論在上師或光盤、MP3、MP4面前聞法，還是放生、念咒、做慈善、當義工等修法㉟，發菩提心都相當重要。不管你行持的善根是大是小，大至放生幾

大圓滿前行廣釋（一）附大圓滿前行實修法

㉟修法：「修」有串習之義，「法」有善法之義，從廣義上講，在自相續中串習任何善法都稱為修法。

千頭犛牛、建造幾層樓的佛堂，小至持一句觀音心咒、念一聲阿彌陀佛名號，最初都應以菩提心攝持，這稱為「加行發心殊勝」。中間善根不被違緣損害，稱為「正行無緣殊勝」。（倘若你有大圓滿、大手印、大中觀的境界，則應安住於此，這是上等正行無緣殊勝；倘若沒有這種能力，做善法時從始至終專心致志、聚精會神，不要三心二意，也是一種正行無緣殊勝。有些道友聽課的時候，剛開始有點專注，後來就心不在焉了，這不叫正行無緣。）最後為令善根蒸蒸日上，以迴向來印持，這叫做「結行迴向殊勝」，就像錢存在銀行裡被印持了，它的利息會越來越增上，但若沒有存進去，隨時都會被偷走或亂花掉。因此，藏地很多老修行人對迴向非常重視，自己正在禪修、做善事時，如果突然有人找，他會說：「你等一下，我迴向了再跟你說話。」「你等等啊，我迴向了就出去。」即使沒時間念長的迴向文，至少也要念一遍：「文殊師利勇猛智，普賢慧行亦復然，我今迴向諸善根，隨彼一切常修學。三世諸佛所稱歎，如是最勝諸大願，我今迴向諸善根，為得普賢殊勝行。」這樣一來，善根乃至菩提果之間也不會耗盡。因此，所有善行以此三殊勝攝持是必不可少的。

這以上講了「三殊勝」，我們介紹過很多次，此處又再次作了強調，希望大家聽後不要只是一兩天的熱情，應把它作為有生之年不忘的修行法。我個人而言，對《大圓滿前行》不是像看報紙一樣，今天看了，明天

就扔了，然後到處尋找新鮮法，而是對它的字字句句都非常珍惜。在過去，很多修行人將它視為如意寶，那時候沒有印刷的書，如果有人抄寫得非常好，有些人甚至拿一頭犛牛來請。當時的一頭犛牛，約為中等家庭財產的三分之一，可見很多人對這部法非常重視。然而，現在書好像太多了一樣，大家對法的希求心日漸退減，以這種可有可無的心態，要想加持融入內心有一定困難。

我們這次講得會廣一點，整理出來的法本也許有好幾冊，天天帶在身上不太現實，但希望你能將華智仁波切的金剛語——《大圓滿前行》隨時帶在身邊，作為自己的「善知識」。畢竟真正的善知識不可能天天跟著你，不然到了一定的時候，你生厭煩心，上師也生厭煩心。但這個法本是無有嗔恨的「上師」，你隨時都可以打開看一看，依此令相續中的煩惱、痛苦得以平息。

總而言之，在聞法過程中，最初要將聞法方式放在首位，聞法方式若不如法，一邊聞法一邊生貪嗔，那不一定有功德，若是這樣，你不要再繼續聽下去了，站起來離開就可以，這在佛經中也有開許。但除了聞法方式重要以外，更重要的是發心，誠如智悲光尊者在《功德藏》中所言：「只隨善惡意差別，不隨善惡像大小。」你的善法功德大不大，關鍵要看自己的發心。倘若相續中摻雜很多煩惱，對別人有競爭心、炫耀心，即使你修了十三層樓的經堂，這個功德也不大；但若能以菩提心

大圓滿前行廣釋（一）附大圓滿前行實修法

攝持，有些善根看似微不足道，實際上功德無量無邊。就像《賢愚經》中貧女供燈的故事一樣，那個貧女費了很大的勁，好不容易得到一點油，發菩提心供燈之後，聲聞聖者（阿羅漢）也沒辦法撲滅。

　　所以，我們平時哪怕有一點點錢財，遇到一點點機會，也應以菩提心攝持來行持善法。比如，自己實在業力深重，沒有因緣聽完全部的佛法課程，那即使只聽一堂課，最初也要發菩提心，中間專心致志地聽，最後以聖者金剛語所造的迴向偈來作迴向。或者，你沒有錢長期作上供下施，但偶爾賺了一點錢，也可用來買一包奶粉，剛開始時發菩提心：「為了眾生獲得無上佛果，我用它供養僧眾。」供僧的時候一心一意，很快的時間就處理了，最後再作一個迴向。如此，這件善事就有頭有尾了，其功德在你的菩提道路上占有十分重要的地位。

　　因此，善根的大小，不能單憑表面來衡量。有些人做的善法非常大，每天很積極地聽經聞法，但如果心不是很清淨，帶著圖地位、求名聲等世間利益的動機，就像有些藏族喇嘛聽法是為了得到堪布、格西的名稱，有些漢地和尚聽法是為了得到大法師的頭銜，有些居士聽法是為了當上居士法師，或者為了家庭和合、生意興隆、辯才無礙、財源滾滾，那麼無論聽聞多少佛法，也不可能變成大乘正法。因為大乘正法的目的只有一個，那就是利益眾生，讓眾生成佛。如果你動機不正，聽聞

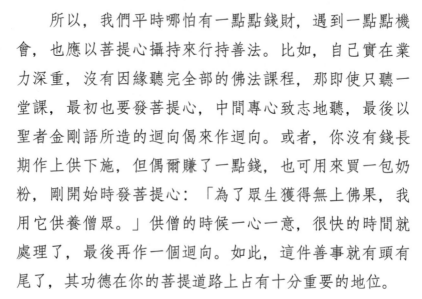

第三節課

再高深的法，對自己也沒有什麼利益。

有一次，阿底峽尊者顯現上特別傷心，弟子仲敦巴問為什麼，他說：「我有一個修黑班雜的弟子，今天墮入惡趣中了。」本來，修密宗本尊不可能墮惡趣，但若起了降伏別人的惡念，結果會落得如此下場。可見發心的確非常重要，如果發心清淨，一切都是清淨的。就像一棵樹，它的根若是劇毒，枝葉花果全是劇毒；如果根是妙藥，那枝葉花果全是妙藥。

因此，我們最初一定要向內觀，調整自己的發心，不論想說什麼、想做什麼，皆要以菩提心攝持，如《入行論》云：「若身欲移動，或口欲出言，應先觀自心，安穩如理行。」若能知道這樣調整發心，就說明你的善法已被方便攝持了，如此一來，哪怕是做一點微小的善事，也會成為大士正道無量福德的津梁。

其實，僅僅發一個利他的心，福德也遠勝於供養諸佛，寂天論師說：「僅思利眾生，福勝供諸佛。」《勝月女經》亦云：「僅思利他心，利益尚無量，何況行利益？」相反，如果不懂這樣發心，就算你每天裝腔作勢地聞法、煞有其事地修法，也只能成為形象上的修行，不會真正得到解脫，《菩提心釋》云：「未發菩提心，永不得成佛。」

有些人看起來特別精進，但內心沒調整好，修行是為得到讚歎供養，這樣意義不是很大。原來我們去五台

山時，就看到有個和尚在坐禪，我躲在柱子後面偷看，結果發現有人靠近他時，他閉著眼睛，正襟危坐；沒有人的時候，他就睜開眼睛，東張西望。藏地也有這樣的情況，我去拉薩的時候，見到有些出家人在那兒化緣，拿著鈴杵念二十一度母的讚頌，看見有人來了，他們就開始「嗡吉贊瑪帕瑪卓瑪……」，念得特別起勁兒，沒有人時就不念了。這些人表面上很精進，實際上是為了名利錢財，這樣行持善法不但沒有功德，反而還有過失。但如果以利他心為出發點，就算做的事情很小、時間很短，此功德乃至佛果之間也不會空耗。所以追求外在形象我們並不讚歎，當然，有些大德弘法利生的事業做大了以後，形象也不得不顯出來，這是沒辦法的，除此之外，故意在別人面前炫耀、吹捧，這些沒有實在意義。

　　通過上述分析，無論是聞思大小乘佛法也好，觀修文殊、觀音等本尊也好，持誦往生咒、百字明等密咒也好，修加行時頂禮膜拜也好，轉繞壇城、佛塔、經堂、寺院也好，甚至口誦一句「嗡瑪呢巴美吽」、手轉幾下轉經輪，都應當以菩提心攝持，這一點十分重要。尤其是現在很多人為了弘法利生在發心，於此過程中，如果你為慈善事業打電話、為外面學員製作光盤，最好能以菩提心攝持。在《大集經》中，寶手菩薩曾問虛空藏菩薩：「一切佛法的根本是什麼？」虛空藏菩薩答言：

「菩提心是一切佛法的根本。一切法住於菩提心上，便得增長。」㊱倘若沒有菩提心，表面的善根做得再大，實際上功德也不大。

以上講的是發菩提心。這方面的內容，我們也曾講過很多，但此處是以竅訣方式敘述的，希望大家一定要行持。菩提心誰都講得來，但實際行動中能不能發起，關鍵要看自己的修證。我們現在並不讚歎修成五眼六通，或者看見明點、通達光明，這些特別高的境界暫且不談，最需要的，是先想辦法具足菩提心這一基礎，以令自己所作所為成為大乘善根，這樣一來，做任何事情肯定是為了眾生，第一個發心殊勝便已具足了。否則，這一點都不具足，許多修法真的會很糟糕！

大圓滿前行廣釋（一）附大圓滿前行實修法

㊱《大方等大集經》：「中有一菩薩，名曰寶手，問虛空藏菩薩言：『希有善男子！一切諸法及如來法，甚深難測不可思議。又善男子，何謂安一切佛法根本耶？』虛空藏菩薩答寶手言：『善男子，菩提心是安一切佛法根本。一切法住菩提心故，便得增長。』」

第四節課

這次傳講《大圓滿前行》，我有幾個目標：

第一、給大家打下堅實的佛教基礎；

第二、令皈依多年的人在一兩年中盡量修完五加行；

第三、使那些對密法有成見、有邪見的人，通過這次學習，對密法生起純潔的信心。大致有這麼三個想法。

上一節課講了顯宗的發菩提心：我們在聽聞佛法時，切莫以無記心或不善心來聽，一定要發起善心。而在善心中，希求自我解脫的出離心是一種所斷，唯一當求利益眾生的菩提心。當然，學習佛法的過程中，還是需要出離心的，其中嚮往解脫的部分並不是所斷，要斷除的只是想著自己這部分——倘若聽課只為了自己解脫，這樣發心是不允許的。所以，大家每天聽課之前，應詳細觀察自己的發心，看到底是為自己還是為眾生，抑或是什麼目標都沒有？只有為了眾生，才是無偽的大乘菩提心，這是我們需要的發心。

不僅聽法、修法要以菩提心攝持，在日常生活中，也應該以自己的能力、智慧、財富，盡心盡力地幫助眾生，這對大乘行者來講不可缺少。尤其在漢地，人那麼多，分別念那麼重，文化又如是複雜，很多人身心的痛苦極為強烈，若沒有佛法的甘露妙藥，不要說來世的解脫，縱然是今生的生活，也很難以面對。所以，我們每

大圓滿前行廣釋（一）附大圓滿前行實修法

個人要以自身的力量發一點光，哪怕勸一個人皈依佛門、發菩提心、行持善法、終生不造惡業，這個貢獻也非常大。現在無數的人為了一頓飯，一輩子殺害成千上萬個眾生，如果你依大乘佛法勸一個人不殺生、不吃肉，那麼能挽救多少生命？大家可想而知。因此，在短暫的人生中，一定要竭力把佛法傳授給別人。

現在我們這樣傳法，無論製作光盤、整理法本，還是平時授課，其實壓力都很大，但哪怕能讓一個人得到佛法滋潤，這種付出也很值得。包括我身邊的許多道友，從早到晚特別辛苦，但我也了解他們的心情，他們這麼累，無非就是想讓外面的人依靠佛法的智慧甘霖，令心獲得寧靜、獲得快樂，生生世世與三寶結上善緣，踏入光明之道，所以再辛苦也毫無怨言。

其實，你們每個人周圍也有很多可憐人，他們對生活的執著、感情的執著、萬事萬物的執著特別強烈，為了達到自己的目標，一直不斷地跟著潮流跑。昨前天一個親戚告訴我，有個牧民打工兩三天，賺了七十塊錢，借錢買個手機後，七十塊就給手機充值了。我聽後觸動非常大：這個人也是拼命追求生活質量的一員，他也想跟著時代與時俱進，像其他年輕人一樣拿著手機，但因為沒有經濟來源，每天去給別人打工，藏地尤其快到冬天時，很多活兒都特別累，可他辛辛苦苦賺來的錢全部充進手機裡，不用幾天就打完了，真的不值得！諸如

此類的愚者，在當今社會比比皆是，但他們自己並不知道，一個個為了心中的理想，憑著各自的本事往前衝，就像一群螞蟻在賽跑一樣。這些人不要說大乘空性觀、密宗清淨觀，連最簡單的前世後世、善惡因果，也是一竅不通。看到陽焰般的生活向自己招手，他們就像孩童追逐彩虹般，拼命地往前奔、往前趕，最終把寶貴的人生都耗盡了，來到人間除了造下如山般的惡業，什麼有價值、有意義的事情也沒有做。

對於這些可憐人，唯有佛法才能拯救，唯有佛法才能讓他們真正快樂，所以我們願意無條件地付出，哪怕自己倒下去了，也不會後悔。當然，讓100%的人都信仰佛教，這是佛陀也辦不到的，我們也沒有這種想法，但發心令一部分人享受這種快樂，這是每個人應該去做的。就好比有一種新藥，我吃了對身體很好，便想把它介紹給別人，建議別人也服用，同樣，我們修學佛法多年之後，的確感受到它對眾生的利益不可估量，然千千萬萬的眾生與之擦肩而過，就像在水邊渴死一樣非常可惜，因而願意站出來喚醒大家，這也是修持菩提心的行為。

菩提心對修行人來講特別重要，現在你們聽受佛法，一定要發願利益天下無邊的眾生。發心的力量不可思議，有了這樣的發心，因緣成熟時必定可以利益眾生。以前法王如意寶座下的很多弟子，有些當時很出名，但後來出現各種狀況，沒有利益眾生就圓寂了；有

大圓滿前行廣釋（一）附大圓滿前行實修法

些當時雖然不出名，但發心的力量非常強，正因為如此，後來在世間饒益了無量眾生。所以，利益眾生不一定非要你智慧超群，也不一定非要能力卓越、財產富足，只要真有一顆善心，到了一定的時候，就有能力饒益無邊有情。

當然，菩提心不是像傳達文件一樣，口頭上說說就可以了，而務必要實地修持。像我們的話，修菩提心幾十年了，不敢說得聖者果位，但凡夫人該得的加持也得到一些，尤其是對釋迦牟尼佛的不退轉信心、對上師的感恩之心，永遠銘刻在自己心中，同時願意跟眾人分享。倘若繼續一層層地努力，證得聖果也會指日可待，那時候煩惱與障礙全部斷除，利益眾生的境界更會妙不可言。因此，大家對菩提心應時時串習，哪怕坐車時看到路邊一隻狗被車壓了，也應該念幾句觀音心咒，將此善根迴向給牠。如是一點一滴積累，最終定可使身心得以轉變，這是真正的「見修圓融」。

以上講了菩提心的重要性，下面講密宗的發心。對有佛教基礎和密宗見解的人來講，這種發心相當殊勝，但從未接觸過密法、甚至對大乘空性法門一竅不通的人，不一定能觀得起來。不管怎麼樣，這種觀清淨心非常重要。

丙二、廣大方便秘密真言之發心：

關於密宗的特點，誠如《三相燈論》所云：「一義

亦不昧，不難方便多，是為利根故，極勝秘密乘。」頌詞中的「一義」，是指密宗與顯宗在究竟成佛的目標上沒有差別，都承認通過最初發菩提心、中間積累二大資糧，最後能現前色身與法身雙運的佛果。然而，在見解、修行、行為、根基方面，密宗確實超勝於顯宗。這種說法，也許個別人一下子接受不了，但如果你認真地聞思密宗續部，然後再了解顯宗經論的觀點，兩相對比之下，就會明白密宗有其殊勝之處。

現在漢傳佛教有些人對密宗最不理解的，就是即生成佛和煩惱轉為菩提的道理。實際上，禪宗的許多特色跟密宗相似，如果你排斥密宗，那禪宗頓悟法門恐怕也值得懷疑，因為禪宗也承認依靠師父的指示、法本的加持或者參話頭，利根者當下能明心見性，獲得聖者果位，這一點跟密宗是相同的。當然，顯宗與密宗的差異，凡夫人以分別念判斷相當困難，所以我們理應先去聞思，之後才能明白哪個更殊勝。

這裡講了，密宗在四個方面勝過顯宗，具體而言分別是：

一、「不昧」：見解方面不愚昧。見解分為勝義、世俗兩種，在抉擇勝義時，顯宗雖然依中觀理論承認遠離一切戲論的大空性，但並沒有像密宗一樣，如實抉擇光明如來藏的本體；在抉擇世俗時，顯宗雖然承認萬法如幻如夢、現而無自性，但並沒有像密宗一樣，通達一

大圓滿前行廣釋（一）附大圓滿前行實修法

切顯現是五智、五佛身的本體。所以在這方面，顯宗不如密宗。

二、「不難」：行為方面不難。密宗依靠殊勝的直指方法，可將五種妙欲直接轉為道用，不捨煩惱的同時證得菩提，地道頓時獲得圓滿。它不需經歷極大苦行，就像國王恩扎布德那樣，可以一邊享受世間的欲妙，一邊通達心的本性。這跟漢地禪宗非常相似。

三、「方便多」：修行方面具諸多方便。密宗有生起次第、圓滿次第、生圓無二大圓滿等許多不共修法，生起次第又分有相、無相之別，圓滿次第又有風、脈、明點的觀修方法，同時，上師們的竅訣開示也不勝枚舉。這些方便方法，在顯宗經論中並不明顯，只是以隱藏方式敘述的。

四、「為利根」：根基方面是利根。「根」分為涅槃五根——信根、進根、念根、定根、慧根，其中最根本的是信根。如果對上師和密法有強烈信心，弟子當下即可開悟，這類現象在密宗歷史上非常多。

這四個方面，是顯宗所不及的。乍聽之下，對顯宗聞思時間較長、對密宗道理不熟悉的人，可能有點接受不了，我也遇到過很多法師，他們講不出什麼理由，但就是不願承認這種觀點。不過也情有可原，這需要一個過程。其實密宗揭示的是顯宗的隱藏義，若不借助密宗的竅訣，很難以揭示《華嚴經》、《妙法蓮華經》等顯

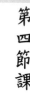

宗甚深經典的隱藏義。一個人如果只精通顯宗，不可能解釋得了密宗；但一個人如果精通密宗，肯定能把顯宗講清楚。

　　你們若對密宗不甚了解，可以找精通密宗的法師進行交流，千萬不要信口毀謗，甚至排擠、捨棄密宗，造下特別可怕的惡業。我並非因為自己是學密宗的，就開始拉攏別人，拼命給別人宣傳密宗多麼好，而是站在公平立場上，客觀評價得出的結論。我自己平時跟人交談、處理問題時，堅持的唯一原則就是公平，雖然有些人可能不這麼認為，覺得我好像偏向某一方，但我捫心自問，的確可以說問心無愧。

　　我對密宗的信心不是一種盲目，畢竟學習這麼多年了，有些道理還是比較懂。那天我給一個道友開玩笑：「我沒有博士帽，但博士的學問應該有。」他問為什麼，我說：「世間學問很簡單，我雖然沒上過大學，但讀書時那些課程非常容易，如果有因緣繼續讀下去，考個博士不是很難。現在有些比我還笨的人，已經拿了一兩頂博士帽了。」其實跟學世間知識比起來，我出家後才懂得什麼叫精進。原來我的一個師範老師說：「你以前讀書時很精進，不知道後來出家怎麼樣了？」我說：「那個時候我特別不精進，天天做一些非法的事情，非常慚愧。自從出了家，才知道利用所有時間專心致志學佛。」二十多年的時間，我都用在聞思修佛法上了，其

大圓滿前行廣釋（一）附大圓滿前行實修法

中學習密宗占了一半，自己對密法越研究，就越起信心。有些外行批評密宗如何如何，這種人不一定很聰明，即使聰明，也沒有我們學的時間長。通過這麼多年學習研究，我確實發現要精通佛教的話，最好先對密宗道理總體上了解。當然，完全通達對凡夫人來講很困難，不過至少也要懂得：顯宗的一些經典其實跟密宗觀點無二無別，但密宗有許多殊勝的竅訣和能力，這是不可否認的。

一講到密宗殊勝，你們也不要認為這是藏傳佛教的說法，它是非常符合事實的語言。不承認這個就不承認真理，不承認真理的人，跟他辯論也沒有用。密宗不僅入門的途徑多之又多，積累資糧的方便也不乏其數。光是一個七支供，按照密宗竅訣來宣說，它的修法就非常多。還有上師瑜伽、生圓次第，每個道理既符合顯宗教義，也符合眾生根基。現在漢地之所以這麼多人學密宗，來了個藏傳佛教的大德，許多人都去紛紛拜見，一方面是他們與密宗有殊勝因緣，另一方面，也是因為密宗有很多不經千辛萬苦即能現前聖果的甚深方便。

這些甚深方便，歸根到底依賴於轉變意樂——觀清淨心。前段時間，學院幾個發心人員去我的寺院，拜見了八十多歲的拉雪堪布，在他面前問了一些佛法，並拍成錄像。事後我看了一下，他老人家給他們主要講了三點：一、要看破世間，世間沒什麼可留戀，一定要發起

出離心；二、現在芸芸眾生非常可憐，要盡心盡力幫助他們，發起菩提心；三、最根本、最重要的，就是一切萬法本來清淨，可眾生因無明煩惱所覆蓋，見不到一切萬法的真相，所以要觀清淨心。他講了三點，儘管語言很少，但所講的內容都是精華。我當時也讚歎道：「你們這次去參拜，還是很有收穫的。老修行人的語言沒有花言巧語，現在人或許不喜歡聽，但講的都是小大乘的根本，尤其是密宗觀清淨心，這個很重要！」

所謂的觀清淨心，並不是將本來不清淨的東西觀為清淨。麥彭仁波切在《定解寶燈論》中也說，假如認為輪迴本不清淨，卻非要把它觀為清淨，這就如同把裝有嘔吐物的瓶子，使勁觀為清淨一樣，是非常可笑的事情㊲。

實際上一切萬法本來清淨，這在密宗中講得非常清楚，即使有人不承認密宗，顯宗了義經典中也提到了這方面的道理。例如，顯宗《維摩詰經》就有一個具髻梵天的公案㊳，在《大幻化網》中曾引用過，其內容是這樣的：

一次，佛陀給大眾開示「隨其心淨，則佛土淨」的道理。當時舍利子聽後，心生懷疑：「如果說心淨則佛土淨，那世尊因地時心豈非不清淨，要不然他的娑婆世界怎會如是雜亂穢惡？」佛陀知道他的心念，問：「盲

㊲《定解寶燈論》云：「假設未知此法理，認為輪迴不清淨，同時觀為淨天尊，亦如吐物瓶塗香。」
㊳詳見《維摩詰所說經‧佛國品》。

人看不見天上的日月，是日月的過咎嗎？」舍利子回答：「不！是盲人自己的問題，非日月之過。」佛陀說：「同樣，我的佛土非常清淨，只是眾生見不到而已，並非如來的過咎。」

此時，螺髻梵王（具髻梵天）對舍利子說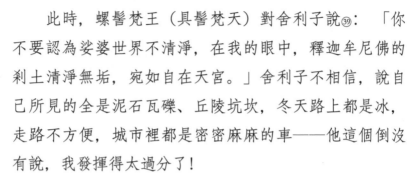：「你不要認為娑婆世界不清淨，在我的眼中，釋迦牟尼佛的剎土清淨無垢，宛如自在天宮。」舍利子不相信，說自己所見的全是泥石瓦礫、丘陵坑坎，冬天路上都是冰，走路不方便，城市裡都是密密麻麻的車——他這個倒沒有說，我發揮得太過分了！

於是佛陀以腳趾壓地，頓時三千大千世界莊嚴無比、極其清淨，呈現出無量的功德。舍利子見後歎為希有。佛陀說：「我此佛土恆常清淨，只不過你沒有見到罷了。譬如天人享用同一食物，由於各自福德不同，所感受的味道千差萬別，同樣，眾生因為業力有異，有些人見不到此土功德莊嚴。心清淨的人，才能見到諸法清淨。」佛在《華嚴經》中也說：「眾生心淨故，得見清淨剎。」

因此，《華嚴經》、《維摩詰經》、《入楞伽經》等顯宗經典的觀點，跟密宗所提倡的觀清淨心完全一

㊴《維摩詰所說經》云：「爾時，螺髻梵王語舍利弗：『勿作是念，謂此佛土以為不淨，所以者何？我見釋迦牟尼佛土清淨，譬如自在天宮。』舍利弗言：『我見此土丘陵坑坎，荊棘沙礫，土石諸山，穢惡充滿。』螺髻梵王言：『仁者心有高下，不依佛慧，故見此土為不淨耳！舍利弗！菩薩於一切眾生，悉皆平等，深心清淨，依佛智慧，則能見此佛土清淨。』」

致。你們不要認為，觀清淨心只是密宗的說法，實際上，若把漢傳佛教這幾部經典研究一下，裡面有許許多多觀清淨心的教言。如果你從來沒接觸過密宗，單純以顯宗竅訣講《華嚴經》、《維摩詰經》，許多道理不一定解釋得來。所以，顯密各派應當互相圓融，才能得到釋迦牟尼佛的究竟密意。

在修行過程中，觀清淨心轉變意樂很重要。《文殊根本續》也說：「諸法即緣故，住於意樂上。⑩」萬法依靠因緣而生，因緣又住於意樂（心）之上，心清淨則一切皆清淨，心不淨則一切皆不淨。你的心怎麼樣安立，萬法就會怎麼樣顯現。續部中也有很多教證說：心清淨的話，縱然是地獄，也能看成清淨剎土；心不清淨的話，即使是極樂世界，也會視為不清淨的地方。比如心清淨的人到了五台山，就會覺得那裡跟人間天堂沒有任何差別，出家人個個威儀莊重，山山水水均是般若法身；而身心有污染的人，只覺得山是普通的山、人是煩惱深重的人，從那裡回來一無所得。

所以，心清淨與心不清淨有極大差別。有了清淨心，一切均會隨之清淨。《圓覺經》云：「眾生國土，同一法性；地獄天宮，皆為淨土。」智者大師在《摩訶止觀》中也說：「魔界即佛界。」對分別念較重的人來講，魔王波旬的世界不可能與佛陀的世界同日而語，然

⑩該頌的後兩句是：「何處發何願，彼等定成就。」

大圓滿前行廣釋（一）附大圓滿前行實修法

而在究竟義中，萬法在勝義中遠離戲論，世俗中是清淨平等的。

顯宗的最高見解，只抉擇了遠離戲論的大空性，而觀清淨心方面的教言，在《華嚴經》、《維摩詰經》等中提是提了，但只是以比較隱藏的方式提出，並沒有作詳細闡述。其實，佛教的真正觀點是一切法皆清淨、煩惱皆為菩提，所以，密宗才能圓滿解釋《六祖壇經》。如果不懂密宗，光是說「煩惱即菩提」，很多人不一定理解——「貪嗔癡煩惱是要捨棄的，每個佛教徒不願接受，怎麼會是佛陀的智慧呢？」「若如此，佛陀和眾生豈不是變成一體了？」……很多矛盾會在腦海中不斷地浮現。但若有了密宗見解，你就不會這麼想了。

因此，我們首先要懂得轉變意樂，明白現在的所見所聞，全是清淨剎土的遊舞或顯現，只是自己以無明煩惱不能照見，就像膽病患者把白色的海螺看成是黃色的一樣。如果依靠善知識的教言，於一切威儀中觀清淨心，那密宗的見解自然而然會生起來。

密宗的見解，並非與顯宗完全絕緣。有些人認為學顯宗就發菩提心，學密宗就觀清淨心，這種分界是大錯誤。發心要視你的根基而定，如果你只能發菩提心，聽課時可為了利益眾生而發心；如果在此基礎上，明白一切本來清淨，這並不是把壞人強迫地觀成好人、煩惱特別重的人非要觀成智慧多的人、黑色的炭硬是觀成白色

的，而是它的本體原本如此，那就可以觀清淨心。

萬法本來是清淨的，我們之所以看不見，是因為自己的心有問題。以前國外有個牧師，他對玫瑰花過敏，有一次他在教堂給別人講課，突然發現旁邊放了兩盆玫瑰，立即眼淚鼻涕直流，噴嚏更是接連不斷，一堂課講得很不成功。事後他罵管理人員：「你明知我對玫瑰花過敏，為什麼還給我擺這個花？」管理人員說：「我放的是兩盆塑料玫瑰，沒想到你對假花也過敏。」可見外境中不存在實有的不清淨，一切都是自己的心在作怪，心可以把真的當作假的，也可以把假的反認為是真的。

其實萬法沒有一個是不清淨的，包括我們的貪心、嗔心，一旦反觀它的本體，也完全是智慧的妙用。《大幻化網》等密續中有許多這方面的推理。既然意樂如此重要，我們在聞法時，不管對傳法的上師、聽法的道友，還是傳法的處所，都不能看成是平庸不淨的顯現，而應當明觀五種圓滿。

密宗的五種圓滿，就像記敘文一樣，包括人物、時間、地點等幾個要素。按照有些上師的觀點，其明觀的方法是：

要麼，把傳法之處觀想成印度鹿野苑，傳法上師觀為本師釋迦牟尼佛，聞法眷屬觀為五比丘與八萬天子，聞法時間觀為佛陀成道四十九天後，所傳之法是第一轉法輪——四諦法門。

大圓滿前行廣釋（一）附大圓滿前行實修法

要麼，把傳法之處觀想成印度靈鷲山，傳法上師觀為本師釋迦牟尼佛，聞法眷屬觀為舍利子目犍連等五千比丘、眾生主母等五百比丘尼、給孤獨施主等優婆塞、薩嘎瑪等優婆夷及其他無量眾生，聞法時間觀為佛陀說法十二年中，所傳之法是第二轉法輪——般若法門。

要麼，把傳法之處觀想成廣嚴城、王舍城、人間天界等不定地方，傳法上師觀為本師釋迦牟尼佛，聞法眷屬觀為共同和不共的天龍夜叉等無量眾生，聞法時間觀為佛陀說法三十二年中，所傳之法是第三轉法輪——分別法門。

或者可按密宗所說，把傳法之處觀想為遠離一切戲論、無法用語言描述、諸法自性清淨的密嚴法界宮；傳法上師觀為一刹那於自現獲得證悟的法身普賢王如來[41]；聞法眷屬觀為如來密意傳、持明表示傳的勇士勇母及男女本尊之自性，不能想「這個是居士，那個是出家人」、「這個人格不好、那個長相太差」，而應把他們觀為寶生佛、不動佛、白衣佛母、法界自在母等如來密意傳的聖尊，或喜金剛、文殊友、布瑪莫扎、嘉納思札、蓮花生大士等持明表示傳的聖尊，以及男女本尊的自性。

要麼，把傳法之處觀想為銅色吉祥山蓮花光宮殿（一

---

[41]續部云：「宣說續部意金剛，彼唯是我教圓滿。」意即凡宣說密宗續部的上師，其智慧與普賢王如來無二無別，他所有的灌頂和教授均已得以圓滿，因而上師與普賢王如來沒有差別。

世敦珠法王等伏藏大師在淨見中都見過，藏傳佛教好多寺院也專門修了十三層的蓮花宮）；傳法上師明觀為蓮花生大士；聞法眷屬觀成八大持明㊷、君臣二十五尊㊸及勇士空行的自性。

要麼，把傳法之處觀想為東方現喜剎土；傳法上師觀為報身金剛薩埵；聞法眷屬觀成金剛部尊眾——勇士勇母、男女本尊的自性。

要麼，把傳法之處觀想為西方極樂世界；傳法上師觀成無量光如來（阿彌陀佛）；聞法眷屬觀想成蓮花部尊眾的自性。修淨土法門的可以這樣觀。

（根據個人的信心不相同，可把傳法上師觀為阿彌陀佛、釋迦牟尼佛，也可觀為蓮花生大士、彌勒菩薩等其他本尊。《入楞伽經》中說：「眾生心涅槃，本性常清淨。」通過這種方式聞法，自相續肯定得到圓滿加持。

曾有弟子問米拉日巴尊者：「您是誰的化現呢？」尊者說：「我是誰的化現並不重要。即使我是三惡趣眾生，但如果你把我看作金剛持如來而祈禱，同樣會得到金剛持如來的加持。」後來喬美仁波切講上師瑜伽時說：「你們一定要記住米拉日巴尊者這句話，就算給你傳法的人是地獄、餓鬼中轉來的，若把他觀作普賢王如來、蓮花生大士等聖尊，同樣也能得到聖尊的加持。」

㊷八大持明：布瑪拉美扎、吽嘎繞、文殊友、龍樹、扎巴哈德、達納桑智達、羌威格黑、新覺嘎吧。
㊸君臣二十五尊：吐蕃王赤松德贊時，蓮花生大士應請入藏，為王及其臣僚講授密法，從而得道證果的二十五人：赤松德贊、囊喀寧波、桑傑也協、傑瓦卻陽、喀欽薩、拜吉也協、拜吉僧格、貝若扎納、涅·雜納古麻惹、宇札寧波、多吉堆均、也協陽、索波·拉拜、祥·也協德、拜吉旺丘、丹瑪則芒、噶瓦拜則、休布·拜吉僧格、傑瓦洛追、且瓊洛、臥真·拜吉旺丘、馬·仁欽卻、拉隆·拜吉多吉、朗卓·袞卻窮乃和拉松·吉瓦絳曲。

大圓滿前行廣釋（一）附大圓滿前行實修法

昨前天很多人問：「我上師是覺囊派的，我上師是漢地和尚，修上師瑜伽的時候，我可不可以把他觀成蓮花生大士呢？」其實是完全可以的。根據米拉日巴尊者和喬美仁波切的教言，只要你有信心的話，可把對自己法恩最大的根本上師觀為任何聖尊，然後在他面前祈禱。

不過，有個別道友認為：「假如上師是法王如意寶等公認的大成就者，這麼觀想倒還可以，但如果是其他人，這樣觀就有點困難了。尤其是我們班的小法師，要把他觀成蓮花生大士，簡直差太遠了！」如果你分別念這麼重，即使真正的蓮花生大士來到面前，你也不一定觀清淨心。）

無論是以上哪種明觀方式，法圓滿都是大乘法，時間圓滿都是本來常有相續輪。

所謂「本來常有相續輪」，是密宗不共法語，意為永不間斷。《妙法蓮華經》中有一句話是：「為度眾生故，方便現涅槃，而實不滅度，常住此說法。」釋迦牟尼佛示現涅槃，只是度化眾生的方便，而實際上佛陀永不涅槃，恆時住於世間說法。藏文《妙法蓮華經》中也說：「佛陀無涅槃，正法無隱沒。」（以前法王朝拜靈鷲山時，在山下說：「六世達賴喇嘛來到此處時，見到此山堆滿了經書，我現在所看見的一切都是光明，真正現前了佛經中所說的『佛陀無涅槃，佛教無隱沒』的境界。」）

從顯宗的角度講，釋迦牟尼佛已示現涅槃，佛法住世五千年㊹之後，終有一天會隱沒消失。但從密宗的角度

而言，其實佛陀沒有出世與涅槃，正法也沒有興盛與隱沒，一切都是恆時存在，這就叫「本來常有相續輪」。

　　這樣的道理，只有在密宗中可以解釋。希望大家聽法的時候，要好好地思維、體會。這次也是一個機會，沒有讓你們灌頂就傳授密法，你們應該生起歡喜心。本來我不能講得太廣，但因為以前學得比較多，這邊漏一點、那邊漏一點，還是說了一些，不過沒講特別深的修法。無論如何，你們理應懂得密宗的殊勝性，這一點十分重要！

㊹關於佛法的住世期，有些經典說正法五百年，像法一千年，末法一萬年；有些經典說正法一千年，像法一千年，末法一萬年。但藏傳佛教的許多大德認為，了義的說法是住世五千年。大成就者達瑪扎修在《大般若釋》中說：「佛法住世十數五百年，即：第一五百年為羅漢果年；第二五百年為不還果年；第三五百年為預流果年，以上為果三段。然後第四、五、六中修三學道者多，故為修三段。七八九學三藏者多，故為教三段。十為像法段。」這段話是什麼意思呢？十數五百就是十個五百，十個五百年就是五千年。第一個五百年得羅漢果的最多，為羅漢果年；第二個五百年得不還果的最多，為不還果年；第三個五百年得預流果的最多，為預流果年，以上叫「果三段」。然後第四個五百年，修戒學的最多；第五個五百年，修定學的最多；第六個五百年，修慧學的最多，所以從一千五百年到三千年為止的這一千五百年，稱作「修三段」。接下來從三千年到四千五百年，第七、第八、第九三個階段分別是學經、律、論三藏的最多，這三個加起來稱為「教三段」。最後一個五百年稱為像法五百年，只有出家人的形象，沒有清淨戒律，沒有實修者，稱它為「像法段」。加起來是五千年。

第四節課

第五節課

以菩提心聽聞佛法的道理已經講完了。以密宗的觀清淨心來聽法還沒有講完，今天接著講：

通過以上分析，我們務必明確的是，之所以要對器世界和有情世界觀清淨心，是因為原本這些就是如此清淨——有情世界跟如來、菩薩無有差別，器世界跟極樂世界、現喜剎土無有差別，並不是本不清淨而硬觀為清淨。

這是密宗非常重要的宇宙觀，在顯宗中是否也存在呢？我前面講過，顯宗的《華嚴經》、《妙法蓮華經》、《入楞伽經》等大乘了義經典，以及龍猛菩薩的《法界讚》、彌勒菩薩的《寶性論》等了義論典中雖然曾提過，但並沒有像密宗那樣，舉出種種理由廣泛地闡述，而只是以隱藏方式宣說的。實際上，密宗任何觀點在顯宗中都能找到。正因為如此，無垢光尊者在《大幻化網大疏》、麥彭仁波切在《大幻化網總義》中，引用了大量顯宗經典的教證，以成立密宗的合理性。

我們學過密宗的人的確認為，沒有通達密宗的話，很難以解釋顯宗的甚深奧義。故希望漢傳佛教的修行人，對顯經、密續均要聞思，如果只了解一部分，就斷章取義地大肆評價，於不合心意的部分加以詆毀，恐怕對自他不會有好處。大家要明白，密宗的發心是至高無上的，這並不是我們自誇自讚，現在東西方許多人通過聞思修行也都完全了解這

大圓滿前行廣釋（一）附大圓滿前行實修法

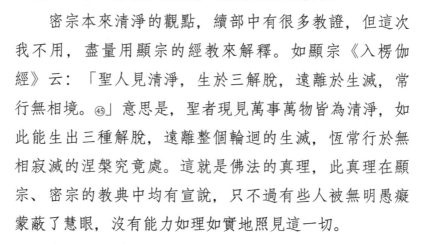

一點。所以，自己不懂的地方，應當互相溝通學習，倘若對不了解的部分隨便毀謗、污衊，一旦認識到真相，肯定非常後悔。因此，學習佛法要完整全面，這樣才能保v護自他的相續，同時不會隨意造惡業，還能積累福慧資糧。

密宗本來清淨的觀點，續部中有很多教證，但這次我不用，盡量用顯宗的經教來解釋。如顯宗《入楞伽經》云：「聖人見清淨，生於三解脫，遠離於生滅，常行無相境。㊺」意思是，聖者現見萬事萬物皆為清淨，如此能生出三種解脫，遠離整個輪迴的生滅，恆常行於無相寂滅的涅槃究竟處。這就是佛法的真理，此真理在顯宗、密宗的教典中均有宣說，只不過有些人被無明愚癡蒙蔽了慧眼，沒有能力如理如實地照見這一切。

在聞法的時候，昨天講了要明觀五種圓滿——上師是佛陀，處所是佛剎，眷屬是佛的眷屬，法是大乘佛法，時間是永恆的。雖然處所、法、時間均可一一證明其清淨性，但此處不作廣說，僅以上師、眷屬為例，說明一切本來是清淨的。

一、上師

上師是三世諸佛之本體。佛在經典中也說，上師是諸佛的化現，其本體與佛陀無二無別。比如佛陀示現涅槃之際，曾對阿難等有緣眷屬說：「阿難莫哀傷，阿難

㊺舊譯《入楞伽經》云：「聖人見清淨，以生三解脫，離諸生死法，修行寂靜處。」

莫哭泣，我於未來時，化為善知識，利益汝等眾。」意
即你們不要傷心，也不要哭泣，我將於未來時代，以善
知識的形象利益你們。這個教證亦可說明，一切具有法
相的上師，全部是佛陀化現，與佛陀的本體無有差別，
就像大海與波浪的關係一樣。

關於此理，下面進一步闡述：

1、上師身是僧眾的本體：上師的身體住於清淨戒
律，令無量眾生的身心暫時趣入善法，究竟得到無上解
脫。這與僧眾的特點相同。

上師語是妙法的本體：上師的語言宣講三藏十二部
等殊勝教言，給無量眾生的相續中種下善根，最終斷除
一切煩惱障和所知障。這與妙法的作用一致。

上師意是佛陀的本體：從自性住佛性來講，每個眾
生的心與佛陀無別，上師也不例外；從修增長佛性來講，
上師的心已遠離一切戲論，恆時住於無離無合、本來光明
的境界中，這即是佛陀盡所有智與如所有智的本體。

所以，上師是三寶的總集——在顯宗中，可以說上
師跟三寶的本體沒有差別，或者三寶通過上師的方便讓
眾生得以成就；在密宗中，把上師看作第四寶，如續部
云：「佛法僧三寶，上師第四寶。」

2、上師身為上師：一切諸佛在引導眾生時，化為人

---

⑯佛性有兩種，一是自性住佛性，二是修增長佛性。自性住佛性，是心的本
性，這樣的佛性每個眾生都有；修增長佛性，是通過智慧遣除煩惱障、所知
障等客塵，顯露出心的本來面目，這要依靠修行才能現前。

的形象進行饒益，這就是上師的身體。

上師語為本尊：上師口裡說出的語言，如果依教奉行，就能獲得成就。這如同修持觀音菩薩、文殊菩薩等本尊而得成就一樣。

上師意為空行：凡是證悟大悲、空性的聖者佛母，均稱之為空行。如云：「空性的虛空中，大悲的妙力任運行持。」由於上師始終安住於大悲、空性的境界中，故上師的密意就是空行。

通常來講，上師是加持的來源，本尊是悉地或成就的來源，空行是事業的來源，三根本要分開修。但究竟而言，上師就是三根本的總集。

有些大德認為本尊和上師不是一體，見到本尊時，選擇向其頂禮，而沒有向上師求悉地，最後本尊壇城全部融入上師，以這種緣起，他這一生沒有獲得金剛持果位，解脫成就因此而拖延，這種現象在印度高僧的傳記中也比較多。所以，從某一個角度講，上師應該勝過本尊。無垢光尊者在《虛幻休息》中也說：「修上師瑜伽的時候，上師的面相不能改變㊼。為什麼呢？因為續部中並沒有說依靠本尊能即生成就，而全部說是依靠上師迅速成就。」

3、上師身為化身：上師的身體在孩童時代，縱然跟其他小孩玩耍嬉戲，這種行為也能給他人植下解脫的種子；在年輕或中年時，通過轉妙法輪，可令許許多多眾生

㊼不必把上師觀成本尊的樣子。

獲得解脫；最後示現圓寂，能讓無量眾生感悟無常之理。因此，上師的身體完全是利益眾生的一種幻化身。前面那個教證也說——「化」為善知識，所以上師就是佛陀的化身，這一點通過教證可以成立，通過理證也可以成立。

上師語為報身：語言清淨和風清淨時，在所化清淨眾生面前所現之身，就是報身。而上師的語言清淨，在證得聖果的有情（登地以上）面前，全是與報身無別的一種妙力，這種妙力即是所謂的報身。

上師意為法身：上師的心識與法界光明無二無別，而法界光明的智慧實際上就是法身。

所以，上師是法、報、化三身的總集，而且上師的三身遍於整個法界。這並不是分別念強迫去觀想，而是本來就這樣。然而，很多人根本不知道，他們因為心不清淨，見不到上師的無上功德，只見到上師有生老病死、貪嗔癡、種種不如法行為。因此，聖者見什麼全是聖者，凡夫見什麼全是凡夫。

關於這個道理，我順便講一個故事，這也是米拉日巴尊者傳記的緣起：曾經有一次，米拉日巴尊者在雅隆地方，準備給惹瓊巴等有緣弟子傳授大乘妙法。前一天晚上，惹瓊巴做了一個夢，夢中去了鄔金空行淨土。當時不動佛給大眾宣講了過去諸佛菩薩希有、微妙的精彩傳記，接著又講了帝洛巴、那若巴、馬爾巴三位上師的感人事蹟。要散會的時候，不動佛對大家說：「一切傳

記中最希有、最偉大和最動人的，要算是米拉日巴的傳記，明天你們再來聽吧！」

惹瓊巴聽到幾個人私下議論：「米拉日巴尊者如今在什麼地方啊？」「米拉日巴尊者嗎？他不在東方現喜淨土，就在普賢王如來的常寂光土……」他心裡暗想：「尊者現在明明是在西藏，為什麼說在清淨佛剎呢？」

後來惹瓊巴從夢中醒了過來，那時天已快亮，他心想：「這次到鄔金剎土去聽法，完全是上師的加持。那裡的人說上師在常寂光土或現喜淨土，我們卻以為是在西藏，與我們沒有什麼不同，一樣過著人的生活。哪裡知道上師早已成佛，與十方諸佛等無差別，法身遍滿宇宙，報身、化身的變化更是不可思議。我們自己業障深重，見聖人亦如見凡夫，真是誣衊了聖者！」他轉念又尋思：「昨晚的夢，不是一個尋常的夢，是空行叫我向上師請法的暗示，我一定要祈求上師宣說希有傳記！」於是他向上師請求，米拉日巴尊者就開始敘述自傳……

這個自傳，張澄基以前翻譯過，漢地有緣眾生讀了以後，的確非常非常感動。我們藏地很多修行人依靠它的不共加持，內心也完全得以轉變。記得我在讀中學時，左手生病化膿，差點死了，當時有一個藏醫，他是位老修行人，天天用藏藥給我治療。還有個喇嘛叫丹增嘉措，每天晚上給我們讀米拉日巴的傳記。當時政策沒有開放，我們害怕被人發現，就把院門、房門關得緊緊

的，三更半夜才開始聽。那個喇嘛讀的時候，常常熱淚盈眶，激動得不能自禁。我那時雖然比較小，讀中學一年級，但依靠傳記的殊勝加持，到目前為止，很多道歌的內容、感人事蹟仍記得清清楚楚。

通過剛才的公案可知，上師無論於你面前顯現何種形象，其本體實則與十方諸佛無別，都是通過不同的方式在度化眾生。這方面，法王如意寶在夢中見到托嘎如意寶時講了很多竅訣[48]，諸位道友應該非常清楚。

因此，對上師理當觀清淨心，了知上師絕非一般凡夫人，只不過因為我們有無明煩惱的病，看到再清淨的東西也覺得不清淨。實際上通過教證和理證來觀察，外在環境也好，傳法上師、聽法道友也好，全部都是清淨的，這是最強有力的事勢理。當然，對佛教不是特別精通的人，講太多了他也不一定接受，但即使不接受，也無法改變這個事實。

4、上師是過去諸佛之化身：《中觀莊嚴論釋》說，如理如法地講經說法的上師，其實就是佛陀的化身。佛陀不一定以自己身體來傳法，他可以在人面前化為人的形象，動物面前化為動物的形象，地獄眾生面前化為地獄眾生的形象……所以在人群中，佛陀一般以普通上師的形象來度化眾生。

上師是未來諸佛之源泉：上師講經說法之後，眾生

大圓滿前行廣釋（一）附大圓滿前行實修法

[48]詳見《妙法寶庫01—信源寶藏》之《法王晉美彭措傳》。

的相續會得以成熟。若沒有上師開示，勸眾生發出離心、菩提心，未來那些佛顯現上也不可能出現。

上師是現在諸佛之補處：十方世界的諸佛現在住於清淨剎土，上師是他們的補處或代表。為什麼這樣說呢？因為弘揚佛陀事業者肯定是佛，如果不是佛，一般的凡夫人不可能利益那麼多眾生，弘揚那麼大的事業。以前有些老上師也說過：「法王肯定是諸佛的補處。他若是一個凡夫人，在當今末法時代，不可能將佛法弘揚得如是廣大、如是成功！」

因此，上師是三世諸佛之本體。而且上師攝受了我們這些賢劫千佛也未曾調化的濁世眾生——當然，賢劫千佛並未全部出世，這裡的意思是：往昔的迦葉佛、釋迦牟尼佛等來到人間，而業力深重的我們並未得以調化，那麼，即使賢劫千佛統統來了，也不一定能調化，唯有以上師的形象慈悲宣說妙法，才能真正攝受我們。所以，從慈悲與恩德方面來講，上師已勝過了諸佛。

有些人認為：「密宗宣稱上師超過諸佛，這簡直大逆不道！」其實，這是他孤陋寡聞而已。不僅是密宗有這種說法，顯宗中也不乏其數。無垢光尊者在《大圓滿心性休息大車疏》中，引用過顯宗《無垢虛空經》的一個教證：「阿難，諸如來非於一切眾生前顯現，而現為善知識宣說佛法，令播下解脫種子，故善知識勝於一切如來。」這已經非常明確地說了，善知識勝於一切如

來。因為在末法時代，如來不可能於眾生面前顯現，而上師在娑婆世界中，可以見解脫、聞解脫的方式跟眾生結緣，最後令其獲得成就。

所以，與上師結緣的功德非常大。無垢光尊者說：「具德上師即法王，住於何處等諸佛，令凡見聞念觸者，悉皆摧毀諸輪迴。」具有德相的上師，是三千大千世界的大法王，他無論住於何種環境、何種處所，跟十方諸佛沒有差別，不管眾生與之結上善緣惡緣，只要見到他、聽到他的聲音、心裡憶念他、身體接觸他，皆能直接或間接摧毀輪迴的惡劣種子。法王如意寶沒有圓寂的時候，我們也經常這樣想：凡是見到上師、上師對他摸個頂、聽到上師聲音、心裡觀想上師的人，得到的利益實在無法估量。無垢光尊者還說：「佛說剎那念上師，勝過劫修生次第。」一剎那間憶念上師，其功德遠遠勝過一大劫中觀修生起次第和圓滿次第。可見，憶念上師、見到上師的功德無法想像。

原來上師如意寶去加拿大時，有一天生病了，晚上給眾人講課時，所有的時間沒有用完。當時有個西方人對密宗信心非常大，他說：「今天上師雖然講得不多，但大家能見到上師、聽到上師的聲音，已經心滿意足了！」的確，對有智慧的人來說，上師給他傳法、念咒當然很好，但即使沒有這個條件，聽到上師的笑聲、咳嗽聲，也能播下解脫的善妙種子，直接或間接斬斷輪迴的根本。

因此，想獲得解脫的人，一定要依止善知識。在《中

大圓滿前行廣釋（一）附大圓滿前行實修法

般若頌》中，佛陀也對須菩提說：「欲得遍知佛果者，當依善知識。」依止之後必須觀清淨心，否則，覺得上師說得不對、想得不對、做得不對，天天在座下觀上師的過失，自相續會被各種罪業所染污。有邪見的人，就算依止斷證圓滿的佛陀，也能挑出許許多多過失，譬如善星比丘依止佛陀二十多年，結果塵許功德也沒有發現，唯一看到的就是過失，最後自己也墮入惡趣。所以說，觀清淨心最有功德，觀過失沒有絲毫利益。

總而言之，從密宗清淨觀的角度講，上師的本體跟佛陀無有差別。《密集金剛》云：「上師即佛亦即法，如是上師即僧眾，一切能作乃上師，師為具德金剛持。」意思是說，上師是功德圓滿、相好莊嚴的佛陀，上師是令眾生解脫的教法和證法，上師是把無量眾生引入解脫道的僧眾，所以一切能作皆是上師，上師就是具德金剛持。

大家在依止上師的過程中，不要把上師當成一般人，堪布阿瓊在《前行備忘錄》中引用教證說：「如果把上師看成人，那只能在狗前取悉地了㊾。」假如你對上師有虔誠信心，心裡經常憶念，上師的加持和力量無形中會融入你心，令解脫種子慢慢甦醒；但若相續中沾滿各種邪見垢穢，那麼，你的菩提苗田不可能發芽。所以我們要經常觀察自相續，一旦對上師看過失、有不良想法，應馬上念誦祈禱文、修金剛薩埵等來懺悔。如果你實在看不到上師的

㊾意即根本不會獲得悉地。

功德，觀不起清淨心，那也應該想：「上師畢竟是一個眾生，眾生都具有如來藏，從如來藏的角度講，我不能觀察上師過失。」——該笑的地方怎麼沒人笑啊？不精彩！

二、眷屬

聞法道友表面上雖有貪嗔癡等各種過失，但每一個人無不具足如來藏。佛陀在《三摩地王經》中云：「一切諸眾生，皆具如來藏。」彌勒菩薩通過三個理證㊿也成立「故說諸眾生，具有如來藏」。同時，他們獲得了珍寶人身，又幸運地遇到了具法相的善知識，承蒙善知識以方便攝受，擁有聽受佛法的機緣，可以說這些人都是未來佛。

未來佛和現在佛本體上也沒什麼不同，只不過是時間遲早而已。每個眾生都有如來藏，這是從本體角度講的，但由於因緣沒有成熟，如來藏上的障垢尚未遣除，所以無法現前佛果。倘若通過修行遣除一切垢染，那每個眾生都是佛陀。原來我們在讀書時，曾跟一個領導說：「你不要太驕傲啊！我們現在雖然正在讀書，但過段時間，也會變成跟你一樣的領導。」同樣，聽法的道友雖然現在是凡夫，但過段時間，每個人也會成為佛陀。從這個角度而言，應當將他們視為佛菩薩，而不能觀察過失。

《喜金剛·二觀察續》亦云：「眾生本為佛，然為客塵遮，垢淨現真佛。」眾生本是相好圓滿的佛陀，然

㊿若欲詳細了解，請查閱彌勒菩薩《寶性論》中「佛陀法身能現故，真如無有差別故，具佛性故諸有情，恆時具有如來藏」一偈。

而猶如天空被烏雲遮蓋一樣，眾生的佛性被無明煩惱障蔽了，所以在輪迴中顯得愚笨、迷茫、有煩惱，實際上若能認識到心的本來面目，馬上就可以現前佛的一切功德。因此，我們不要將道友看成是壞人，等一會兒下課後，理當互相觀清淨心，把對方看作文殊菩薩、觀音菩薩、大勢至菩薩、蓮師大弟子奇瓊羅扎瓦……

其實，外境的好壞跟自己的心有很大關係：心情不太好的時候，旁邊來了什麼樣的人，也覺得全是壞人一樣；心情非常好的話，即使是壞人或敵人，也覺得他長得很好、性格不錯、穿著漂亮，就算在街上見到乞丐，心裡也樂融融的。因此，心如果清淨，眾生在你面前跟佛菩薩沒什麼差別，大家一定要調整自己的心態。

綜上所述，聞法之前調整心態相當重要。假如你把傳法道場看得十分糟糕，上師視為作惡多端的壞人，旁邊的道友也一個比一個壞，那在壞人的群體中，上師所說的壞話，對你的壞相續，不可能有好的利益。上課時心態是很重要的，所以，在上師面前聽法，一定要觀清淨心。這並不是將不清淨的東西非觀為清淨，而是上師和眷屬本來清淨，通過確鑿的教證和理證可以證明。當然，這些若能成立清淨，住處觀為清淨剎土也很容易，《大幻化網講義》裡有非常豐富的教證。

因此，如果你有一定的能力，每次聽上師傳法時，應以大乘菩提心來攝持，或者要具足密宗清淨觀。清淨觀的

力量比菩提心更強，假如你真的能觀想，那麼上師所講的每個句子，會令你的相續轉變特別快。有些人聽了短短幾堂課，馬上就獲得不共的悉地和加持，其原因也在這裡。

乙二（行為）分二：一、所斷之行為；二、應取之行為（應行持的行為）。

丙一（所斷之行為）分三：一、法器之三過；二、六垢；三、五不持。

丁一（法器之三過）分三：一、耳不注如覆器之過；二、意不持如漏器之過；三、雜煩惱如毒器之過。

聽受佛法的人叫做「法器」，法器在聽法的過程中，需要避免三種過失。我們平時也應該詳細觀察自己，如果具足這三種過失，當下就要遠離，否則，所聽的佛法再殊勝、再深奧，自己也得不到利益。

戊一、耳不注如覆器之過：

聞法的時候，不管在上師面前，還是在光盤面前，耳識萬萬不可四處分散，而應專心致志諦聽說法的聲音。如果耳識不能專注於法義，東邊有一個聲音，馬上散到東邊去；西邊有一個聲音，馬上又散到西邊去，如此一來，聽多少法也得不到利益。

聞法時心首先很重要，心要全心全意、聚精會神傾聽上師的法音，一個字一個字地記在心裡。我原來也講過，以前學院有位加秋喇嘛（現已圓寂），他對法王信心非常大，六七十歲的時候，每次聽法王講課，都一字不漏

記錄下來。有一次，我和他在大經堂後的小木屋聽課，聽課的過程中，哪怕上師在課堂上開個玩笑，他也會琢磨半天，說：「上師講了一個很好的玩笑，這個意義很深啊！」然後一絲不苟地記在小本子上。我看了以後特別感動，多年以來，他就是這樣依止上師的。

可我們有些人聽課時，上師開一個玩笑，覺得與自己無關；上師講一個教言，覺得對自己沒用，將上師的話作了百般取捨，只留下一小部分對自己有用的。實際上，假如你真把上師視作佛陀，即使上師開玩笑、說些無關話題，也能感受到不可思議的利益。我們現在看法王如意寶的有些原話、講記，當時覺得意義不是很深，只是一句普通的笑話，而如今越去細心體會，越覺得隱藏著甚深的密意。所以，聽法時不能像挑食一樣，這個不要、那個不要，而必須做到全盤接收、專注聽受。不專注的話，就如同在覆口的碗上倒水一般，儘管身居聽法的行列中，但上師講了半天，也好像是對牛彈琴，被你全部當成耳邊風，一句法義也沒有聽清。

其實耳沒有專注的話，長兩片耳朵也沒用。那天我看一個老師正在批評學生，她使勁揪著他耳朵說：「這個是用來幹什麼的？這個是用來幹什麼的？」學生起先不吭聲，但老師揪得特別凶，他只好乖乖地回答：「這是用來聽老師話的。」所以，你們聽課時也要摸一摸耳朵——這個是用來幹什麼的？如果講了多少法也一句沒聽進去，那它簡直是虛有其表，不是真正的耳朵！

戊二、意不持如漏器之過：

光是耳朵專注聽還不行，倘若對所聞之法沒有銘記於心，僅僅限於一知半解或敷衍了事，一堂課下來連一個公案、一句法義也沒記住，內心猶如一張白紙，講完後什麼印象都沒有。那就像漏底的碗中倒多少水也無法留存一樣，不管聽了多少上師的教言，也不會懂得融入相續而身體力行。

上師傳授任何法要，我們都應該努力記住。就算記不住所有內容，起碼也要記幾個對你管用的問題。當然，每個人的根基不盡相同，什麼管用也不能一概而論。那天有個人很煩惱，打電話給我講半天，我勸了一下，結果她說：「哎喲，堪布您的話對我不管用！我還是給一個活佛打吧，活佛每次說的話很管用。」世人解決問題都要找管用的方法，同樣，我們聽法時也要記住對自己管用的竅訣，今天記一個、明天記一個，這樣聽課才沒有白費。

其實，聽法三種過失，依次障礙聞、思、修：第一種過失（耳不注如覆器之過），是障礙聞慧，耳朵若沒有好好專注，佛法不可能聽進去；第二種過失（意不持如漏器之過），是障礙思慧，如果一點都沒有記住，已經全部漏光了，則無法如實地思維法義；下面講第三種過失，這是障礙修慧：

戊三、雜煩惱如毒器之過：

在聞法時，倘若動機不良，心存貪圖名譽、謀求地位、治癒疾病等過患；或者摻雜著貪嗔癡等妄念，比

如，去聽課是為了看到喜歡的人（貪），聽課時對某人懷有極大嗔恨心（嗔），聽了一會兒就昏昏欲睡，不停地打瞌睡（癡）。那麼，佛法非但對自心無利，反而會變成非法，如同向有毒的碗中注入甘露一樣。

一堂課的時間其實很短，我們聽的時候，應該像兩天中只吃一頓飯一樣珍惜。畢竟一天24小時中，只有1個小時的聽課時間，其他23個小時都在做別的事情。這1個小時能斷除我們相續中的煩惱根本，具有不可言喻的價值，故一定要把時間、精力全部用上，千萬不要雜有任何「毒素」。

如果依靠佛法而造惡業，這沒有任何必要。尤其在上師面前聽課時，不要把上師當作貪心的對境，也不要當作嗔心的對境、癡心的對境。世間上有那麼多人，非要把上師作為貪嗔癡的對境，這是特別可悲的！聽法在我們一生中非常難得，內心務必要保持清淨，否則，若雜有貪嗔癡煩惱，修行絕對不會成功。所以，第三種過失是障礙修所生慧。很多老修行人也經常說：「修行好不好，要看有沒有對治煩惱。如果能夠對治煩惱，說明這個人修行很好。」

概而言之，聞法時要斷除以上三種過失。大家也應時時觀察自己的相續，一發現這些過失就要馬上斷除。當然作為凡夫人，肯定會有這些過失，但如果沒有改，縱然聞法動機很好，也不會有什麼收穫。

第六節課

正在講聞法方式中斷除法器之三過，略說已經講完了，現在開始廣講：

印度單巴仁波切(51)曾這樣說：「聞法時要像野獸聞聲一樣；思維時要像北方人剪羊毛一樣；觀修時應如愚人品味一般；行持時應如飢牛食草一般；得果時應如雲散日出一般。」

尊者以這五種比喻，形象地描述了聞、思、修、行、果五個階段（即其他教言書中的見修行果）。

一、聞——聽聞佛法：

正見依靠聽聞而產生。我們剛降生於人間時，會不會有佛法正見呢？絕不會有。除了極個別能回憶前世的轉世靈童外，一般的凡夫人不要說佛法正見，就連世間的基本道理也不懂。所以，依止善知識聽聞之後，正見才能在相續中生起。

世間上有各種錯綜複雜的學問和學說，在這麼多的知識裡，我們遇到了佛法，應該說是前世的福報所感。我每次去新華書店，看到琳琅滿目的書籍，就會感到自

(51)單巴仁波切：又名單巴桑吉、帕單巴，他出生於印度南方，曾依止蓮花生大士、龍猛菩薩等五百位上師獲殊勝成就，住世571年，後於五台山金剛窟中，肉身不滅而示現圓寂。據歷史記載，他前後五次來藏地弘揚佛法，是般若斷法的創始人。在醫藥學和般若斷法方面的竅訣非常多。

已很幸運——若沒有一個殊勝因緣，怎麼可能在浩如煙海的知識中，遇到這麼偉大的佛教？用現代話來說，佛教是最科學、最完整、最圓滿的學說，把一輩子的精力和時間用在這上面，也是非常值得的。因此，我們有幸聽聞佛法時，理當如野獸聞聲般專注，這在下面還有廣說。

二、思——思維佛法：

聽完上師所講之法後，理應逐字逐句地思維，就像北方人剪羊毛一樣。

「北方」主要指玉樹、青海一帶。那裡的羊非常多，尤其是到了春天，羊要褪舊毛、換新毛，此時人們把舊毛從下到上全部剪光，絕不會留下一隻前腿或後腿不剪。以此說明，我們在思維法義時，要將上師所講的道理全部細細分析，沒有什麼好取捨的。比如，今天講了「人身難得」的引導文，那麼你對人身難得的比喻、數量差別等，要一個一個去思維，如是才能對此引生定解。佛法猶如蜜糖，中邊皆甜，不可能像有些人認為的，一部分值得接受，一部分有待觀察，還有一部分應該捨棄。

三、修——觀修佛法：

觀修的時候，應該像愚人品嘗美味一樣，有感覺卻說不出來。

愚人吃酸甜苦辣的東西時，明明品嘗到了味道，決

第六節課

定有這種感受，但就像啞巴吃糖一樣表達不出來。我們修行也應該如此，譬如觀想「人身難得」，若只是絕思絕慮，閉目坐一會兒，這不會有什麼收穫，理應再三思維人身怎麼樣難得，從而找到一種感覺，這時候才算嘗到佛法的美味。

所以，修行佛法一定要深入體會。暫且不談大手印、大圓滿等高深境界，縱然是共同加行中的「壽命無常」、「因果不虛」，如果真正去思維、去觀修，也能深深感受到它的意義。

四、行——行持佛法：

行持時，應當如理如實地做到，而且一定要有強烈意樂。就像飢餓的犛牛找到一片草地，牠會飢不擇食地一掃而光，而不是四處都嘗嘗。同樣，我們現在行持佛法，每一個法義都應在實際行動中身體力行，而不是中間取捨一部分。

五、果——最後得果：

所謂的得果，是指每個修法後的所得之果，不一定是得阿羅漢果或佛果。得果時不能糊裡糊塗的，而要像雲散日出一樣，完全顯露實相，沒有任何懷疑。例如修「壽命無常」時，一旦無常觀在相續中真正生起，則於行住坐臥任何威儀中，不會被常有的念頭所轉，一切增

大圓滿前行廣釋（一）附大圓滿前行實修法

益將完全遣除，猶如太陽破開烏雲而散發出光芒。當然，如果前面的聞、思、修、行沒有具足，最後該怎麼樣也是雲裡霧裡，這說明你的果還沒有出現。

以上通過五個比喻，闡明了修持佛法的五個階段。其實《前行》的每一句、每一個比喻，都有相當甚深的含義。如果你對這些道理好好地了解，然後再反覆地思維，行為必定會有所改變。因此，這次講《前行》，我想講得細一點，雖然自己智慧有限，但以前在修學的過程中，對每一個道理感觸很大，可以說一字一句都曾融入自己的心。現在讓我全部倒出來的話，因為語言水平等關係，可能有一定的困難，然而共同思維的時候，也許能起到打開思路的作用，對你們理解有一些幫助。

在五個比喻中，下面主要分析「聽聞佛法」必須專注，其他四個比喻則沒有廣講：

誠如剛才所言，聞法時要像野獸聞聲一樣。野獸聞聲是怎樣的情景呢？有些野獸酷愛聽琵琶聲，獵人為了將其捕獲，一個人彈奏樂器以吸引其注意，另一個人則乘機向牠射毒箭，可牠根本不發覺，仍舊怡然專注地聽著。同樣，我們在聽受佛法的過程中，無論在上師面前還是電視面前，也要力求做到如此全神貫注，對法一定要有極其虔誠、純潔的信心。

如果有了這樣的信心，從行為上、態度上也看得出來。有些人剛聽上師講法時，好像獲得了不死甘露一

樣，情不自禁地汗毛豎立、淚流滿面、雙手合十，從其眼神、坐姿、表情也可以了解他的信心。聽任何上師傳講任何佛法都要這樣，否則，有些人聽課時特別勉強，或者一直打瞌睡，或者以不滿的眼光瞪著上師，或者非要躲在上師看不見的角落裡，這些行為都不如法。按理來講，在上師面前聽法，理當面帶笑容，以喜悅的神態聞受。其實，世間的學生也要如此，假如他聽課時身體東倒西歪，眼睛一直瞟向窗外，或以特別仇視的眼神盯著老師，那老師的知識很難以灌到他心裡。

聽經聞法的時候，專注的姿態非常重要，因為聞法的功德不可勝言，上師在傳法時，不僅人來恭敬，很多非人也來恭敬。記得《未曾有因緣經》講了很多聞法的功德，其中有一偈云：「從聞捨非法，行到不死處，仙人敬事聞，諸天亦復然。」意即聞法能捨棄一切非法，從而到達不死之解脫處，故具有功德的仙人，甚至是天人都對聞法十分恭敬。本來天人有天人的傲慢，一般的功德不可能令其折服，但若有人講法、聞法，天人也會前來恭敬。所以，藏傳佛教許多法師在講經之前，通常要念一遍《普賢行願品》中的「天龍夜叉鳩槃荼，乃至人與非人等，所有一切眾生語，悉以諸音而說法」，以此奉勸人與非人專注地諦聽。（但我不具足法師的法相，所以不敢這樣念。）

如今世間上有很多「歌迷」、「網迷」等迷惑者，而我們作為修行人，應當成為「法迷」，聽聞佛法時要

大圓滿前行廣釋（一）附大圓滿前行實修法

陶醉其中，聽上師講著講著，你不知不覺就被帶到上師所講的神秘世界去了，這樣才能得到佛法的利益。《菩薩地論》也說：「專注屬耳，意善敬住，以一切心，思維聽聞。」聞法時，我們要豎耳諦聽，滿懷恭敬，對所聞法義全心全意地思維，盡量斷除各種分別雜念，在短暫的一兩個小時中一心專注，不要天馬行空地胡思亂想。

否則，儘管身體坐在聽法行列中，表面上看來循規蹈矩，但心裡卻雜念紛飛、東想西想，誠如札嘎仁波切所言，一堂課神遊了整個世界，下課後什麼教言都沒記住，這是不應理的。不過，業力深重的人往往在上課時心不在焉，正如六世達賴倉央嘉措所形容的：「常想活佛面孔，從不展現眼前；沒想情人容顏，時時映在心中。」（倉央嘉措一生經歷比較神秘，他的情歌看似與凡夫的心態相合，直接表露了世人的情感煩惱，在貪心重、執著感情的人看來，與自己內心達成共鳴，但在修行人的眼目中，這些全部是修心竅訣。）他還說：「靜時修止動修觀，歷歷情人掛眼前，肯把此心移學道，即生成佛有何難？」這個教言大家應細細品味。

聽課的時候，尤其不能隨便說話。有些人一聽法就打開了綺語伏藏門，講閒話能說會道，講佛法就啞口無言、三緘其口。這種人在課堂上胡言亂語，打斷別人專心聞法的思路，或者讓別人聽不到法語而斷了傳承，以此毀壞自他善根，來世必將轉生為鸚鵡等旁生。所以，

第六節課

大家在這短短的時間裡，行為一定要如理如法。

現在大多數城市裡的人，聽聞佛法的行為逐漸有所改善。以前有些人因沒有聽過佛法，始終覺得法師講經像老百姓開會，連基本的威儀都沒有，看起來特別可憐，一一改也非常麻煩。大概在1991年，我去了四川某個地方，當時聽法的有一百人左右，法器的過失他們統統具足，看後心裡特別失望。但近幾年來，我們通過各種方式推廣佛教，讓很多人明白了藏傳佛教提倡的聞法威儀，在佛經、戒律中講得很清楚，現在他們的行為越來越如法，從外在行為上，也可以推知其發了菩提心，或者具有密宗的清淨見。

在聞法期間，不僅是說閒話、站著聽法、隨便離開、走來走去、吃東西等不良行為要斷除，甚至包括持咒、念佛、誦經、轉經輪等一切善行，也要放下來而集中精力恭聽。藏地有些老鄉不懂這個規矩，法師在講經的時候，他非常專注地轉著一個轉經輪，這是不合理的。雖然轉一次轉經輪功德很大，但聞法的功德遠遠超過它，聽法時心必須要專注，所有的高僧大德都這樣講。而且那個時候，你的念珠也要放下來，有些人在聞法的時候，覺得這個時間不能浪費，一邊聽課一邊默默地念心咒，或者拿《課誦集》或經典來念誦，嘴巴一直動著，這只能說明此人很愚笨，不懂聞法的功德。如果懂得聞法的功德，就會明白聞法較此遠遠超勝，這時候

大圓滿前行廣釋（一）附大圓滿前行實修法

根本什麼都不用做。

曾有一位老堪布在講《前行》時說，他一輩子念過好幾億心咒，但臨死時最有把握的，並不是念了這幾億心咒，而是聽聞過一些佛法！然而有些人聞思底子比較薄，對功德的輕重不太懂，包括學院極個別道友，認為念咒語很重要，一邊聽課一邊念咒語或者用轉經輪，這都是不允許的。除非上師念傳承時特殊開許(52)，此外聽任何法師講課時，心一定要專注。

漢地有些人聞法時坐在沙發上，左手拿一串念珠，右手拿一個轉經輪，眼睛看著電視，耳朵聽著聲音……希望六根都接收到法義。但我覺得這不重要，聽課的時候，其他所有善行要放下來，一心一意地邊看法本邊聽受。有些人聽法時不看法本，這也不合理。上師正在逐字逐句地作解釋，假如你能把這些內容倒背如流，那就另當別論了，但若對法義比較陌生，聽上師的課時必須要看書。而且聽法時不能左耳聽、右耳冒，聽完後一個字也記不住，應當將所聞的法義牢記於心，並經常實地修行。

釋迦牟尼佛親口說：「吾為汝說解脫之方便，當知解脫依賴於自己。」上師攝受弟子的最好方法，其實莫過於宣講佛法。雖然對極少數上師而言，可以像噶舉派馬爾巴一樣，一直讓弟子苦行，最後通過不同的方便直指心性，以令其開悟，但對大多數上師來講，與弟子之

(52)上師念傳承的時候，一般不要求弟子心專注法義。

間的關係，應主要建立在講聞佛法上。上師一定要講，弟子一定要聽，聽後還要身體力行，這才叫做依止上師。不但依止普通的上師如此，就算依止三界怙主釋迦牟尼佛，也是只此一法、別無他途。佛陀利益眾生的方法，唯一就是轉三次法輪，而不是顯示神通等。因此，佛陀對有緣弟子說：「我已開示了趨入解脫的方便法，至於能否解脫，關鍵看你自己。如果沒有好好修持，即使我是功德圓滿的佛陀，對你也無計可施。」龍猛菩薩亦云：「解脫依賴於自己，他人不能作助伴。」

在整個輪迴生涯中，每個眾生全是自來自去。當代著名比丘尼圓照法師（她圓寂後心臟燒不壞）說：「自來自去自三昧，自修自證自金剛。」一切解脫要靠自己，並不是像有些人所言：「我依止了上師您老人家，我的生活費、我的身體、我的證悟……一切統統交給您了！」馬爾巴也沒有答應米拉日巴這樣的要求。上師之所以攝受弟子，就是想通過佛法幫助他，而不是需要一個人給自己提水、背包、拿東西，否則，這種關係也不一定是師徒關係。

所以，上師的責任就是為弟子講經說法。除了個別大成就者天天讓弟子幹活，終有一天把鞋脫下來給他一耳光，弟子頓然開悟以外，一般來講，引導弟子的方法，就是告訴他如何聞法——聞法時不能戴帽子、不能穿鞋，遠離三種過失、六種垢染，一定要恭恭敬敬地聽

大圓滿前行廣釋（一）附大圓滿前行實修法

受；然後教他如何修法——首先從加行開始修，不要從正行開始修，因為弟子不懂，聽別人說正行很圓滿，肯定願從正行開始修，所以上師要告訴他修行次第；還有怎麼樣棄惡從善，怎麼樣斷除十不善業，怎麼樣修菩提心……一個一個地給他講。這樣依止上師就起到作用了。

有些弟子依止上師二十多年，成天背個包跟著師父到處跑，但師父從來沒傳過「諸惡莫作、眾善奉行」一句法語，一味地讓他修殿堂、修佛塔、放犛牛……就像地主對待奴隸一樣，天天使用他、役使他，這是不負責任的行為。如果上師是大成就者，此舉有甚深的密意，我們凡夫人也不敢妄加評論，但除此之外，一般而言，在釋迦牟尼佛的傳承中，上師攝受弟子一定要依靠佛法。

希望我們這邊的很多法師以後到世界各地弘法利生時，收弟子的標準，不要給別人剪個頭髮、取個法名就可以了：「我認可你是我的弟子，你認可我是你的師父，從此之後，我們建立了牢不可破的師徒關係。你不能得罪我，不然就是破誓言者！」——一句法也沒有傳，破什麼誓言？現在社會上有各種奇奇怪怪的現象。所以，攝受弟子必須要傳授佛法，傳授佛法以後才算是真正的師父！

以上講了上師，下面開始講弟子：

作為弟子，其他行為不重要，關鍵要對上師所講的顯密深法念念不忘，時時刻刻銘記，然後依教奉行，將上師所講的教言付諸實踐，盡心盡力去修持。反之，如

果你因煩惱深重，將上師所傳的法義拋之腦後而未記在心間，雖然聽聞佛法是有功德，但這種功德，小狗、小貓在聽法行列中也能得到。若對法義絲毫不能領會，前腳離開經堂，後腳就忘光了，如燒紅的鐵離開火馬上變黑一樣，你的相續不會因聞法而有所改變。

所以，在上師傳法時，大家當以難得之心，將每一字、每一句牢記於心。華智仁波切、堪布阿瓊以及漢地諸大德，在長期依止上師的過程中，對上師非常有信心，將上師視為真佛，故而覺得上師所傳之法極其珍貴，竭盡全力記在心裡。我們實在記不住的話，也應想方設法用其他方式記錄下來。以前學院的有些道友，將每個上師所講的全部錄在磁帶上，最後離開學院時有好幾袋，這也是對法希求的一種表現。可是現在有些人對聞法有種厭煩心，覺得上師一直沒完沒了，眼巴巴地盼望著下課，這種人對佛法的詞義是不能領會的，如此與未曾聞法幾乎沒有差別。

要知道，依止上師的根本是讓你學到一點佛法。比如，世間老師和學生的關係，並不是老師承認「你是我的學生」，學生馬上就能獲得利益。即使老師像愛因斯坦那麼了不起，但你一個字都沒有學的話，實際上也沒有任何意義。依止上師也是同樣，如果弟子依靠上師學到一些佛法知識，以此令自己煩惱減輕，智慧日漸增上，依止上師才有價值。相反，假如你整天給上師做事情，但上師相續

大圓滿前行廣釋（一）附大圓滿前行實修法

中的智慧一點也沒得到，那真的沒有多大意義。

　　尤其是現在末法時代，作為上師一定要廣傳佛法，因為不懂佛法的人太多了。當然，弘法也不一定非要有上師的頭銜，一般的居士和出家人也義不容辭。因為佛法是大家的如意寶，並不僅僅是幾個上師的，凡是想護持佛法的人，對此都有不可推卸的責任。所以，因緣成熟的時候，即使你沒有「阿闍黎」這種稱呼，也應當盡己所能地饒益眾生。哪怕路上遇到乞丐給他一毛錢，讓他念一句阿彌陀佛，也是弘揚佛法的行為。因此，大家平時對佛法要有維護之心、弘揚之心！

　　總而言之，在聞法的過程中，首先要專注諦聽，之後要記在心中，同時不要摻雜煩惱，如果與煩惱混在一起，就算將所聞之法記在心中，也不能真正步入正法。以比喻說明的話，譬如向一個碗中倒湯，碗若是扣著，湯會灑在外面，裡面不可能沾一點一滴；碗底若是有洞，即使湯倒進碗裡，也會全部漏光；碗中若雜有毒藥，哪怕是最美味的湯也不敢喝。因此，這三個過失要一一遣除，聽法的時候，既要專注，也要記住所聞法義，尤其是不能雜有煩惱及不良動機。

　　如果你為了賺大錢、得名聲去聽法，相續中已雜有毒藥了，不管是誰享用都很危險。就像塔波仁波切[53]所

第六節課

---

[53]塔波仁波切：繼承瑪爾巴、米拉日巴之傳統，創立了塔波噶舉一派。他幼年學醫，稍長以醫理醫道馳名，有「塔波神醫」之稱。傳授教法時著有《解脫莊嚴論》，開一代噶舉教法新風。

說：「若不如法而行持，正法反成惡趣因。」如理修持會成為解脫因，但若智慧不夠、信心不夠，不但不能如理修持，反而依靠正法造惡業，正法就會成為惡趣因。

《華嚴經》亦云：「牛飲水成乳，蛇飲水成毒。」同樣是水，牛喝了變成乳汁，毒蛇喝了會變成劇毒。因此，聽聞佛法要遣除一切不善心，否則，你對上師生邪見、對同行道友生嗔心，以此心態來聽法是很可怕的。

不僅藏傳佛教中有這種說法，漢傳佛教的智者大師也說：「為利名發菩提心，是三塗因。」還有，蕅益大師說：「毫釐有差，天地懸隔……醍醐成毒藥。」本來佛法如甘露醍醐一般純淨完美，可如果有些人沒有用好，它很可能變成毒藥。所以我再三地強調過，城市裡好多居士聚在一起不容易，在那個場合中，盡量不要有一些非法，比如想依靠佛法做生意賺錢，聞法時產生貪心、嗔心、嫉妒心。若能在短短的時間裡，最初有菩提心，最後有迴向，中間有正行無　　持中不外散，不論學什麼法、修什麼法均以善心來行持，杜絕貪嗔等雜亂分別念，也是一種正行無緣。聽一堂課若能三殊勝都具足，雖然只是一兩個小時的事情，但已為一生積累了非常大的功德。

當然，依靠佛法能積累巨大善根，依靠佛法也能造下極大惡業。有些人聽法時對上師特別恨：「哼，又講什麼呀！天天講一個故事，不想聽！」就好像上師傳的

大圓滿前行廣釋（一）附大圓滿前行實修法

是惡法一樣。而真正接觸惡法時，他卻是興致勃勃，看到電視裡貪嗔癡的畫面特別開心、津津有味，這完全是業力現前，依靠正法在造惡業。其實只要法師口裡講的是善法，即便他顯現上是凡夫人，實則與諸佛菩薩無有差別，沒必要把他當作壞人來對待。上師又不是教你殺人放火，你對上師生顛倒邪見，實在沒有必要！

不僅對上師不能起惡念，對同行道友也不能冷嘲熱諷、不屑一顧、心懷我慢：「他們懂什麼呀！我的左邊是個壞人，右邊也是個壞人，前邊是貪心大的人，後邊是嗔心重的人……唯一我很了不起，是芭蕉樹裡的一棵檀香樹！」諸如此類的惡分別念，都是惡趣之因，務必要一併斷掉。

綜上所述，聞法前要像洗滌容器一樣，先將內心的垢染洗乾淨，如果遣除了耳不注、意不持、雜煩惱這三種過患，才能盛裝清淨的佛法甘露。因此，從明天開始，大家在聽課之前，要看看自己這種法器洗乾淨沒有？沒有的話，則應想盡一切辦法，用正知正念的毛巾好好清洗、好好擦拭。否則，你辛辛苦苦地去聽法，結果卻以惡分別造下極大惡業，這是非常不值得的！

第六節課

第七節課

聞法方式中，之前學習了斷除三種過患，今天講淨除六種垢染。

比如吃飯時，如果碗沒洗乾淨，裡面有許多油膩污垢，則不能使用，否則對健康有損。同樣，聽法時如果有六種垢染，則法器不清淨，即使裝模作樣地坐在那裡，所聞之法也很難融入自心。我們作為凡夫人，過失方面什麼都具足，功德方面卻少得可憐，故肯定會有這些垢染。因而在聞法之前，應詳詳細細地觀察自相續。

丁二（六垢）分六：一、傲慢；二、無正信；三、不求法；四、外散；五、內收；六、疲厭。

聞法時必須斷除的六種垢染，依照《釋明論》中所言：「傲慢無正信，於法不希求，外散及內收，疲厭皆聞垢。」

簡而言之，

一、傲慢：傲氣十足，認為自己遠遠勝過了說法上師。

二、無正信：對上師、正法無有點滴信心，甚至懷有邪見。

三、不求法：不慕求正法，對聽聞佛法沒有意樂，聽不聽都無所謂。

四、外散：心思旁騖，散於色聲香味等外境中。

五、內收：五根門向內收斂，致使昏昏欲睡。

六、疲厭：因講法時間過長、身體疲勞等，而生起厭煩之心。

以上是略說，下面將逐一廣說。

其實《大圓滿前行》文字上淺顯易懂。藏文就是這樣的，我翻譯成漢文的過程中，也盡量譯為通俗易懂的白話文，只要你有小學水平，即可了知其中要義。雖然它的字面意思好理解，但其意義卻相當深奧，尤其與自心一一對照時，許多內容都做不到。因此，大家也應該看自己哪些做得到、哪些做不到，做得到的要再接再厲，做不到的則應全力以赴改掉惡習，這是每一個修行人要努力的方向。

戊一、傲慢：

《俱舍論》、《大乘阿毗達磨》中都說過，在貪嗔癡等所有煩惱中，傲慢和嫉妒這二者最難認識。

如果你生起嗔心，別人會看出你發脾氣了，自己也能明顯感到心裡不舒服；如果生起貪心，你能察覺到「我對某某人生起極大貪愛，對某某事物生起貪戀之心」，別人從你的言行舉止中也看得出來；如果生起極為嚴重的癡心，你的行為上會表現出打瞌睡、昏沉等，別人一看就知道你有點迷糊。可是嫉妒和傲慢並非那麼容易被發現的，別人看不出來，自己也感覺不到，但它會一直不斷地產生。

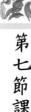

第七節課

因此，大家應當詳細審視自相續。有些人比較無知，覺得自己所作所為都正確，高高在上，傲氣十足，根本沒意識到內心的煩惱。藏地有句俗語說：「傲慢的山頂上，留不住功德的水。」或者說：「傲慢的鐵球上，生不出功德的苗芽。」只要相續中有了傲慢，認為自己比法師更勝一籌，那就如同身上披了件雨衣，雨水無法進來一樣，所有功德從此與自己無緣。為什麼呢？因為有了傲慢，便會認為上師講的這個我懂、那個我也懂，心外就像有個防衛兵，任何功德一來，馬上就被擋了出去。

　　有傲慢的話，法師明明講得不錯，自己也會挑三揀四，找出一些毛病。最近我發現外面個別知識分子，對佛法只知其一、不知其二，他們常常咬文嚼字，以世間知識去衡量佛法，認為這個也不對、那個也不對，有些指責非常可笑。其實，這只是他自己沒有懂那些內容而已。因為以前對佛教沒有深入研究過，再加上對藏傳佛教因明的推理方法一竅不通，總認為上師說的一句話，必須要遠離不遍、過遍、不容有三大過失[54]，其實這是不現實的。即便是一個大學教授，所說的話也不可能句句如此。

大圓滿前行廣釋（一）附大圓滿前行實修法

---

[54] 1）不遍：如「這個動物是黃牛，牠有花白的垂胡之故」。因為花白的垂胡，對花白的黃牛來講非常正確，但對黑色的黃牛來講，用花白的垂胡來推斷就不成立。2）過遍：如「這個動物是黃牛，牠有頭之故」。因為不僅黃牛有頭，其他動物也有這個特點。3）不容有：如「這個動物是黃牛，牠是人之故」。因為人的法相在黃牛身上不成立。若欲詳細了解，請參考《量理寶藏論釋》第三冊中「不遍過遍不容有，即是法相之總過」一偈。

以前我們在成都編字典時，沒有學過因明的有些大學教授，對每個名詞的解釋特別苦惱，他覺得：「這個名詞這樣解釋的話，就會遍於另一個名詞上。」其實，名詞解釋並不需要遣除過遍等過失，只要從本體上描述它的概念就可以了，因明和邏輯學的要求也是這樣。但現在有些人，一知半解就指指點點，半杯水就開始嘩嘩響，這是極不明智的行為。

學習佛法的時候，傲慢的人最可憐，法師有什麼功德、講得怎樣如法，他始終看不到，唯一看到的就是法師講錯了。當然，如果法師真的講不出什麼，那就另當別論了，但若法師具足法相，在傳法的過程中，你理當恭敬諦聽。有些人沒有任何修證，也沒系統完整地學過經論，只知道成天挑法師的毛病，可真正讓他講的話，他又一句也講不來，這種傲慢者在如今比比皆是。所以，大家務必要觀察自相續，尤其在聞法過程中，一旦有傲慢的心態，立即要把它改過來，不然的話，佛法再怎麼殊勝，自己也得不到利益。

古往今來許多高僧大德非常謙虛，我看過無垢光尊者和麥彭仁波切的傳記，他們依止上師時，絕不會挑上師的毛病。大家也清楚，麥彭仁波切是文殊菩薩的真實化身，他的智慧無人能及，若想挑上師的錯誤，肯定能挑得出來。但他從來也沒有，由於他對佛法和上師的尊重，上師所講的法對他利益非常大。

第七節課

前段時間，據說學院有個別道友，聽法師讀錯了一個字，就在下面開始駁斥。後來我對那人嚴厲地批評了，說：「如果這樣，你不要待在學院。也許法師讀錯了一兩個字，但這不是很關鍵，在態度上，你對法師反抗，是對聞法規律一竅不通的表現，這樣的話，法師所講之法對你肯定不利！」有些人稍微受過高等教育，就始終看不起別人，但真正讓他來講，又文不對題、詞不達意，非常可憐。所以，每個人一定要摧毀自己的傲慢。

包括我們選一些法師（堪布或堪姆）時，最主要是先看他傲慢心重不重，如果重的話，一旦他當上法師，就會把所有人都不放在眼裡，那就算他有多麼高的佛教水平和世間水平，我們也不敢用，因為看不到別人功德的人，是絕不會有利他心的。所以，我們還是盡量選一些比較謙虛、比較老實的，即使他學問不是特別高，但人品非常好、戒律很清淨，對眾生也是有利的。這對長期聞思修行、弘揚佛法非常有必要。法王如意寶的原則也是如此，每一次評選堪布，在探討的過程中，經常聽上師說：「這人看起來傲慢心挺重的，還是暫時算了吧……」

一般而言，一個人的學問越大，對別人的尊重和恭敬越強。所以，有智慧的人沒有必要傲慢，沒有智慧的人傲慢更會自取其辱。麥彭仁波切也說過：「大士傲慢

大圓滿前行廣釋（一）附大圓滿前行實修法

何必要？若無我慢更莊嚴。劣者傲慢有何用？若有我慢更受辱。」故我們應像寂天菩薩所言：「今當去慢心，甘為眾生僕。」遣除一切傲慢之心，心甘情願當眾生的僕人。

如果自己因在世間或出世間某些方面有少許功德，比如世間方面，曾讀過大學，有超群的才華、豐厚的財產；出世間方面，聞思修行了很長時間、在學院得過密法，便認為「我現在很了不起，跟其他人截然不同」，這樣一來，勢必見不到別人的功德，也發現不了自己的過失，任何功德都無法融入相續。

因此，每個人要觀察自己有沒有傲慢。傲慢有時不容易察覺，倘若旁邊的道友發現了，也可以好心提醒一下：「你認為自己很不錯，但別人說你傲慢心挺重，你應該注意平時的說話、心態！」否則，有些人始終看不到自己的傲慢。原來我寺院裡有個出家人，別人都說他很傲慢，具體傲不傲慢我也不知道，但每一次開法會時，他就穿上比較漂亮的衣服，坐在那裡不可一世的樣子，很多人看不慣他那種姿態，可他自己並不發覺。所以，傲慢真的很難以察覺，哪怕你穿一件漂亮衣服，覺得在所有的人中最好看，這也屬於一種傲慢。當然，《親友書》中驕和慢有不同解釋，但這裡並沒有詳細地分開。

尤其是聽受佛法時，在任何法師面前不要有傲慢，

第七節課

不然，法師給你講了多少課，你的相續也不會有改變。大家不妨想一想，宗喀巴大師、麥彭仁波切及漢地著名的高僧大德，他們都曾在別人面前聽過法，估計他們的上師也肯定有種種情況，但他們對上師依然十分恭敬，如此才對自相續有利。

我本人也依止過好幾位上師，在此過程中，有些上師非常了不起，出口成章，特別有智慧；有些上師顯現上不是這樣。以前有位堪布嘎巴，他跟法王如意寶一起去石渠求過學，他有一次給我們傳《三戒論》，頌詞放在上面，講義放在下面，讀一遍頌詞就接著念講義。剛開始我覺得自己看一遍都可以隨便講，根本不需要這樣，但是轉念又想：「我怎麼能對上師如此不敬？上師聞思這麼多年了，這樣講也是一種示現。」然後就以很虔誠、很恭敬的心態來聽，依此遣除了自己的傲慢。

不僅僅是那次，後來我也聽了很多法。別人可能覺得我傲慢心很重，但我自己認為，在聽法的過程中，有些上師講的雖然超不出我的理解，可我一直對上師恭恭敬敬，因為接受傳承、聽聞佛法有不可思議的加持。不像有些人那樣，聽了一次課，覺得法師跟自己差不多，講不出什麼道理來，下一次就不去聽了。我依止上師的時候，也許很多緣起比較成功吧，後來不管依止哪一個上師，都對他有無比的恭敬心。

佛法對我們來講相當難得，任何上師若以悲心來傳

大圓滿前行廣釋（一）附大圓滿前行實修法

授，態度上要恭敬才是。否則，再過幾年上師老了，顯現上會糊裡糊塗的，此時你每天對上師挑三揀四，攻擊他、批評他，這肯定是不應理的。我們對佛法和上師要有一種長期的恭敬心，盡量遣除自相續中的傲慢，只有這樣，才會自然而然獲得法利。

戊二、無正信：

若對佛法和上師不具信心，則已阻塞了邁入正法的大門。因此，我們求法時要具備信心。

信心分為四種——清淨信、欲樂信、勝解信、不退轉信。

清淨信：我們偶爾步入佛殿裡，或者聽到念佛的聲音，不知道什麼原因，心裡特別歡喜，這就是清淨信。有些居士來到這裡，聽到念誦《大自在祈禱文》、阿彌陀佛名號，他也不知道為什麼，一直眼淚汪汪的，其實他正在生起清淨信。不過，這種信心很容易退，過段時間聽別人說這個不好、不如法，自己馬上就會變，因而是不可靠的信心。

欲樂信：通過聽聞上師講法或自己看書，知道一些功德和過患，進而對三寶生起信心。比如看了一些上師傳記，知道這個上師很了不起，弘法利生的事業特別廣大、對眾生的悲心特別強烈，馬上對他起了信心，這就是欲樂信。這種信心比上面的要好，但也會退轉。

勝解信：對三寶、四諦、因果等，通過一段時間的

聞思，從心坎深處生起強烈信心，此乃勝解信。這種信心實際上也是一種希求心，如《入行論》云：「佛說一切善，根本為信解。」但它也會退轉。

不退轉信：這是最好的一種信心。比如，你聞思十幾年、二十幾年後，對釋迦牟尼佛生起堅定不移、永不退轉的信心，並不是聽別人說很好，自己就「對對對，我也要去聽兩三天」；聽說一個上師非常了不起，馬上人云亦云，到處去宣傳，這些信心都是不可靠的。如果你利用二十多年對佛法、佛陀或上師反反覆覆觀察，最終不管別人怎麼說，也完全明白這是值得皈依的對境，其功德不可思議，有一種不可動搖的信心，就叫做不退轉信。

前不久講《勝出天神讚》時也說過，對佛陀要有一種不退轉的信心，這個很重要。今天下午，我和諾爾巴堪布聊天時說：「我們現在不敢說有什麼修證，但對佛法和本師釋迦牟尼佛，確有不退轉的信心。隨著年紀越來越大，越來越覺得唯一的依靠處就是佛陀和佛法，除此以外，什麼都是暫時的、不可靠的，不過是如夢如幻的顯現。世間的財富、名聲、地位、感情，表面上看來很美好，但若真正去觀察，都沒有實在意義。因此，唯一要在世間盡量地住持佛法。我們對佛法的信心，即生肯定不會退轉，只要有一點機會、有一點因緣，就願意聽一些佛法，覺得這是一生中最殊勝、至高無上的。」

大圓滿前行廣釋（一）附大圓滿前行實修法

希望你們也能對佛法產生不共的信心，尤其是不退轉的信心，這樣一來，在任何違緣或打擊面前，內心都不會改變。如果沒有這種信心，其他信心很容易退轉——今天你對佛教有信心，過一段時間，基督教的人說「你們佛教不好，我們這裡如何殊勝」，你馬上捨棄佛教，把所有法本扔在一邊，加入他們的團體，這說明你的信心不穩固。以前剛入佛門時，你哭過很長時間，現在加入外道時，你仍有同樣的眼淚，這種行為的確很可憐。

我始終覺得，人的信心要穩固，這是至關重要的。有些人的信心從表情上也看得出來，聽法時對佛法和法師有虔誠的眼神，數數生起歡喜心，一看就知道他有信心。而有些人只是在聽法行列中混日子，每天一直巴望著下課，唯一的希望就是下課後好好吃一頓，其他什麼目標也沒有，這說明他信心十分欠缺。

戊三、不求法：

希求佛法（對修學佛法有強烈意樂），可謂是一切功德的基礎。如果你對佛法有上等希求心，你會成為上等修行人；有中等希求心，會變成中等修行人；有下等希求心，就會變成下等修行人；一點希求心都沒有，得不得佛法無所謂，那你什麼境界也得不到，不可能成為修行人。世間人也是同樣如此，若想事業成功的話，必須要對事業充滿興趣，倘若對事業興趣索然，那平白無故不可能成功。因此，世間也好、出世間也好，具有希

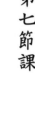

第七節課

求心都相當關鍵。

假如對正法沒有一點一滴的希求心，那根本談不上成就正法。尤其是作為出家人，對佛法更要有希求心。本來，末法時代弘揚佛教的重任在出家人身上，但有時候看來，有些寺院的出家人信心日益微弱，能否荷擔如來家業也不好說。《如意寶藏論》中引用《毗奈耶經》的教證說：「作為出家人，如果沒有看破世間、渴望解脫，即使剃除鬚髮，也不算是出家人；因為他對事業、家庭沒有希求，也不算是在家人。因此，這種人不倫不類，既不算出家也不算在家。」

如今極個別的出家人，說難聽一點，可能是生活上走投無路，才剃了光頭出家，這種人不是真正的修行人。現在在家人也有類似情況。所以學習佛法時，每個人一定要有希求心，這樣才有成功的機會。正如世間俗語所說：「法本無主人，誰勤誰得大。」佛法本來沒有主人，誰精進努力，誰就可以得到。比如，兩個道友一起上佛學院，一個人非常精進，夜以繼日、廢寢忘食地聞思修行，對法有強烈的希求心、恭敬心，最後的成就非常高；另一個每天好吃懶做、遊手好閒，就在那邊混時間，幾年過後，什麼都得不到。因此，法本來沒有主人，依靠各自精進不同，所得之法確有天壤之別。

世間學問也是如此。譬如一個博士頭銜，它並沒有固定的主人，如果你有智慧、有精進、有希求心，通過

大圓滿前行廣釋（一）附大圓滿前行實修法

努力就可以得到；如果你很懶惰、不爭氣，成天迷迷糊糊地虛度時光，最後不要說博士學位，恐怕連畢業證書也拿不到。

現在有些人或許是福報不夠吧，只要遇到佛法就奄奄一息，上課時聽大乘佛法，始終提不起精神來，而一說看電視、打麻將、到非法場合去，身體的病馬上就沒有了。讓他磕大頭，他就特別累，腳是麻的，不能站起來，而讓他到舞廳裡跳舞，身體好得不得了，跳兩三個小時都不累，第二天仍精神抖擻，還可以再去。

我們作為修行人，不要對惡法有希求心，要對正法有希求心，應像釋迦牟尼佛因地時那樣，可謂「越過刀山與火海，捨身赴死求正法」。在佛陀的傳記裡，尤其是《釋尊廣傳‧尋法品》中，有許多這方面的精彩公案。例如，釋迦牟尼佛於久遠之前，為國王甘謝訥巴樂時，四處尋求正法饒益眾生。有一婆羅門說自己有正法，但要想獲得法，須在身上挖一千個洞，插入千根燈芯做成一千盞燈，點燃後才可傳授佛法。國王欣然答應，挖肉做成千燈之後，婆羅門傳給他：「積際必盡，高際必墮，聚際必散，生際必死。」（釋尊在因地時，僅僅為了四句簡單的無常法，就經歷了難以想像的苦行。我們不要說為四句法挖一千個洞，甚至為一部法挖一個洞，可能也忍受不了。）

還有一世，佛陀為香朗嘎樂國王時，忍受了在身上釘入一千根釘子的苦行，終在一婆羅門面前換來了：

「諸行無常，有漏皆苦，諸法無我，涅槃寂靜。」

此外，佛陀是梵天國王時，身居皇宮卻嚮往正法，整日四處尋法也不可得，為此很是苦惱、痛苦。帝釋天為了觀察其發心，就化現為一婆羅門，到皇宮門口說：「我擁有佛法，如果你真的想求，我可以賜給你。但是有個要求：你必須要挖十尺深的坑，坑裡遍滿熊熊烈火，你若能跳入，我則可為你傳法。」國王毫不猶豫就答應下來，並開始挖坑準備。準備好之後，他站於火坑邊對婆羅門說：「您可否請先說法？否則，我若喪身就無緣聽到佛法。」婆羅門於是宣說了幾個偈頌，記得其中一偈是：「修行慈心，去除嗔恚，大悲護眾，悲淚潤生。」意思是說，要長期修行慈悲心，去除嗔恚心，以大悲心保護眾生，以大悲的淚水滋潤眾生心田。國王聽完之後，當即證得聖果，以歡喜心跳入火坑，但由於他已得地之故，火坑頓時化為蓮花湖。

類似的公案不勝枚舉。弘一大師在泉州慈兒院時也講過兩個，以說明佛陀求法的決心：《涅槃經》中說，無量劫前，佛陀為一窮人，他自賣身肉，獲得五枚金幣，用來供佛求法；《賢愚經》中記載，佛陀因地是一國王時，為在一婆羅門面前得法，在身上挖千孔、點千燈作供養。當時弘一大師就說：「聞法有如此艱難，我們現在聞法則十分容易，豈不是有大幸福嗎！自今以後，大家應該發勇猛精進心，勤加修習才是！」

大圓滿前行廣釋（一）附大圓滿前行實修法

僅僅為了四句正法，釋尊昔日付出一切，經歷了百般苦行。現在大家不用花任何代價，舒舒服服、快快樂樂就能聽到如此殊勝的佛法，理應懂得萬般珍惜。其實，現在這樣也有弊端，很多人因為沒有經歷苦行，對佛法缺乏難得心，覺得每天聽法很容易。不管是學院裡的人，還是城市裡的人，求法之心跟往昔大德比起來，實在是相差甚遠、自嘆不如。

我曾看過能海上師的傳記，那時候求法非常艱難。他們兩次入藏求法，第一次的路線是從康定到昌都，再到拉薩。他們自己背著口糧、帶著帳篷，還要躲避藏地的邊防駐軍，一旦被發現就要遣回漢地。由於日夜兼程、天天趕路，靴底前後早已磨穿，只留下中間一段。走在雪地上，荊棘刺入腳掌，腳已凍僵無知覺，直到午後轉暖，才感覺腳上有刺。

第七節課

路上若遇大山，一日無法翻越，晚上只好在山上過夜。（你們也知道，藏地的山非常高，像雀兒山、二郎山，坐車都要好幾個小時，走路就更困難了。）有時候晚上下大雪，早晨起來時帳篷倒塌，全部壓在身上。使勁爬出來，把雪掃開之後，才能繼續趕路。

晚上睡覺時，下面墊個毛毯，爛靴子當枕頭，破衣服就是被子，沒有其他褥蓋。因山上實在太冷，好幾個人擠在一起睡，才覺得稍微暖和。山上常有猛獸出沒，夜間恐怖的嚎叫聲此起彼伏，隨時都有送命的可能。

白天趕路時，有時還要過河。河水結冰，當地牛馬怕冷不敢過，他們不得不自己渡越。過河時必須赤腳涉水，否則，如果穿著靴子，一濕就凍成冰塊，不能再走路了。他們上岸時，泥石、沙礫、冰水沾滿腳底，因腳麻木了，也不覺得痛。稍坐一會兒，抹去這些東西，再穿上靴子繼續前行……他們就是這樣一步步走到拉薩的，到了那裡才鬆一口氣，心裡特別欣慰快樂。而我們現在坐車到拉薩只要七天時間，有些人還覺得特別累，可見今人對求法的迫切與古人相差懸殊。

學院在二十年前，我們剛來的時候，沒有電也沒有路，儘管跟前輩大德的苦行相比，確實不足掛齒，但跟現在的人比起來，當年還是比較苦。初來乍到的幾個漢僧，一冬三四個月中，連一片青菜葉子也看不到。我經常去他們家裡，就看他們用辣椒醬拌米飯吃，但每個人白天晚上背書、看書、修行，都非常非常精進。現在條件越來越好了，人的修行卻越來越差了，對什麼都挑剔：「這個菜啊，兩三樣不行，再炒一個！」古大德可不是這樣的，他們內心唯一希求佛法，身體怎麼樣都過得去，生活是很隨便的。而今尤其是大城市的人，對物質要求相當高，非要住一個豪華的房子，裡面裝修也要有檔次，為此天天都忙來忙去、搞來搞去。其實這對你的生生世世來講，根本沒有任何意義，離開人間的時候，這個房子也帶不走，只有行持一些佛法，才能真正

對你有利。《教王經》中也說，對臨終者而言，佛法才是他的住處、依靠處、安慰者。

修行佛法，生生世世能帶來大利益，其他世間的一切，臨死時都帶不走，即使你一個人擁有一國的財富，到時一針一線也無法隨身。因此，我們要隨學前輩大德希求佛法的精神，就像智光國王⑤那樣，為法寧願獻出寶貴生命。縱然你現在不能完全做到，至少也要對法有難得之心，哪怕是給自己傳授一句佛法的法師，也應該非常感恩。畢竟，佛法的價值超過世間一切有漏財富。

對佛法若有希求心，那聽法也好、修法也好，就不會覺得很困難。否則，像我認識的某個居士，距聽法的地方只有三公里，自己開車去，幾分鐘就到了，但他總覺得費好多油，不值得。前輩大德絕不是這樣，兩三公里費一點油，或者發個短信花幾毛錢，佛法的價值遠不止於此。世間人真的很可憐，對沒有意義的事情，比如要做個賺大錢的生意，把一塊地皮買下來，子孫後代也許都受益無窮，那不要說三公里，就算是三千公里，他也會欣然前往，拼命地趕飛機過去，花多少錢都無所謂。但是為了佛法，連小小的付出也不願意，真是越看越悲哀！

第七節課

---

⑤朗達瑪摧毀佛教之後，阿里國王智光發願重整佛教，多次派人去印度迎請阿底峽尊者。在此過程中，他不幸被外道國王俘虜，需付等同自己身量的黃金，才可以放人。其侄菩提光四處籌集黃金，還缺一頭之量時，智光讓他把黃金作迎請阿底峽尊者之用，不要浪費在自己身上。後來他在獄中去世。阿底峽尊者為其行徑深深感動，於是答應來藏地弘揚佛法。

大家平時有時間的話，應當再再翻閱佛陀和高僧大德的傳記，他們往昔也是凡夫人，跟我們沒有什麼差別，後來就是通過求法而獲得了證悟。我們對佛法若也有這樣的希求心，也定能得到相應成就。因此，作為追隨佛陀的後學者，當以強烈的希求心，不顧一切艱難困苦、嚴寒酷暑而聽聞正法。

我們學院跟大城市比起來，天氣是比較冷，聽說個別道友待不住了，想冬天三個月回漢地，夏天暖和了再上來。這樣來來去去，對修行肯定有障礙，沒有必要！有些人長期安住一處，好好地聞思修行，哪裡都不去，最後修行很圓滿成功；有些人出去一次，心就開始散了，第二次待兩三天又要出去，第三次回來最多是待一天，第四次就再也不見人影了，因為已經不適應了。凡夫人就是這樣，如同小孩子只要一逃學，就越來越不想見老師了。

其實，外面花花世界沒什麼好貪戀的，有些人剛接觸時覺得很快樂：「我回去聽課太辛苦了，乾脆擺脫那種約束算了，這是一種解放，是一種自由！」實際上，他是把約束顛倒地看成自由。大家現在聽法應該說是一個很好的機會，這種機會不一定永恆存在，擁有這樣的福分時，你們務必要懂得珍惜！

第七節課

第八節課

下面繼續講聞法時法器的六種垢染。昨天講了傲慢、無正信、不求法三種過患，今天接著講第四種。

戊四、外散：

心識散亂於色聲香味觸法等六塵上，是流轉輪迴之因。眾生無始以來一直沉溺輪迴不得解脫，主要原因就是心識不得自在，對五種妙欲⑤不斷耽著，以耽著而造業，以業力而深陷輪迴泥坑無力自拔。一切迷現之根本、一切痛苦之來源，就是心識外散而起執著，因此，無論聞法還是修法，一定要想方設法令心得以專注。

當然，誠如蓮花生大士在《六中陰》中所說，凡夫人剛開始時，心難以控制、無法安住，一剎那也不停止，自己對自己也會生厭煩心。不過這種現象很正常，畢竟你從來沒有觀過心，現在一觀，才發現它動搖得特別厲害，也不要有厭煩心，應當不斷地對治各種執著分別。

不管修學什麼善法，心必須要專注，不要散於外境。如果心散於外境，比如一邊聽課一邊幹活或做事，想同時接受法義相當困難。因為凡夫人接受能力是有限的，只有全身心地投入，成功率才比較高。所以，聞法時要盡量把所有瑣事處理完、放下，然後全神貫注地認真諦聽，不要

---

⑤五種妙欲：1）按照《佛遺教經》、《大智度論》的觀點，是指色欲、聲欲、香欲、味欲、觸欲。2）按照《華嚴經隨疏演義鈔》、《大明三藏法數》的觀點，是指財欲、色欲、名欲、飲食欲、睡眠欲。

大圓滿前行廣釋（一）附大圓滿前行實修法

心不在焉，聽到一個聲音、看到一個東西，心就跟著跑了，這樣法不可能融入心。我們並不是一心兩用的大根基，有些人說：「聽法時做其他事情，這是我的強項，是我的能力。」這不太現實，除非你有兩顆心。否則，對一個凡夫人而言，按照因明的說法，無分別識（眼耳鼻舌身五識）同時可有多個，但有分別識（意識）只能有一個。一個人只有一顆心，它若專注到美妙的色法上，或動聽的聲音上，或可口的美味上，絕不可能同時專注於佛法。

（當然，聞法的時候好一點，畢竟有上師在那裡傳授，對很多人來說，除了極少數時間走神以外，大多數時間均可專注在法義上。但是禪修或觀察修的時候，心很容易散於外境中，妄想過去、未來的種種，因此，修行時也應以正知正念來守護。）

聽法的時候，要都攝六根、一心專注。有些人耳朵聽著講法的MP3，眼睛卻在看電視節目，這是不可能接受法義的。所以，我們建議聽法的時候，一定要盡量把瑣事全部處理完，空出時間專心致志地聽，最好不要有各種打擾和影響，如此學習佛法從傳承上和理解上才會圓滿。

下面以比喻進一步說明，聞法時心散於外境有諸多過失。此處主要是從五根識貪執外境來講的，當然，這並不是非常嚴格，因為按因明的觀點，眼耳鼻舌身五根識，其本身不會有分別念，但依之可以產生分別念。不過這裡並沒有嚴格地區分，只是依循世間說法——「我的眼睛貪執美色」、「我的耳朵貪執妙音」，從沒有細緻觀察的角度，闡明五根識耽著外境的過失。

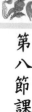

第八節課

一、眼識貪執色法：

眼睛接觸美好的色法時，如果耽著而生貪心，就會因貪心造業而在輪迴中無法解脫。死後不但不能投生善趣，反而會轉生為飛蛾，由於以前的習氣使然，夜晚時看到美麗的燈火，依然想拼命追求，便不顧一切地撲了上去……其下場只能是自取滅亡。

關於飛蛾撲火，當代有些科學家解釋為，飛蛾在夜間飛行時，依靠月光來判定方向，這類似於一種「天文導航」。牠看到燈火時，錯誤地認為是月光，按本能使自己同光源保持固定的角度，於是只能繞著燈光打轉轉，直到最後精疲力盡而死去。還有一種說法是，飛蛾有一種趨光性，「撲火」就是這一習性的真實寫照。

但這些說法都不承認前世的習氣。其實今生中特別貪執美色、喜好打扮的人，來世必定會轉生為飛蛾。原來有個堪布在一個城市裡講經說法時，要求大家不要特別喜歡打扮，不然變成飛蛾就麻煩了。據說聽完那節課後，有一群美女再也不敢打扮了。

二、耳識貪執聲音：

倘若耳朵耽著美妙的聲音，也會導致禍患無窮。就像獐子、鹿子等野獸酷愛琵琶聲，這種習氣被獵人所利用，最終使牠們斃命在毒箭、獵槍之下。

其實，很多好聽的聲音只是刺激耳根而已，沒有什

大圓滿前行廣釋（一）附大圓滿前行實修法

麼真正的實義。但有些眾生貪執聲音特別可怕，假如這方面習氣比較重，來世若得不到人身，很可能變成耽著樂器的旁生。有時候守在一些樂器旁的蟑螂、老鼠，前世也許就是非常出名的歌手。

以前我講過，塔爾寺有位著名的蔣揚夏巴上師，他有一次被請去超度亡靈，死者生前是名揚一方的歌手。在超度的過程中，他念了很長時間的往生法，表情好像不太好，到了下午，他突然開始唱情歌，唱完後再念往生法，最後作了迴向。在場的人對此大惑不解。回去後，他的弟子大膽問他為何會有這種舉動，蔣揚夏巴答道：「真是可憐啊！我今天以神通觀察，亡人的中陰身被他方的歌聲所吸引，我怎麼樣勾召，她也不願意回來，只好投其所好，用歌聲來吸引她。由於我的聲音比較好聽，當她對我稍有興趣時，我馬上將她的心與自己的心觀為一體，然後念往生法，超度了她！」

現在很多人也特別愛聽音樂，在我們道友當中，這種人也不在少數。原來我們區下面有一個道友，每到中午，他就一邊炒白菜，一邊開個破收音機，放各種很難聽的歌（現在好像沒有了）。他可能有特殊的耳根吧，那些聲音除了刺激耳朵以外，根本一點也不好聽。但他喜歡得不得了，就算是做飯，也非要放一些音樂來當佐料，覺得這樣對身體有利。

如今個別人有這樣的說法：聽課的時候，最好是放

一個輕柔的背景音樂，比如古箏什麼的，不要太大聲，這種感覺十分愜意。可是你的心若真被佛法所吸引，怎麼會需要這些世間音樂呢？每個眾生的意樂確實不同，但聞法、修法的時候，我們的心必須要專注，沒有必要貪著其他聲音。

三、鼻識貪執芳香：

鼻子耽著好聞的芳香，其實過患也比較大。現在很多人特別喜歡芬芳的氣味，拼命地在身上塗各種各樣的香，走路經過你的身邊，一陣香風撲面而來，你也不得不停住往後看一看。昨天有個國外來的道友，見我的時候說：「上師對不起啊，我身上噴了妙香。」我說：「妙香的話不用對不起，應該感謝你。」但如果天天往身上、衣服上噴妙香，旁邊有些人可能感覺舒服，有些人也不一定。

假如你一直耽著好聞的芳香，就會像貪執香味的蜜蜂，最終纏死在花叢中。《蓮苑歌舞》中的金蜂達陽、玉蜂阿寧㊄，大家應該記得吧，阿寧就是因為貪執香味，以致纏死於花瓣中。華智仁波切通過描寫這兩隻蜜蜂的

㊄《蓮苑歌舞》中的故事，實際上講的是華智仁波切弟子的親身經歷。玉蜂阿寧，是指華智仁波切的妹妹仁增卓瑪；金蜂達陽，是指仁增卓瑪的丈夫扎西格勒，後成為華智仁波切座下的弟子。扎西格勒由於經歷了妻亡家破的人生慘劇，生起了難忍的厭離世間之心。在依止華智仁波切精勤修習之際，為勸勉沉溺於世俗五欲中的人們，懇請上師以他的經歷為題材，寫下了這部不朽的醒世傑作。

大圓滿前行廣釋（一）附大圓滿前行實修法

愛情故事，開示了甚深佛法的修行次第，其所述與《大圓滿前行》的修法相似，法王如意寶也講過其中的加行修法。

記得當時法王如意寶剛講完《上師心滴》，那天是2001年藏曆四月十六日。於圓滿之際，上師告訴沉浸於無比法樂中的弟子：「前些日子，於光明夢境中，我見到了麥彭仁波切。麥彭仁波切叮囑：在傳完《上師心滴》之後，應傳授《大圓滿前行》。當時我心想：目前情形不太好，我身體也一天不如一天，要圓滿傳授《前行》這麼長的法，恐怕有些困難。於是請求：能否改為傳講《開顯解脫道》，或《蓮苑歌舞》中所述的加行？麥彭仁波切開許了，之後我便發願傳講十萬遍《蓮苑歌舞》中的加行修法。」上師又說：「現在短短的人生中，我不一定能完成十萬遍，所以我將這個任務付囑給你們，你們每個人都要講，只要有十萬個人聽的話，我這個發願就圓滿了。」後來我在課堂上也講過一次，講記可能收錄在《妙法寶庫》⑱中了。不過在圓寂之前，法王還是將《大圓滿前行》完整地傳授了一遍。

我經常這樣想：麥彭仁波切以智慧幻化身攝受法王，要求講完《上師心滴》後傳授《大圓滿前行》，可見《大圓滿前行》是傳承上師賜予的非常非常甚深的教

⑱現收錄於《妙法寶庫10—格言寶藏論（下）》中，詳見《解脫道總要》——《出世法言·蓮苑歌舞》所述加行修法略說。

言，從各方面的緣起來觀察，後人依靠《大圓滿前行》的確是獲得了極大利益。

上師如意寶在1997年為自己擬定了四年傳法計劃，第一年講《百業經》，第二年講《入菩薩行論》，第三年講密宗總說《大幻化網》，第四年講《上師心滴》。整個四年圓滿以後，又傳講了《賢愚經》和《大圓滿前行》。我獨自一人坐在屋裡時，經常思維上師如意寶的一生，尤其是他老人家晚年的教言。上師最後講了《大圓滿前行》，對我們來講是非常好的緣起，希望道友們這次一定要認認真真地對待。

以前我也發願講一千遍還是一萬遍，這次應該能完成。雖然我不是講了這麼多遍，但每個人的耳邊都聽了一遍，有這麼多人聽的話，從耳根的側面來安立，說我沒有講是不可能的，肯定有一千或一萬遍以上了。

四、舌識貪執美味：

假如貪執一頓飯的美味，比如特別愛吃山珍海味、美味佳餚，那就會像魚兒被餌料所誘，最終釣在鐵鉤之上。

現在城市裡的人對飲食十分講究，成天津津樂道的就是某某館子裡這個好吃、那個好吃，看到一個動物，不管是陸地上的，還是水裡的，首先想的是牠也許好吃、如何新鮮，這樣的話，所造的業非常可怕。下一輩子你很可能轉生為動物，而那些動物轉生為人，到時你

大圓滿前行廣釋（一）附大圓滿前行實修法

就會成為他們熱鍋裡的美食。

五、身識貪執所觸：

印度的氣候特別炎熱，大象到了中午會成群結隊地去湖泊洗澡，只是為了身體清涼，有些大象深陷淤泥爬不上來，以致活活被溺死。同樣，我們如果貪執柔軟舒適的所觸，也會像這些大象一樣，最終喪命於欲望的泥坑之中。

現在很多人天天想的就是：這件衣服如何細滑、那裡按摩如何舒服……還有些人為了身體白皙動人等去洗黑泥澡，四川連公共汽車上都在打廣告，只要廣告打得成功，人們就覺得肯定很好，對身體接觸方面特別重視。眾生有時看來的確可憐，如果沒有造業，希求皮膚好、身材好倒不要緊，但之所以如此，就是為了吸引異性，在這方面造了許多貪愛的業，以及其他種種可怕的業，真的沒有必要！

除了五根識貪執外境外，《竅訣寶藏論》中還講了意識對外境的貪著，如云：「意為法欺如駱駝失子。」心若迷戀諸法，對男女、財物執著不捨，必定會被法所欺誘，就像駱駝痛失愛子，以致肝腸寸斷，最終喪身於迷戀愛子的痛苦。

因此，我們對眼耳鼻舌身意這六識的對境，不要特別去執著，一旦產生執著，則要馬上認識到這是墮入惡

趣之因，依靠正知正念來對治。原來有個教授在演講時說，漢傳佛教出家人所穿的草鞋，前五個趾頭露在外面，腳後跟也露在外面，這是斷除六塵的象徵。如果這樣的話，那印度好多姑娘不要說前後，中間基本上也都露在外面，或許是斷除所有對境的象徵吧。不知道經中是否有這種說法，我對漢傳佛教的了解不敢說很權威，有沒有這種說法也不太清楚。不管怎麼樣，出家人一定要斷除對色聲香味等的耽著。當然作為欲界眾生，完全不耽著是不可能的，在沒有得聖者果位之前，不吃飯、不睡覺，一切對境都拋棄，這有一定的困難，但最起碼在修行時、聽課時，不要邊貪執五欲六塵邊求佛法，只有全心全意地投入，才能達到預期的效果。

　　最關鍵的是，無論聽法、傳法還是修行，都應該斷除過去、現在、未來三世分別念——不要對過去的經歷浮想聯翩，不要對現在的事情以貪嗔癡擾亂自相續，不要對未來的事情妄想不斷。當然，傳法的時候很容易斷除這些，除非你引用過去的經歷作為公案，否則，心若沒有專注於所傳的法義，而是一味地想著過去、未來，嘴裡不一定講得出來。但聽法的時候還是要注意，有些人身體在經堂中聽法，心卻早跑到城市裡搞非法了，正如藏地俗話所說：「人在寺院裡，心在城市中。」這是對假和尚的一種諷刺。或者一邊聽佛法一邊對未來進行計劃，這些對聽法都有極大的影響。

大圓滿前行廣釋（一）附大圓滿前行實修法

包括我們每天講完《大圓滿前行》之後，有幾分鐘的實修，修行比較差的人在這麼短的時間裡，心都沒辦法把握，產生這個分別念、那個分別念，自己對自己也非常失望；而以前經常實修的人，就會覺得這易如反掌。因為這種實修並非完全安住，完全安住的話，細微分別念還是有害，然而我們現在是觀察修，比如修人身難得的一個引導文，只要想著它就可以，一旦產生其他分別念，用正知正念把心安住，這不是很困難。如果從來沒有觀過心，就像有些小孩從來沒有上過學，跑來跑去誰也管不了，可如果在學校裡受過老師的教導，稍微有點調皮時，老師一教訓馬上就聽話了。我們的心也是同樣，需要反覆地修行、串習，否則，各種分別念此起彼伏，不要說幾年、幾個月，就連幾分鐘也無法停止。有些人常常抱怨修行太難，修了一個月，心還沒靜下來。的確，這也不是那麼容易的，無始以來我們狂象般的心未曾被調伏過，如今只用幾天就想讓它一下子靜下來，也是不太現實。因此，最好的辦法就是多修、多串習。

　　關於如何斷除分別念，無著菩薩⑤給我們一些很好的竅訣：

　　一、斷除分別過去：

---

⑤無著菩薩（1295－1369）：全名額曲土美桑波，意為無著賢，是觀世音菩薩的化身，《佛子行》的作者。若欲了解其具體生平，請翻閱《顯密寶庫14—入行論淺釋》。

尊者說：「昔日感受苦樂如波紋，已盡無跡切莫追憶之，若念當思盛衰與離合，法外何有可依嘛尼瓦？」

　　往昔的一切感受，苦也好、樂也好，就像水中的波紋，已經消失無跡、無蹤無影了，沒有必要再去回憶。有些出家人總對以前流連忘返：「我過去怎麼樣談戀愛，怎麼樣打仗，怎麼樣……」有些在家人也喜歡對以前誇誇其談：「我過去如何如何啊……」跟人聊的時候，一會兒傷心流淚，一會兒歡喜雀躍，像發瘋了一樣。無垢光尊者說過，昨天以前的事都過去了，沒有必要去想這些。

　　如果你非要追憶過去，就應該思維盛衰與離合。比如，過去人聲鼎沸的繁華之地，現在淪為一片蕭條；過去腰纏萬貫之人，現在落魄潦倒、變成乞丐；過去衣不蔽體、食不果腹之人，如今飛黃騰達、富甲一方；過去一家人共處時歡聲笑語、其樂融融，而今各奔東西、音信全無……這些無常之理若仔細去想，對修行會有極大的助益。思維以後你會明白，除了佛法以外，沒什麼可信賴的，也沒什麼可靠的。就像《教王經》中所說，對臨終者來講，唯有佛法才是依靠處、救護者，除此以外別無其他。「嘛尼瓦」是一個村莊的名字，無著菩薩在家時居住於此，這是對當地人的一種教言⑩，就像我們現在說「東北人啊」、「南方人啊」一樣。

　　所以，在修法或聽法時，沒有必要一直耽著過去。

---

⑩以地名表示當地的信徒，這種用法在藏地比較常見，如帕單巴尊者說：「若思死亡何許皆無須，應當誠心憶念當熱瓦！」

大圓滿前行廣釋（一）附大圓滿前行實修法

過去的事情最好談也不要談，因為談了也沒有用。如果非要談，則應與無常觀結合起來，這對修法有一定的意義，此時你會感受到，除了佛法，整個世界上沒什麼可信得過的。

二、斷除分別未來：

尊者說：「未來生計如旱地撒網，捨棄無法實現之希冀，若念當思死期無定準，何有行非法空嘛尼瓦？」

對未來的百般籌劃打算，就像在旱地上撒網想捕魚一樣，是不現實的黃粱美夢。藏地有句俗話說：「希望的周圍，總環繞著絕望。」有些人去年炒股票、搞房產，認為今年肯定發財，到時候賺多少錢，再拿這些錢投資什麼……沒想到整個國際上鬧金融風暴，席卷到了他的「領土」，最後美夢徹底破滅。這樣的現象數不勝數，故應放棄對未來的希望。

如果你非要憶念未來，則應思維死期不定。每個眾生必定會死，但死亡往往不期而至，因此一想到無常，你便有種強烈的緊迫感，進而精進地積資淨障，沒有空閒行持非法，不會隨隨便便散亂放逸。

三、斷除分別現在：

尊者說：「暫時瑣事如夢中生計，精勤無義是故當捨棄，如法食亦以無貪印持，所作所為無義嘛尼瓦！」

「暫時」指現在。對於現在的事情也不能太執著，要把它看作如夢如幻、現而無實，任自己如何精勤，也不會有多大意義，從而應當捨棄一切貪執。

如果你非要想現在不可，那麼無論做任何事情，吃飯、走路、說話、睡覺，都不要特別去執著，否則就會產生煩惱。現在很多人不懂如夢如幻，把什麼都看得特別實有，因實執而造各種各樣的業，若能以無貪、無執著、空性、如幻如夢的見解印持，就會知道世俗中的所作所為皆無實義，唯一行持佛法才有意義，此外對來世不利的非法惡業更要拋棄。

四、總結：

尊者說：「後得調伏三毒分別念，一切念境未現法身前，非思不可之時當憶念，莫縱妄念散亂嘛尼瓦！」

頌詞中的「三毒」，從上下文的連貫來看，應該是「三世」。我看了意科喇嘛的《前行講記》，裡面也說是「三世」，這樣比較好解釋。因為剛才講了過去、未來、現在，這是對前面的總結。在藏文中，「三毒」與「三世」只是一個後加字的區別。

總而言之，後得（出定）時一定要調伏三世分別念。平時聽法或者修行，不要憶念過去的種種，想這些也沒有什麼用；不要隨念現在，以種種分別念擾亂自己；不要妄想未來，應捨棄一切虛幻的夢想。（我們作為凡夫人，

大圓滿前行廣釋（一）附大圓滿前行實修法

未來對善法的籌劃少得可憐，對非法的打算不勝枚舉。）你得地以後，一切分別念和外境全是法身的遊舞顯現，但沒有達到如此境界之前，最好不要想過去、現在、未來。若是非想不可，就要依靠正知正念將這些念頭轉為道用，對治方法始終不可缺少，不要隨妄念而奔馳，否則，聽法和修法肯定無法成功。

另外，無著菩薩也曾如此教誨道：「莫妄想未來，若妄想未來，則如月稱父。」此處的「月稱」，並不是《入中論》作者月稱論師。這是藏地家喻戶曉、頗具諷刺意味的一個故事：

從前，一個窮人得到了許多青稞，他將這些青稞裝入口袋裡，掛在上方，自己躺在口袋的下方。（裝青稞的牛皮口袋一般特別大，可能有一兩百斤，他害怕被老鼠吃掉，就掛在房梁上。有些道友也害怕老鼠，就把米掛在梁上，但你不要睡在下面啊，不然很危險的！）他不禁暗自思忖：我現在用這一大袋青稞作為本錢，想必將會擁有大量財物，到那時娶上一位好妻子，她必定會生一個兒子，取名字就是我的責任，那麼，該給兒子取什麼名字好呢？這時，剛好看到月亮從東山升起，於是他想：緣起太好了！乾脆我就為兒子取名「月稱」吧。（他可能是個藏族人，不過也可能是印度人，因為印度人也喜歡「稱」，月稱、法稱等等，有很多「稱」。）正在這時，懸掛口袋的繩子被老鼠咬斷了，袋子恰巧落在他的身上，他就這樣一命嗚呼了。

這個故事在民間還有另一種說法：從前，有個窮人因為偶然的機會，得到了一大袋青稞。他沒有房子可住，就背著這袋青稞翻山越嶺。有一天晚上，他在山頂上過夜，這座山非常陡，山下有個大湖泊。到了晚上，他將袋子放在腳邊，然後就開始打妄想（情節跟上面基本上一樣）：我現在有了青稞，以後要娶妻子，然後就有孩子，孩子的名字取什麼呢？可能取「月稱」好吧。正在此時，月亮從東山升起來了，月光剛好照到他身上，他特別高興：我正想著「月稱」，月光就來了，以後肯定會一切順利。想到高興之處，他興奮不已，腳一伸，對青稞袋子踹了一腳，袋子就骨碌骨碌滾到湖裡了。於是他特別傷心，最後也投湖自盡了。所以，月稱還沒有降生，月稱的父親已經離開人間了。

這樣的故事，其實在漢地也有：從前江南有個乞丐，他好不容易要到一點錢，正好路過獎票發售點，一狠心，用身上的錢買了一張獎票。可是衣衫襤褸，獎票無處安放，最後看到手中那根打狗棒，由於經常與狗搏鬥，竹子已經劈裂，正好把獎票藏在縫隙裡。藏好獎票，他就開始幻想：如果中了大獎，我再也不用要飯了，可以配一副金邊眼鏡，然後去住五星級賓館……

過了幾天開獎，那張獎票竟然中了一等獎。他覺得自己從此可以揚眉吐氣、夢想成真了，於是站在橋上挺直腰板，振臂高呼：「我再也不用要飯了！」手中打狗

大圓滿前行廣釋（一）附大圓滿前行實修法

棒劃了一道漂亮的弧線，落入滔滔江河之中。一看，獎票原來在打狗棒裡，他特別的傷心，「撲通」一聲，自己也跳河而去了。

類似的公案確實比較多。因此，對未來沒必要抱有太多幻想，就像我剛才所說，希望的周圍總環繞著絕望，計劃沒有變化快，你的美夢非常脆弱，很容易就會破滅。現在很多人常想：我現在怎麼樣賺錢，賺錢之後怎麼樣買房子、買車，那時候我要如何如何⋯⋯甚至為了根本沒有出現的事情，就開始跟家人吵架，這種情況在藏地也有：

曾有一家人生了個可愛的孩子，孩子比較調皮。那個父親妄念比較多，有一天他想：「雖然現在家裡很窮，但我會想辦法掙些錢，然後買一匹母馬，母馬必定會生一個小馬——」於是他跟孩子說：「以後有小馬的話，你太調皮了，千萬不能害牠。」孩子說：「啊，不行不行！到時候我要騎小馬。」父親特別不高興：「我剛才不是說了嘛，你不能害牠！」就給孩子打了一棒，結果孩子當場死亡。

所以，對未來不切實際的幻想，還是要盡量少一點，理應把握當下，依靠佛法如理行持，只有這樣，修持佛法才會圓滿成功。否則，像以前有個出家人，他經常想：「以後我要當大法師，蓋一間大寺廟，這個廟要建在離東邊遠、地勢好的地方，到時候大雄寶殿如何如

何修，大雄寶殿上的琉璃瓦買多少錢的……」有時候聽起來特別可笑，但讓他陶醉一下也可以。

我們不但對未來不要去想，對過去的許許多多，尤其是一些非法經歷，也沒必要跟別人講，或者自己沉浸其中，這些分別念要當下斷除。聽法或修法的時候，心應該轉入善法，就像前輩大德所講，要時時刻刻觀察自己的心，分別妄念不斷湧現時，用正知正念將其調伏，這樣修行和聽法才會成功。

當然，法王如意寶也講過，作為修行人，對未來修法方面的打算可以有。比如我聽完這個法以後，再聽一個什麼法，我修完加行之後，再念一個什麼經典，這種計劃還是有必要，但其他無意義的籌劃能免則免。我有時候很想這個月好好待在家裡，結果卻住不成，突然有一種因緣，就被業風吹到外面去了；本想下個月出去一趟，要辦什麼事情，心裡打算得好好的，結果又去不成。未來的事情並不一定能隨心所欲，因此不必想太多，隨緣轉比較好。既然幾個月以後的事情現在決定不了，那幾年以後的事情更不用說了。有一個居士跟我講：「再過十年，我決定會在您座下出家！」不要說十年，十個月以後能不能決定也很難說，但有些人就是不懂，十年以後再出家的話，或許他也變成骨灰了、我也變成骨灰了。

因此，過去、未來紛繁複雜的妄念根本沒有值得信

賴的時候，尤其在修法、聽法時，心思旁騖很有影響。有些人為了明年的事情，現在就開始胡思亂想，整個晚上都睡不著，這只是散亂之因而已，應當全力以赴予以消除。心如果外散的話，務必要以正知、正念、不放逸將其轉入善法，這是非常甚深的竅訣。倘若不懂這些，表面上你在聽法行列中，實際上什麼法義都得不到；假如懂得這些竅訣，就像明白儀器的說明書後即可使用一樣，不管修學什麼樣的法，全部可以融入自相續。所以這方面大家一定要關心！

第八節課

第九節課

昨天講了聞法時根識不能散亂而耽著外境，否則法義絕不可能被接受。作為凡夫人，外境稍微出現一點事情，自己就會開始散亂，但學習過大乘佛法、尤其是懂得聞法方式的人，在聞法和修法時，應該用正知正念來攝持，這是至關重要的。

下面講聞法方式中六種垢染的第五種：

戊五、內收：

聞法和修行時不能過於內收，有些人專注

得有點過頭，抓住一個法義就非要把它弄懂或修成，比如修風脈明點時，心一直耽著耽著……以至於身體不適，心也不適，最後出現種種違緣。如果在聞法時僅僅專注佛法的個別詞義，則只能記住一個道理，而無法記住所有道理，這就如同馬熊挖雪豬子（旱獺）一樣得此失彼，不可能有了知一切的時候。

馬熊，在藏地民間故事中出現得比較多，牠喜歡挖地洞在裡面睡覺，對不高興的對境經常搏鬥、殺害。尤其在冬天裡，牠挖洞的過程中，有時候會挖到正在冬眠的雪豬子[61]，牠看到雪豬子一家都在睡覺，就特別生氣，於是把一隻挖出來，用拳頭狠狠地打一拳，放在屁股

大圓滿前行廣釋（一）附大圓滿前行實修法

---

[61]到了冬天，雪豬子會入於一種與生俱來的禪定，基本上三個月都不出來。所以，修行人打坐時若什麼都不想，就會用雪豬子來比喻。

下，又繼續挖另一隻。因為前面那隻已被打醒了，所以牠抓住另一隻時，前面那隻就跑了⋯⋯這樣一來，馬熊不管挖了多少雪豬子，到頭來只能得到一隻。

漢地也有「黑瞎子掰苞米」的說法，說是狗熊掰一個苞米，藏在腋窩下，再掰一個時，前面的就掉了⋯⋯這樣掰一個、掉一個，最後忙活了半天，就只剩一個在手裡，與此處的馬熊差不多。

這是一種愚笨的做法。就像有些人修行時，只能抓一個，其他什麼都不考慮，如此無法受持所有的內容。或者聽課時心沒有全面地專注，只能記住一個法義，比如法師講一個公案，你就記這個公案，法師又講後面的內容，你就把前面的公案忘了⋯⋯這樣一直下去，到了下課時，你只記得最後一個，前面的統統忘光了。

第九節課

其實，人的心態調整很重要，如果你對佛法的基本道理都不會聽，就需要多花一些時間掌握聞法方式。比如，法師說的話該怎麼樣記？怎麼樣看書？看完書之後，如何將自己的理解、書本上的意義、法師講的內容三者結合起來？有些人在上師講課時，根本不看書，只是一味地聽著，不知道根據什麼內容在傳授；有些人書裡的內容也不管，上師講的法也不管，只是一直悶頭坐著；有些人甚至在法師講課時，以毗盧七法打坐，開始修拙火定⋯⋯種種奇怪的現象非常多，這些都是不懂聞法規律的表現。

以前金旺堪布剛給我們上課時說過：「你們在一段時間內還是要訓練訓練，不然怎麼樣聞法都不懂。」的確也是這樣，有些新的出家人和居士，覺得佛教的傳法跟世間的講課一樣，不明白二者的風格與方式並不相同，適應起來需要一段時間。如今大城市裡的許多人，學習風氣很不錯，但聞法規律還是要重視，以上所述的三種過失怎麼樣消除？六種垢染怎麼樣對治？理當對此細心琢磨。如果你做好了，法師講的法就可以融入心中。

在受持佛法的時候，倘若心思過於內收，便會記一個忘一個，無法將所有內容融會貫通，還會出現昏昏沉沉、慵慵欲睡等弊端。《親友書》中也講了，昏沉等五種障礙，是掠奪善法財富的盜賊[62]。因此，心過於內收或者外散，是修行中的大障礙。有些高僧大德經過多年的修學，知道哪些是修行的違緣，所以在修行時能做到鬆緊適度。而有些道友剛開始時特別精進，一直廢寢忘食、日日夜夜地勤修，一天只睡三四個小時，旁邊人說這對身體不好，他也不聽；再過一段時間，又太放鬆、太懈怠，除了三四個小時，其他時間都在睡覺，這完全是墮入兩邊，走極端。

前兩天講《前行實修法》時，我就講過，修行是終生的事情，不是一兩天、一兩個月的熱情。有些修行人

大圓滿前行廣釋（一）附大圓滿前行實修法

---

[62]《親友書》云：「掉舉後悔與害心，昏睡貪欲及懷疑，當知此等五種障，乃奪善財之盜匪。」

很著急，覺得自己那麼長時間沒遇到佛法，現在好不容易遇到了，一定要馬上開悟、馬上得感應，這是不現實的。修行是一項漫長的工程，你們讀大學都不可能兩三天就立竿見影，出世間的解脫更不用說了。因此，大家一定要把這個道理弄懂，特別放逸時要求自己不要太懈怠，每天把該用的時間用上；特別精進時也不要太內收，要有一種放鬆感，切莫急於求成，否則很容易出事。

　　不能太緊也不能太鬆，這類公案在佛經中比較多。譬如，《雜阿含經》、《大智度論》中有一個二十億耳的公案，就說明了這個道理：二十億耳（首樓那），在嘎達亞那（迦旃延）尊者座下剃度出家。一年以後，他請求去見佛陀，因嘎達亞那尊者要三年才能召集十位比丘來授具足戒，因此托他帶口信給佛，請求佛陀應允五位比丘即可傳授圓滿戒。

　　二十億耳到了佛陀那裡以後，在佛陀身邊有時間就作經行。但他腳底有毛⑥，皮膚細薄，經行時常腳底流血，於是佛陀特別允許他穿一層底的鞋子。但他沒有穿，他說自己捨了八十車的金錠和七象隨從，從在家到出家，如今怎能貪著一層底的鞋子！

　　他很精進地隨佛修行了一段日子，但還是不能證

---

⑥《大智度論》云：「沙門二十億耳，鞞婆尸佛時作一房舍，以物覆地，供養眾生，九十一劫天上人中受福樂果，足不踏地，生時足下毛長二寸，柔軟淨好，父兄歡喜，與二十億兩金，見佛聞法，得阿羅漢，於諸弟子中精進第一。」

果。他就開始有點動搖：「我是一個富家子，大可捨去比丘戒，還俗回家做居士，享受自己原有的財富。常行布施供養僧團，也是修行。」佛陀知道他求證心切，用功過度，就在他動念後，便讓一沙門去呼二十億耳來。

佛陀問他：「你在家時，善於彈琴嗎？」他回答：「善於彈琴。」又問他：「彈琴時，若是琴弦太緊，能得到和雅琴聲嗎？」他說：「不能。」佛又問：「若把琴弦轉緩，能得到和雅琴聲嗎？」他說：「不能。」佛又問：「若把琴弦調得不緩不緊，能得到和雅琴聲嗎？」他說：「能。」

佛於是告訴他：「同樣的道理，修行太精進，會增加掉悔；修行太放鬆，則令人懈怠。因此，應當不鬆不緊地修行，不要耽著也不要放逸。」他聽了佛的教誨，歡喜頂禮而去。後以正確的態度修行，不久證得了阿羅漢果。

《前行》中畫辛吉的公案，跟這個公案比較相似：從前，阿難尊者教誡畫辛吉修法時，畫辛吉有時緊張過度，有時異常鬆懈，而未能生起任何修法境界。於是他便前去請教世尊。世尊問：「畫辛吉，你在家時擅長彈琵琶嗎？」他回答：「極為擅長。」世尊又接著問：「那你彈奏時所出的妙音，是在琴弦極度繃緊時發出，還是在琴弦十分鬆弛時發出呢？」畫辛吉呈白道：「這兩種情況都不是。只有琴弦鬆緊適度時，才能發出美妙

大圓滿前行廣釋（一）附大圓滿前行實修法

動聽的聲音。」（畫辛吉這方面確實有經驗，因為琴弦繃得太緊的話，發出的聲音特別尖銳刺耳——雖然我不會彈琴，但我們這裡很多道友比較精通。）

世尊教誨說：「那麼，你修心也與之相同。」

（不能太鬆也不能太緊，這是很關鍵的問題。每個人剛開始都有太緊的毛病，包括我自己在內，最初學佛時很小，倒沒什麼感覺，但剛出家以後，邪見比較重，看到有些老喇嘛戒律上、行為上稍有不如法，就想：「這算什麼出家人！我今天開始出家了，一定要如理如法。他們這些沙門啊，出家這麼多年了，還在幹什麼什麼，他們的行為、他們的說話……」很多邪見就冒出來了，自己覺得很傲慢，特別注重威儀等表面形象。現在有些居士也是這樣，剛學佛兩三天，就教訓這個、教訓那個，甚至對上師也批評：「您應該這樣這樣，我們佛教如何如何……」開始講很多大道理。這種人剛開始特別精進、特別認真，但慢慢地就滑下去了，最後根本對法本看也不看，很多行為也不如法。因此，大家平時一定要注意。）

畫辛吉依教奉行，鬆緊適度常年如一日地修行，（境界非常高的人都會這樣修行，十年是這樣，二十年也是這樣，只有長期努力才有明顯的效果，一兩天是達不到的。）最後證得聖果。

這個公案，在《四十二章經》中其實也有[64]，說法比

---

[64]《四十二章經》云：「有沙門夜誦經，其聲悲緊，欲悔思返。佛呼沙門，問之：汝處於家，將何修為？對曰：恆彈琴。佛言：弦緩何如？曰：不鳴矣！弦急何如？曰：聲絕矣！急緩得中何如？曰：諸音普調！佛告沙門：學道猶然，執心調適，道可得矣。」

較相似，佛陀在最後教誡道：「學道猶然，執心調適，道可得矣。」如果心不調適，身體就會疲乏，身體疲乏就會更加心煩，更加心煩就會道心退失，從而造下各種罪業。所以，《四十二章經》中對鬆緊適度的道理講得比較清楚。你們方便的話，關於調心的具體竅訣，應該多翻閱《雜阿含經》、《大智度論》等經典，對裡面的道理要再三體會。

世人也提倡有鬆有緊、勞逸結合，如《禮記》云：「一張一弛，文武之道也。」張，指拉緊弓弦；弛，指放鬆弓弦。意思是寬嚴相結合，是文王、武王治理國家的良方。因此，做任何事都要有一種竅訣。比如企業管理或寺院管理，管理人員如果太嚴格，什麼都按照規矩辦事，條條框框理得非常清楚，那可能太緊了，大家都待不住，全部會跑光；如果太鬆了，什麼規矩都沒有，整個組織無頭無尾，誰也不願意待在那裡。所以，我非常佩服上師如意寶，且不論他老人家修行的鬆緊適度，僅僅是對學院的管理，許多方式也非常符合現代人的規律。

大家以後不管在佛教道場還是世間單位，做管理人員時應該掌握分寸。如果你太凶了，別人把你看作魔王一樣，也不行；如果你太軟了，別人把你看作牛糞一樣，根本不當個人，也不行。你要管理的話，則應像《君規教言論》所講的那樣，有忿怒的一面，也要有寂靜的一面，不管你內心的境界如何，行為上有了這樣的

調整，做任何事情都很方便。

修行的時候也是同樣，不能太鬆了，否則，整天吃喝玩樂、迷迷糊糊，非常可憐；也不能太緊了，雖然有些人精進值得隨喜，但能否長期保持也很難說。我們學院有一個男眾發心人，他剛來的時候，離我院子大概五十米的地方，就開始磕長頭過來，我勸他不要磕、不要磕，但他一直不聽，頭上流了好多血。他信誓旦旦地說：「我從今天開始依止您，您所有的弘法利生事業，我一個人全部接下來，我一定要成為您最好的弟子！」當時我看他有點過激，不太好，但後來技術還可以，就把很多工作交給他。結果不知道他是累了還是怎麼了，又太放鬆，許多行為就不好描述了，跟以前完全截然不同。所以，一個人剛開始又哭又鬧又特別精進，我也不敢全部相信，不知道他以後能不能長久，還有沒有這樣的精進。

世間上的工作、生活，甚至是感情，其實也需要長期觀察。前不久我聽老鄉說，去年有兩戶人結成親家，最初關係特別好，本來你是你家的帳篷，我是我家的帳篷，但因為這兩家太親熱了，過年期間竟把兩個帳篷架在一起，然後你吃我碗裡的東西，我吃你碗裡的東西。沒想到好景不長，幾個月後，彼此之間又發生各種矛盾，最後弄得非常不愉快。不過，對於他們的結局，很多老年人早就預料到了：「他們兩家今年太親密了，明

第九節課

年可能有不吉祥的事發生。」實際上聞法和修行也是如此，一個人若非常極端，太放鬆了或太精進了，有些老修行人就知道他修行定然無法成功。

瑪吉拉准空行母也說：「不緊亦不鬆，彼具正見要。」瑪吉拉准是藏地十分著名的空行母，她依靠顯宗的般若經典開悟，之後依止帕·單巴桑吉，創立了般若法門——斷法派。她所傳下來的法脈，藏地各教各派都在修。她還將很多伏藏品隱藏在神山中，後由一些高僧大德取出。有關她的生卒年代，很多歷史都不相同，有些說她降生於公元1103年，公元1204年圓寂，還有些說她生於1031年，但不管怎麼樣，她以悲心和空性的境界攝受了無量眾生，尤其是對天龍鬼神，通過布施身體與空性、悲心結合起來，從而收服他們、降伏他們，是這樣一位大成就者。她在給後人留下的教言中說，平時聞法或修行時，不能過緊也不能過鬆。過緊的話，容易出問題，有些閉關者修行時一直特別專注，身心都有點不健康了，出關時眼睛紅紅的、頭髮長長的，見了就害怕；過鬆的話，像有些人一樣，放棄閉關跑到城市裡去了，因果在他眼裡也不存在，什麼都像虛空一樣，這種人現在特別多。所以說，太緊了不行，太鬆了也不行，不緊不鬆才是甚深的秘訣。

薩繞哈巴說過：「心如解緊縛，鬆之得解脫。」心裡的束縛若能鬆開，就可以得到解脫。然而，現在有些

大圓滿前行廣釋（一）附大圓滿前行實修法

人對解脫特別耽著——「上師您可不可以用棍棒打一打我，我很想開悟啊！我二十多年都沒有學佛，今天學了佛，才發現落了這麼多課，好多法都沒有聽，很多境界都沒現前，好著急啊，我一定要馬上開天眼！」自己也用頭使勁撞牆，想開天眼，這是不現實的。修行需要一段時間，剛開始學佛不要過急，不管怎麼樣，你現在遇到佛法還是很好，可是一口不能吞下一鍋飯，應該一步一步地來，這樣境界才會在你相續中出現。修行應當長期不斷地串習，藏地漢地的很多大德都是在十年、二十年中，常年如一日地努力，並不是在上師面前灌頂那一天非常精進，或者聽一兩堂課、看一兩本書非常精進，這不算什麼，不一定馬上獲得解脫，必須要有長遠的打算，如此修行才能成功。

　　總而言之，心既不能過緊而內收，也不能過鬆而外散，要做到不鬆不緊、恰到好處，諸根悠然而住。當然有些人很會放鬆，就像麥彭仁波切在《定解寶燈論》中所說，放鬆方面不必去勸65。我跟有些道友說：「你要注意身體，不要太精進了。」「啊！上師您這方面不用勸，我放鬆倒沒有問題。我有兩個特徵，一是睡覺，二是吃飯，這兩者不用任何善知識來引導。」可是對個別人來說，如果心不會調整，剛開始學佛、尤其是閉關時

65《定解寶燈論》云：「眾生平庸過放鬆，流轉三界輪迴中，無需仍舊再三勸。」

比較著急，非要得成就不可，這個也要學、那個也要學，不學又不行，最後把身體弄垮了，心裡會更著急，心裡越著急，事情就越辦不成。所以，大家要牢記上面的教言。

戊六、疲厭：

若因講法時間過長而感到飢餓難耐、口乾舌燥，或者遭受風吹雨打、烈日曝曬等情況時，切切不可心生厭煩，進而不願意繼續聽法，斷然放棄。

以前在藏地，聽法的條件特別簡陋。包括我剛來學院的時候，上師講課的經堂雖然比較破爛，但還算能擋風避雨，而我們自己講課或者聽傳承時，十年左右都是在烈日暴風中度過的。我當輔導員時，有七八十個人（藏族喇嘛）聽，有一次在冬天，我們坐在院子裡輔導法王如意寶剛講的《釋量論》，天上正落著鵝毛大雪，地上凍得堅硬如鐵，但大家為了佛法都能挺住，不像現在有些人，有這麼好的經堂還要拿墊子，當時什麼墊子都沒有，就坐在冰地上，身上也沒有蓋的，一個個像雪人一樣。有時突然刮起狂風，書夾裡的書都被風卷走了，我們到處去找，這種現象相當多。但那個時候，每個人都非常堅強，一想到往昔大德的苦行和為求法而犧牲的公案，就覺得自己這種經歷很光榮、很快樂。不像有些大城市的人一樣，總抱怨走路去聽課太累了，在水泥地上坐一會兒都不行，各種講究特別多。

在聽法的時候，假如法師講法時間太長，也不要生厭煩心：「你囉囉唆唆一直講什麼呀，早一點下課多好！」這種人可能是福報不夠吧，其實聞法時間越長越好，可有些人的感覺不是這樣。如果法師講得很精彩，時間一會兒就過了，若有些法師顯現上比較囉唆，他就開始抱怨連天了。但無論如何，法師講的全是佛法，佛法非常希有難得，聽多長時間也不該有厭煩心。

其實，現代人跟古人相比，講得不是很多，聽的機會也很少。以前清涼國師講了五十次《華嚴經》（八十卷），每天都講八個小時（有些法師講一兩個小時就累了，人的心力還是差別很大）；道宣律師也聽受並傳講了二十多次《四分律》。在藏地歷史上，宗喀巴大師講經最為厲害。有一次，大師晚上和眾人在一起烤火，談到印、藏諸高僧的傳記時，感嘆地說：「從前在藏地，同一時期講經最多的，莫過於大善知識慧獅子了。他在同一法會中，每天能講十一座不同的經論。」當時，諸位弟子祈請大師也跟他一樣，在同一法會中，講授十一部經論。大師看他們態度極為誠懇，於是答應說：「如果我再努力一點，也許能辦得到。」

大師遂閉關二十天，溫閱參究一切經論，出關後，突然宣布所要開講的經論為十五部。當時聽者來自各地，聽說此訊，無不歡喜雀躍，相繼前來參加。自此以後，大師每日講論十五座，未嘗間缺。（那時候的弟子

真了不起啊！一天十五部論典，讓我們聽的話，感覺怎麼樣？）其中有兩部小論提早講完，馬上補充兩部。所以此次法會，大師前後總共講了十七部大論⑥。此後，大師又曾在一個法會中，同時講了二十一部大論。

所以，在藏傳佛教中，有些大德講法實在令人歎為觀止。當時的弟子也不像我們一樣——漢地有些居士星期天一下午聽三個小時，就開始大呼小叫：「啊！我屁股都痛了，腳都軟了，腳都硬了。」腳外面是軟的肉，裡面是硬的骨頭，腳本來就是這樣，不知道你硬軟是怎麼分的，但聽課從來沒有聽說腳硬了、腳軟了。如果讓你看三個小時的連續劇，你一點都不覺得累，可能還想不斷看下去，眼珠沒掉到地上就算不錯了，這時你不用吃、不用喝、不用上衛生間，非常的精進。現在人就是這樣，搞些亂七八糟的事，搭上多少時間都沒關係，就像一個小孩子，讓他在外面調皮，蹦蹦跳跳，幾個小時一晃就過，但讓他做一個小時的作業或看書，「不行啦，我可不可以出來一下？」所以凡夫人做有意義的事情，稍微聽一點課、修一點法，就開始出現各種各樣的毛病了。

大家對法一定要有耐心，要有虔誠的信心，不要認

⑥這十七部大論是：《彌勒五論》【《寶性論》、《辨法法性論》、《辯中邊論》、《經莊嚴論》、《現觀莊嚴論》】、《中觀五論》【《中論》、《回諍論》、《六十正理論》、《七十空性論》、《精研論》】、《集論》、《俱舍論》、《釋量論》、《入行論》、《入中論》、《四百論》。

大圓滿前行廣釋（一）附大圓滿前行實修法

為聽點兒佛法就很累。你一天有二十四小時，一個小時用來聽法，其他二十三小時做別的也可以。現在城市裡的很多人，一個星期只用一下午聽三個小時的課，那整個星期有多少個小時啊？這三個小時用在佛法上並不過分，你也不要認為：「我聽佛法的時間太長了，腰都直不起來了。」——是不是全部因聽法而成脊椎炎了？

當然，如果講法時間太長，你生起厭煩心，實在不願意聽，堪布阿瓊在教言中說：「此時你可以站起來，發願『我不離法、不離上師』，然後離開傳法的地方，否則，對上師和佛法生邪見的過患更嚴重。」這的確是一個竅訣。聽法並不是強迫的，是為了自己獲得解脫，所以聽法的意義相當大。在家人不懂這一點也情有可原，但是作為出家人，既然選擇了這一條路，把世間的一切都捨棄了，對聞法就應該有希求心。

現在大城市的居士集中學習，我覺得他們很可愛，就像遠離父母的孩子，聚在一起說「我們要好好學習、做作業」，這樣的話，這些孩子特別可愛。如果有父母在，父母會一直盯著你，但父母不在時，若仍非常自覺，這樣的孩子比較乖。其實凡夫人跟孩童一樣，如果沒有上師引導，不會做好事，這是決定的。但現在有一部分人，我覺得還是非常好，你們以後應再接再厲，不能聽一兩堂課就滿足了。世間上的事情要想成功，也不會只做一兩次就可以了，因此，大家在佛法方面一定要

不斷地強化、不斷地努力。

如果你產生厭煩心，千萬不要放棄，應該提醒自己：如今我已獲得暇滿人身，沒有淪為地獄、餓鬼、旁生，並榮幸地遇到了具有法相的上師，擁有聽聞甚深教言的良機，這是無數劫中積累資糧的果報，對此我要好好珍惜！

什麼是「具有法相的上師」呢？上師法相非常非常多，但總的來講，格魯派認為「看破今生」是最關鍵的法相；噶當派認為不管學顯宗還是密宗，「戒律清淨」是最主要的；寧瑪派華智仁波切為主的上師認為「具足菩提心」是一切法相的要點；無垢光尊者在《大圓滿心性休息大車疏》中，尤其提到了密宗上師必須具備精通密宗、咒語圓滿、得到暖相等八種法相，在此基礎上，按照上師革瑪燃匝的觀點，又加上「傳承清淨」這一條。當然，如今末法時代，全部具足這些法相是很困難的，然而只要精通佛法、有饒益之心，也可以算是合格的上師，依止這樣的上師十分幸運。

我經常都會想：在短短的人生中，遇到了法王如意寶，真是千百萬劫的大福報。如今誤入歧途的修行人特別多，因為沒有智慧，遇到邪師還沾沾自喜、到處炫耀，卻不知有些上師是學外道的。末法時代，什麼樣的事情都會出現。在這個時候，宛如佛陀般的大成就者——法王如意寶之無垢傳承、顯密圓融之甚深教言，對我們來講更顯得

大圓滿前行廣釋（一）附大圓滿前行實修法

彌足珍貴，不應該有絲毫懷疑，在人心混亂的這個時代，遇到它是自己的福報，理當有種歡喜心。

有些居士很清楚，現在我們一邊聽聞一邊修行，這種因緣特別殊勝，機會相當難得。昨天我遇到一個道友，他曾在持頭陀行的寺院待過，也在強調專修的寺院待過，後來以不同的因緣來到學院，感覺沒有聞思確實不行。他說，光持頭陀行的話，日中一食等行為是很好，畢竟戒律清淨乃一切功德之本，可行為上如理如法，無法對治內心的煩惱；後來他到專修的寺院裡去，也因為沒有強調聞思，很多道理都不懂，只是天天待在那兒念咒語，煩惱還是解決不了。再後來，他到學院以後，才有機會了解佛法的真理，同時也有機會依法觀修。我們並不是自讚毀他，多年來依靠上師如意寶的培養，很多人基本上都明白：先要找一位好上師，上師的顯密修法要完整；然後先聞思、再修行，次第應該搞明白；同時戒律必須起到基礎作用，這樣修行佛法才會圓滿。

今生遇到這麼殊勝的法，並不是平白無故的，《般若攝頌》等大乘經典中說，這是多生累劫積累資糧的結果。現在有些人認為：「我出家是偶爾的因緣，因為跟家人吵架，吵架成就了我出家。」「我學佛是我的對象、我的朋友造成的。」「我是無因無緣來到學院的。」其實這只不過是暫時的緣而已，真正的近取因是你前世與大乘佛法結過緣，而且在無數上師和佛陀面前

行持過善法。到時候我給你們講《般若攝頌》，你們就會知道，光是耳邊聽到法音、手裡拿到法本，也需要前世因緣，否則，聽也聽不到、拿也拿不到、看也看不到。這就是因果，乃佛陀親口所說，不是我們以分別念信口開河的。

要知道，佛法確實很難以聽聞，《未曾有因緣經》中云：「佛世難值，法難得聞，人命難保，得道亦難。」現在能聽到如此甚深妙法，真好似一百個小時中吃到一頓飯一樣，可謂千載難逢、令人欣喜，因此，理應以最大的精進心、歡喜心來聽受。我們每個人的因緣各不相同，有些人一輩子都能在佛法中度過，就像上師如意寶，從傳記中看，他老人家從五六歲直至七十多歲圓寂之間，包括在十年浩劫的時候，也從來沒有離開過佛法。而有些人一生中聽了多少法？自己也可以觀察一下。

像我的話，現在四十來歲了，雖有福報依止上師將近二十年，但以後變成怎麼樣也不好說。我小時候一直放牛、讀書，所以聞法的時間不算很長，在上師面前聽的許多法，是第一次也是最後一次。你們很多人應該也會這樣，所以只要有聽法的機會，希望大家務必要珍惜。現在有些人依止上師時，只要有名聲，沒有功德也可以，這是不應理的。我們應該依止具有法相的上師，依止以後要對上師和佛法有信心，不要以分別念觀察上師，而應當以法作為標準，用恭敬心來諦聽。

大圓滿前行廣釋（一）附大圓滿前行實修法

為了這樣的妙法，理所應當安忍一切艱難困苦、嚴寒酷暑、壓力折磨，歡歡喜喜來聽法。有些人聽法時壓力比較大，需要面對很多狀況，要有一定的安忍心，但更重要的是，對佛法要有歡喜心。《般若經》中講了，人的心態真的很重要，若對某事有著強烈興趣，縱然是幾百由旬⑥⑦的路途，也會欣然前往；如果興趣索然，就算是走一聞距⑥⑧，也覺厭倦、苦惱。而且如果有歡喜心，讓你把須彌山摧毀無餘，你也會覺得須彌山畢竟是有為法，沒什麼了不起的，有了這樣的精進，過不了多久就會證得佛陀的殊勝菩提。所以，《般若經》在講精進時，特別強調人的心力。

的確，我今天去找一個人，若是特別喜歡的人，即便是遙遠的地方要走路過去，也無所謂，只要有時間，就不會覺得累；若是敵人或特別不喜歡的人，那麼走半步路也很痛苦。心的力量不可思議，所以大家不管聽什麼法，要對佛法生起歡喜心：「聞法的功德那麼大，現在聞法因緣如此殊勝，我擁有這種機會多麼難得，只要有因緣，我就要竭盡全力地聽法。」不要像有些人那樣討價還價，整天給負責人打電話：「今天我不來可不可以？因為朋友生病了。」「今天我不來可不可以？我身

體不太舒服。」「今天我不來可不可以？我工作上有點忙。」「今天我不來可不可以？我要出差。」「今天我不來可不可以？我母親身體不太好，心情也不太好。」「今天我不來可不可以？我要跟幾個人一起去外面觀光。」……提出的理由都似是而非。假如你把聽法當成最重要的事情，可能一次也不會斷。

那天我在北京時，遇到一位公務員，她告訴我：「公務員的有些工作比較麻煩，單位非常嚴格，也有很多很多規定，但即便如此，只要有心學習，也肯定能想出辦法，對單位和家裡可以說很多方便語。反正從開始到現在，我一天的課也沒有斷過。」

其實我自己也是同樣。現在每天給你們傳法，若沒有把時間空出來，肯定天天都在忙。因為人的分別念層出不窮，今天想這個事情、明天想到那裡去，結果什麼課也講不成。但我先把自己定位好，所有事情中將傳法放在第一，那除了極個別情況以外，通常不會輕易中斷，如此必定有時間傳法。

你們聽法也需要如此。如果將它視為生命中最重要的一環，那時間肯定空得出來，甚至你今天病得不行了，要輸液，把吊瓶拿到課堂上打，也是非常容易的事情。因此，每個人的心力一定要提升，否則，把聽法當作一種壓力，當作一種負擔，這樣效果不會好，行為上也會出現各種不如法。

大圓滿前行廣釋（一）附大圓滿前行實修法

因此，聽法不要有厭煩心，要有歡喜心。以前我寺院裡有位帝察活佛，他對佛法的歡喜心難以言表。昨天我和幾個道友聊了他的一些事情，他在當地非常出名，我在爐霍還沒出家時，一次有機會接近他，發現他對什麼名聲錢財都不重視，唯一重視的就是聽法。那時政策還很緊張，誰都不敢學佛，如果一個人講法、一個人聽法，會被抓起來關進監獄，他卻在格魯寺的一個格西座下偷偷聽戒律。回家的時候客人特別多，客人跟他說話，他心不在焉、答非所問，一直專注地思維所聞的法義。我當時也不覺得這很難得，以為每個修行人都是這樣，但隨著接觸的人越來越多，就越來越佩服他的精神。現在很多人若遇到這樣的環境和時代，還有沒有勇氣自願去聞思、不斷地聽課？可能夠嗆。即使去聽課了，也不一定有歡喜心。

　　簡而言之，聽課的時候要有歡喜心。希望大家從明天以後，去聽課應該數數歡喜，對法師和法寶要感恩戴德。否則，現在有些人覺得：「法師很麻煩啊！聽法也很困難！我一個人在家睡覺多舒服，這是畢生中最快樂的事情，可這個願望一直無法實現。能不能交點錢念經？加持我不用去聽課，遣除一切違緣。」這種想法非常可怕，大家一定要注意！

第九節課

第十節課

大家都知道，聞法的過程中威儀非常重要，如果聞法的發心和行為不如法，得到的利益會很少。為什麼現在有些人經常聽法，但效果不明顯，佛法無法融入自心？原因就是與聞法方式有關。我們即生中聽到大乘佛法，的的確確非常不容易，需要千百萬劫的積累資糧。若想這樣的佛法融入自心，就要創造各方面的因緣，否則，獲得的法益將非常微小。

聞法方式中，前面講了斷除三種過患、六種垢染，今天講斷除五種不持[69]。在學習的過程中，每個人要觀察自己具不具足這些過失。如果具足，現在開始一定要斷除，不然，你所聽的法起不到什麼作用。

丁三（五不持）分五：一、持文不持義；二、持義不持文；三、未領會而持；四、上下錯謬而持；五、顛倒而持。

戊一、持文不持義：

有些人聞法時一味地注重優美動聽的詞句，倘若詞藻華麗、文句雋永，用了很多成語、教證、對聯，他就喜歡。這種現象尤其在一些文憑比較高、寫作好一點的人身上經常出現，他們看一個文章或讀一部經論，首先看裡面的文筆好不好，文字搭配得如何。假如文筆不

---

[69]持，即為受持之義。

妙、用詞不恰當，就把法本扔到一旁，理都懶得理，根本不詳細觀察文字所表達的意義。

對我們而言，其實最需要的就是了解佛法的甚深奧義。學習佛法並不是培養作家，任你怎樣妙筆生花、扣人心弦，假如法本的意義非常空洞，對眾生也不可能有真實的利益。我們可以看得出來，前輩大德們的有些教言，文字上相當一般，但它所表達的內容直指人心，令人受益匪淺。如果只推敲詞句而忽略意義——「這裡的詩句朗朗上口，那裡的成語讓人拍案叫絕……」那麼就如同孩童採集鮮花一樣，只追求表面的愉悅，而不能獲得內心的收益。

這樣的毛病，喜好詩學和詞藻學的文人容易犯，愛鑽研因明的人也容易犯。包括現在有些佛教徒，天天念《金剛經》等經典、持阿彌陀佛等佛號，很注重念了多少遍，雖然這也有功德，但若意義一點都不懂，一說到理解意義，就搪塞道：「我是凡夫人，這種境界太遠了。」這往往會陷入「持文不持義」的狀態。憨山大師在《費閑歌》中也說過：「誦經容易解經難，口誦不解總是閑。」

因此，學習經論的過程中一定要注意，一本書如果內容殊勝，不必非要有華麗的詞句。華智仁波切寫這部《前行》時也說了，若以美妙的語言敘述，則不是傳承上師的教言，故而，他僅以淺顯易懂的文字進行詮釋。

藏地有些教言也講過：文字只是一種表達工具，法本的精髓在於意義，假如能用普通的語言表達意義，最優美的詞藻又有何用？

我們若過於地耽著文字、對詞句太重視，就會放棄甚深意義，如此一來，自相續無法得到真正受益。尤其是當今學術界的人，研究佛法往往偏重於空性、大悲的文字表面，卻不知文字只是指月的手指，倘若一味地執著，則無法領悟其究竟所指。所以，只懂詞句而不解意義沒有任何實義，雖然一方面需要文字，但過於耽著也不應理，這個分寸必須要掌握！

戊二、持義不持文：

有些人只重意義而不重詞句，認為文字結構只是泛泛空談、沒有加持，一切境界是通過意義證悟的，進而輕視詞句、偏重甚深的意義，這也是不合理的。

尤其藏地有些著重實修的道場，對聞思不太強調，對背誦經論也不太讚歎。還有漢地有些禪宗道場，成天把「不立文字，教外別傳，直指人心，見性成佛」掛在嘴上，認為不立文字就是最高境界。但實際上，禪宗的公案，禪宗所用的文字，一點也不亞於教下所用的文字，不少禪師都是依靠《妙法蓮華經》、《楞嚴經》、《金剛經》、《心經》等開悟的，這樣的歷史多得不可勝數。所以，文字這個工具必不可少。藏地有句俗話說：「意義的老人必須依靠詞句的拐杖，若沒有詞句的

拐杖，意義的老人寸步難行。」任何意義必須依靠詞句來表達，倘若沒有詞句的幫助，除了極個別大成就者，如布瑪莫扎、禪宗祖師，通過一種表示即可令弟子開悟外，一般人不可能理解真正的意義。

有些人認為自己有六祖的根基，不願意聞思，也不願意多年苦行，只看一部經典或者聽一句禪語，就想馬上豁然大悟。這有一定的困難。你的根基到底如何？——從早到晚相續中產生多少煩惱？不清淨的念頭生起多少？清淨的念頭又有多少？自己應該非常清楚。倘若沒有次第地聞思修行，即使你把自己看得再高，恐怕也只是自欺欺人。

要想證悟空性獲得解脫，不依文字相當困難。龍猛菩薩在《中論》中說過：「若不依俗諦，不得第一義，不得第一義，則不得涅槃。」勝義空性需要依世俗名言而證得，若不依世俗名言，則不能證得甚深空性，從而無法得到涅槃。因此，學習《前行》的過程中，大家也要依靠文字來通達它的意義。

這個竅訣對每個人來講十分關鍵，希望各位不要墮於一邊。有些人認為意義重要，對文字不屑一顧：「背誦幹什麼？喊破喉嚨也沒用。不要背不要背，只要觀心就可以，安住就可以。」這種大話我不讚歎，你連文字都不能通達，怎麼可能通達它的意義？還有一部分人認為文字重要，對經論的文筆津津樂道，卻從不思維其中

意義，這也是一種極端。（聽說有些高考的作文很空洞，只要詞句優美，就可以得滿分，根本不管內容如何，這也屬於「持文不持義」。）

我們作為佛教徒，必須要做到不墮兩邊，把文字與意義結合起來。其實這兩者牽涉到聞思和修行：聞思的過程中，文字不可缺少；修行的過程中，意義不得不關注。如果你聞思修行非常圓融，對文字和意義都會重視。所以，上師如意寶在弘揚佛法時，經常強調四眾弟子對文義要同時抓。有些人聽課時不看文字，一直閉著眼睛聽，那你再怎麼聰明，也不一定能把內容背下來，所以不管是什麼身分的人，不看文字的話，我都看不慣；有些人特別執著文字，對意義一點不在乎，但光靠文字也起不到作用，只有通達了意義，才能斷除煩惱，獲得開悟。因此，這兩者都非常重要，持義不持文不行，持文不持義也不行！

戊三、未領會而持：

對文字和意義都重視的前提下，還要受持佛經、論典以及上師教言的真實義，若沒有領會了義與不了義、秘密與意趣的各種說法，則容易誤解詞句和意義而違背正法。

大家都清楚，佛陀為調化不同根基的眾生，宣說了八萬四千法門，其中有些了義、有些不了義。了義和不了義的區別，我以前講過很多次，這裡不廣說，簡而言

大圓滿前行廣釋（一）附大圓滿前行實修法

之，了義就是符合實際真理的，比如第二轉法輪所宣講的空性，第三轉法輪所宣講的如來藏自性光明，都是了義法，任何理論也無法遮破。但在相續未成熟的眾生面前，佛陀暫時說「我」存在，就是不了義的。所以，若想對佛教有所認識，應當全面、完整、系統地學習，否則，斷章取義地把一段內容作為最究竟，就會出現很多看似矛盾的說法。

現在有些法師說，符合自己心理就是了義，不符合心理就是不了義。那這樣的話，世人對財物或人生貪心也成了義的了，因為與自己心理相符之故，但不能這樣解釋。了義和不了義的道理，我在此不具體分析。總之，明白了義和不了義、秘密和意趣之後，就會知道佛陀在經典中說，念某個佛號功德多大，念某個咒語功德多殊勝，其實都是有密意的。若欲詳細了知，《心性休息》第八品中講過四種秘密和四種意趣⑦，對此作了一一分析，懂得這些之後，就會知道佛經並不是像我們想像的，凡是佛陀親口所說，就把它當作最了義，不是這樣的。當然，這要通過長期聞思才能分清楚，很多人學習《解義慧劍》以後，在這方面就有進一步的認識。

因此，對佛教全面認識很重要。現在有些居士和法師，只是對文字上的道理比較明白，但意義了不了義，

---

⑦秘密有四種，即令入秘密、相秘密、對治秘密、轉變秘密。意趣有四種，即平等意趣、別義意趣、別時意趣、補特伽羅意樂意趣。

有時候不能通達。如果這樣的話，不管是為人講經還是自己理解，很容易出現一些偏差。古大德也說過：「依經解義，三世佛冤。離經一字，即同魔說。」倘若沒有長期聞思，即使你一直講經說法，實則與意義相差甚遠，這樣過失還是比較大。

打個比方說，《寶積經·因緣品》云：「父母為所殺，國王二所淨，境眷皆摧毀，彼人得清淨。」單看字面的意思，父親和母親應該被殺害，國王和大臣應該被消滅，眷屬和環境也要通通摧毀，如此這個人才能得到解脫。但實際上，佛陀的意思並非如此。「父母」是指行於輪迴中的愛取；「國王」是指各種習氣的所依——阿賴耶；「二所淨」是指婆羅門的壞聚見、沙門的戒禁取見；「境眷」是指內在的處、二取等八識聚；「皆摧毀」是指以上這些完全遣除，彼人則得清淨，即可成佛。

沒有通達了義和不了義的道理，只憑自己的分別念去理解，對佛經的究竟深義無法掌握，最終就會導致誤解叢生。因此，大家一定要廣聞博學，切莫望文生義，隨便宣講佛法的真理。

戊四、上下錯謬而持：

本來佛陀的教法層層遞進，如世間的小學、中學、大學，分別適應不同的根基，只有前面的學完了，才能步入後面內容，而不是小學一年級時就講大學三年級課程。佛陀的教育也是如此，不管學顯宗還是密宗、藏傳

佛教還是漢傳佛教，都要有次第，如果上下錯謬受持，顯然已違反了佛法的規律。

有些人對佛教的教義不通達，對佛法的層次不是很了解，總認為先嘗試最高境界是最殊勝的。尤其是現在很多學密宗的人，覺得修五十萬加行有點累，系統地聞思下來要花很長時間，於是不經過這一步，通過關係在上師那裡得個甚深灌頂，就直接聽最高的無上大圓滿，特別想馬上開悟。這是不現實的，如同冰上建築一樣，前面的基礎沒有打好，後面的境界很難以呈現。聖天論師在《攝行炬論》中言：「佛說此方便，如梯之漸次。」佛陀宣講的一切法，猶如階梯般循序漸進，非常有次第，若把這些次序上下顛倒，妄圖要一步登天，便違背了佛法的規律。

因此，大家一定要先修加行，再修正行。我認識的很多居士，有一部分人相當好，平時系統地聞思修行，打好基礎之後，再進一步聽受密法；有一部分人卻不是這樣，對長期學習看不慣，自己認為是利根者，開口閉口就是《六祖壇經》、《楞嚴經》以及密宗中的最高境界，什麼「一切無二無別」、「空性光明」、「自性明清」，平時不苦行、不磕大頭，跟別人說話也是：「你得過四灌頂沒有？」「這個教派的傳承我要接上，那個教派的傳承我要接上。」「我要修拙火定，馬上開悟。」說起來倒比較舒服，但根基可能很一般，對人身

難得等基本道理從來不想，對三寶不可思議的加持也沒有信心，這樣的話，高深境界不可能平白無故在你相續中紛至沓來。

假如你把次第搞錯了，一輩子的修行絕不會成功。就像世間教育一樣，如果不讀小學、中學，就直接攻讀大學，除非你根基很特殊，否則定會一事無成。現在有個別上師強調，直接安住就可以，直接觀本來清淨就可以，這種說法不太合理。雖然佛法沒有主人，誰想修都沒問題，我不可能強迫你不要修，可是沒有打好基礎的話，不管怎麼樣修，也不會與自相續相應。

非常希望大家還是要次第來，尤其是這次共修加行，除了特殊利根者以外，每個人都應該修。再過一段時間，我們這裡的法師要作個統計，看有沒有不需要修加行的？如果有，最好讓他到我這裡來考個試，雖然我自己沒有境界，但對密宗也好、禪宗也好，還是稍微了解一些。倘若他真不用修加行，那我可以簽字，我還要在他面前聽法。如果他確實有竅訣，我們也沒什麼嫉妒心，可以讓他灌個頂，給大家加持加持，他相續中的境界與我們分享。但若只是增上慢，根本沒有任何境界，那想解脫必須要次第修行。聽說有些道友認為自己修行很好，不用修加行，也不用聞思，這樣的話，我有幾種方法來考一考你，看你敢不敢來？——應該會來吧，既然你境界都那麼高了，有太大執著肯定不好！這次國內

大圓滿前行廣釋（一）附大圓滿前行實修法

外很多人一起修加行，我認識的一些政府官員，包括我的同學，也利用這個機會積極參與，這麼多人共修的話，功德肯定相當大。所以，若以傲慢心斷掉自己的佛緣，我覺得非常可惜。

總之，不論聞法、講法或修法，假如上下錯謬而受持，就會面臨矛盾重重的處境。比如，你連人身難得、壽命無常的觀念都沒有生起，每天揮霍時光很開心，那相續中會不會出現很高的境界呢？恐怕不會。以前境界高的一些大德和修行人，都是次第性地修學，哪裡有上師傳加行法，就願意到哪裡去聽受，縱然經歷千辛萬苦，也會先把加行修圓滿。一般來講，境界越高的人，對基礎法越不會輕視，反而覺得觀修人身難得、因果不虛非常重要。越是什麼境界都沒有的人，就越目空一切，覺得自己了不起，這完全是自欺欺人，那還不如不學佛，不學佛就不會有如此邪見了。所以，希望大家不要有傲慢心，應該按照上下次第來。

戊五、顛倒而持：

佛法的教義原本正確無謬、清淨無染，可有些人因智慧不夠、聞思不夠，把佛法錯解而顛倒受持。譬如，禪宗和中觀都講萬法皆空，他誤以為空性是什麼也沒有，就開始毀謗因果，排斥祈禱三寶，什麼善法都不做，最後邪分別念滋生蔓延，自相續因此而毀壞，甚至由此而成為佛法的敗類。

現在這種人比比皆是，對空性法門略有了解，就認為一切都不存在，肆無忌憚地為所欲為，最終造下各種惡業。以前法王在課堂上講過，有個老人聽過一點點空性法，就覺得什麼都空了，於是一邊殺山羊一邊念叨：「所殺的山羊你也沒有，能殺的我也不存在，我今天要把你殺掉。」同時還念觀音心咒。（他做得真的很矛盾，可能也害怕死後受苦吧！）這樣的話，佛法的教義已經被他顛倒受持了。

在座的法師和輔導員一定要注意，講經說法的時候，要對照高僧大德的注釋，看自己會不會講錯了。否則，字面上你會解釋，但意義並沒有通達，明明講錯了還不知道，則會令聽者誤入歧途。《出曜經》云：「愚誦千章，不解一句。智解一句，即解百義。」愚者雖然讀誦千章文字，但一句也不會解釋，而智者僅了解一句的意義，即可舉一反三，通達百種意義。比如說，有智慧的人即使只懂格言裡的一個偈頌、諸法無常或諸行皆苦的一個道理，人生的方向也已經全部掌握了。智者與愚者之間的差別，不是看嘴巴會不會說、對社會的貢獻大不大，關鍵要看佛法對自己一生的轉變和內心調伏煩惱是否起作用。

如今顛倒而持的現象相當多。有些道友聞思的過程中，認為對經義理解了，其實完全是誤解了。因此，法師們平時講考別人，一定要觀察他到底是誤解還是理

大圓滿前行廣釋（一）附大圓滿前行實修法

解。現在有些人從小世間文化的習氣非常重，到目前為止，還把世間道理認為是佛法教義。甚至在法師當中，這類現象也非常多，有些法師自認為講的是佛經內容，其實與佛經的教義根本不接近；有些法師認為通達了佛陀密意，自己講得非常不錯，可是與佛法根本沒有靠邊。所以，務必要杜絕這種過患。

總而言之，重視詞不重視義也不行，重視義不重視詞也不行，未領會而持也不行，上下錯亂也不行，誤解意義也不行，這五點非常關鍵。學習任何經文論典，必須先擺正自己的心態，有了正確的心態，才可以通達它的內容。還沒有正式學《前行》之前，大家若能依照華智仁波切的教言去做，無論是自己學習，還是以後給別人傳講，都非常有幫助。

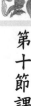

這並不是口頭上說一下、隨便聽一下就行了，而要對所有內容長期地串習，對法義通過詞句與意義上下毫不錯謬的正確途徑來受持。當遇到意義難解、內容繁多時，如學習《現觀莊嚴論》、《中觀根本慧論》、《中觀四百論》後幾品，一旦碰到詞句或意義上的難點，自己又百思不得其解時，不要認為無法掌握而就此放棄。前段時間學《智慧品》時，菩提學會許多人都倒下了，從第一品到第九品之前很順利，但到《智慧品》就啃不動了，好多人紛紛「犧牲」了。其實不能這樣輕易投降，即便你學世間文化知識，也不可能因不懂就退失，

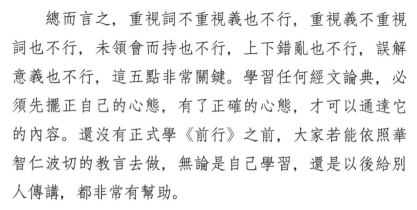

學習佛法更要以頑強的毅力堅持不懈地學習。有些詞義今天搞不懂，那明天繼續，明天還搞不懂，後天繼續……學院有些堪布的聞思修精神特別可嘉，對自己懸而未決的問題，兩三年中一直耿耿於懷，通過查閱很多經論，咨詢很多上師，鍥而不捨地直到把這個問題搞懂為止。受持佛法就要有這種精神，不能遇到一點點困難就放棄。《智慧品》第一次聽肯定不好懂，我剛開始學也很費勁，但只要堅持不斷地努力，慢慢就不會有什麼大問題了。同時，當遇到意義簡單、詞句鮮少之處，比如《佛子行》、《前行》，也不要認為法義淺顯而輕視，必須牢記不忘。

有些人遇到大法覺得高不可攀，不願意學；遇到小法又覺得太過簡單，也不願意學：「《佛子行》我早就看過，《入行論》我已經背過，再學一遍的話，簡直是多此一舉！」儘管論典的文字比較簡單，但真正付諸於實踐並非易如反掌，對修行人來講，這些教義乃至生生世世都要受持。如果你高不成、低不就，那最終什麼法也得不到。上師如意寶講《文殊大圓滿》時引用過藏地的一種說法：「大法，阿可⑦修不成；小法，阿可不願意修。最後臨死前，阿可一點法也沒有修！」這種情況相信很多人都會有。因此，不管大法還是小法，我們均要視如甘露來對待，任何法師宣講時，理當聚精會神地聽

---

⑦阿可：藏地對出家人的稱呼。

大圓滿前行廣釋（一）附大圓滿前行實修法

受。像華智仁波切那樣的大成就者，對前行法尚且聽了二十多次，我們這樣的根基也許要聽五十次、六十次才可以通達。

現在許多人有一種毛病：沒有聽過的法，要去聽一下，而以前聽過的法，就覺得不必再聽了。這是不正確的做法。過去有些大德經常發願，一生中看100遍《入行論》，或者看100遍《大圓滿前行》，因此無論是哪個善知識傳講，他都願意去聽。我們也要有這種精神，若能如此，什麼法對自相續都有利，所以不要對佛法有厭倦心。

綜上所述，我們在聞法的時候，要按照上下文正確無誤的相應關係，有條有理、一五一十地掌握一切詞義。

第十節課

第十一節課

本論分為聞法方式、所講之法兩個部分。「聞法方式」講的是發心和行為，「發心」講完了，現在正在講「行為」。此處的行為，除了涉及身體和語言，還包括內心的動機，所以是身語意的行為。

「行為」分為所斷之行為、應取之行為。「所斷之行為」包括三過、六垢、五不持，在聽法和修行的過程中，一定要把這些過患統統遣除，否則修行無法成功。今天開始講「應取之行為」。

內二（應取之行為）分三：一、依止四想，二、具足六度；三、依止其他威儀。

丁一、依止四想：

我們在求法的過程中，不能離開四想，如《華嚴經》云：「善男子，汝應於自己作病人想，於法作妙藥想，於善知識作明醫想，於精進修持作醫病想。」首先要把自己當作病人，無始以來被業和煩惱束縛著相續，所以是病入膏肓的患者；把佛法當作妙藥，依此可治癒自己的疾病；把求法對境——善知識當作醫術高明的醫生；自己精進修持當作治病。

《如意寶藏論》引用《十法經》的教證也講了求學過程中該怎麼樣想，闡述了不少這種思維方法。還有《竅訣寶藏論》講了依止善知識的六種想⑫，即作商主

大圓滿前行廣釋（一）附大圓滿前行實修法

想、船夫想、長官想、護送者想等。記得在《菩提道次第廣論》中，宗喀巴大師也講了六種想[73]，前四想與《華嚴經》的說法相同，後兩種想是「於如來所住善士想」、「於正法理起久住想」，也就是說：現在末法時代，雖然無緣親見佛陀，但佛法依靠善知識來傳講，遇到善知識跟遇到佛陀無有差別；正法教理要想久住世間，必須要如理講聞，不但自己毫無錯謬地受持佛法，還能帶動他人也如理受持，如此正法逐漸會住世興盛。

平時修學的時候，這樣觀想很重要。若能把上師看作醫生，或者其他經典說把上師看作佛陀，那麼他所講的教言對自己必定有利，業和煩惱的疾病也可予以遣除。否則，你認為自己遠遠超過上師，佛法並不是很珍貴，自己沒有業和煩惱的病，精進修持只是一種形象而已，這四想完全顛倒了，那縱然活生生的佛陀出現在你面前，他的教言對你也無濟於事。

所以，學習佛法的時候，擺正心態非常重要。就像世間人學文化知識，也要對老師很恭敬，尊重老師所講的知識，自己處於謙卑的位置，對知識以渴求心精勤學習，這是起碼的態度。否則，你對老師不恭敬，對老師

---

[72]《竅訣寶藏論》云：「理當依止上師之六法：平常疾病尚需依醫生，除輪迴疾理當依上師；恐懼險地尚需依送者，救脫中陰理當依上師；商議大事尚需依長輩，永久計劃理當依上師；爭論訴訟尚需依長官，為滅惡緣理當依上師；船客赴岸尚需依船夫，渡過苦海理當依上師；商人赴海尚需依商主，成就菩提理當依上師。」

[73] 六種想：1）於己作病者想；2）於師作良醫想；3）於教誡作良藥想；4）於殷重修起療病想；5）於如來所住善士想；6）於正法理起久住想。

講的知識一律排斥，就算考上清華大學，在那裡學習多年，最後畢業時，相續也不會有任何改變。因此，若想將高僧大德的教言融入於心，一定要有正確態度。

什麼樣的正確態度呢？首先要明白，我們無始以來沉淪在輪迴大苦海中，相當於是遭受因三毒⑭、果三苦⑮所折磨的病人。三界中任何一個眾生，都有貪嗔癡等八萬四千煩惱的病因，並不斷遭受三苦逼迫。有些人認為自己福報大，不會有這些痛苦。實際上若了解到輪迴狀況，就會知道即使你再快樂，也無法避免這些痛苦，唯有證得佛法的境界，才會享受世間和出世間的大樂。輪迴中的一切快樂，只不過是以苦為樂，然而世人顛倒地認為，具有貪嗔癡非常正常，沒有貪嗔癡會很痛苦。比如，一個年輕人不願意結婚，想好好地修持佛法，當地人就會把他看作怪物，覺得他不是心理有問題，就是生理有問題，根本不知在煩惱的驅使下，自己所作所為才是真正的瘋狂者。所以諸大德說，我們這個世界是瘋狂的世界，愚癡顛倒的黑暗籠罩著心靈虛空，智慧和慈悲的光芒始終散發不出來。

因此，大家先要意識到自己是個病人，而且病情非常嚴重。就像得了麻瘋病、肺結核的人，要想脫離身體的病苦而得到安樂，就要八方奔走、四方求醫，依止一

---

⑭因三毒：貪心、嗔心、癡心。
⑮果三苦：苦苦、變苦、行苦。

197

位有臨床經驗、有智慧、有慈悲的明醫，並謹遵醫囑按時按量地服藥。有時候我去上海、北京、成都等地的大醫院，看見成千上萬的病人來來往往，有些是年輕的，有些是年老的，有些是孩童，每個人有不同的疾病，為了擺脫病苦的纏縛，他們到處打聽醫德最好、醫術最高的明醫，找到之後很聽話地接受治療。同樣，我們這些眾生無始以來被業和煩惱的重病所折磨，必須要依止一位如明醫般具足法相的上師，通過三喜⑦來承侍上師，百分之百地依師教言奉行，服用正法妙藥，只有這樣才能消除業惑苦難的疾病。

　　這一點大家要經常發願，有生之年若有機會依止上師，一定要盡心盡力令師歡喜，對上師所講的妙法如理行持。就大多數上師而言，是通過宣講顯密正法令弟子的相續得以調伏。當然也有極個別上師，像那若巴、米拉日巴的傳記中所說，以不同的方便方法攝持弟子，此時弟子要以清淨心來依止。華智仁波切講過：「倘若以清淨心把上師觀作佛陀，一心一意地依止承侍，那麼，成就和解脫輕而易舉即可獲得。」

　　依止的過程中，凡夫人的分別念各種各樣，但如果上師是了不起的大成就者、大菩薩，即使有些行為表面

---

⑦華智仁波切在《前行》後面說：「上等承侍為修行供養，也就是以堅韌不拔的精神，歷經苦行孜孜不倦地實地修持上師所傳的一切正法；中等者以身語意承侍，也就是自己的身語意侍奉上師，為上師服務；下等者以財物供養，也就是慷慨供養飲食受用等等。我們要通過以上三種方式令上師歡喜。」

上無法讓人接受，只要弟子聽話，把上師說的話當作教言，也絕對可以成辦一切所欲。以前我看過圖根巴（圖根·阿旺秋吉嘉措）的一個傳記，裡面講到：圖根巴剛開始求學的過程中，生活很貧寒，每日三餐不濟，吃飯都成問題。為了緩解這種局面，他決定修一下黃財神法，就請旁邊的銅匠鑄了一尊黃財神像。鑄好的那天，他捧著銅像高高興興地到上師——章嘉國師那裡去。

　　章嘉國師當時很有名，他好不容易才見到，見到之後，他把銅像放在上師面前，恭恭敬敬在上師足下頂禮，祈請賜予開光加持。沒想到，上師還沒來得及開光，上師的小狗就跑了過來，對著銅像開始撒尿。見此情景，圖根巴覺得銅像被弄髒了，緣起也破壞了，很討厭這個小狗。上師說：「我的小狗不一般，不用我來開光了，小狗已經給你開光了。」儘管圖根巴有點執著，但不得不觀清淨心，把黃財神像帶回去，供在佛台上，精進修了一段時間。後來他整個生活有很大改變，可以說財源滾滾，並終成為一代大師。據有些歷史記載，他也是康熙皇帝的國師。他經常在教言中強調：「上師說什麼都是金剛語，有不共的緣起和加持！」

　　所以，上師如果是大成就者，他所講的話都有密意，有不共的緣起，依照他的教言去實地行持，肯定能獲得相應的成就。世間也有一些醫生，開的藥方雖然很怪，看起來不會對病有利，但吃了以後卻真正起作用，

大圓滿前行廣釋（一）附大圓滿前行實修法

包括藏醫、中醫有許多奇妙的緣起。當然，在醫學界中，也有對醫學一竅不通的假醫生，而在佛教界中，同樣有為種種目的打著成就者旗號的假上師，他們的行為並不是為了弟子解脫，而是為了自己獲得名聲地位等世間利益。因此，大家要擦亮智慧的雙眼，明辨具相善知識與非具相魔知識之間的差別，如理如法抉擇之後，就像病人依止明醫般依止具相上師，這樣才能斷除煩惱疾病。

反過來說，假如你多年依止上師，卻沒有依教奉行，就如同病人不遵醫囑去吃藥打針，醫生無濟於事一樣，上師也無法利益你。誠如寂天論師所言：「若不遵醫囑，病患何能愈？」沒有按照醫生的囑咐去治療，疾病怎麼會好呢？所以依止上師的過程中，上師讓你修什麼法，你就應該這樣修。不然，上師讓你看中觀，你非要看因明；上師讓你修五加行，你非要觀托嘎；上師讓你學修心竅訣，你非要看中陰法門……上師說一個、你做另一個，這樣的話，就像醫生給你開藥方，你偏不用，非要自己開一樣，恐怕疾病無法治癒。

此處所講的「四想」，以及如何依止善知識，大家一定要分析。這次講《大圓滿前行》，跟以前的進度相比，每天講的內容很少，但通過這個機會，我自己可以好好看一遍，希望你們也對這些內容反覆思維。《大圓滿前行》雖然表面上簡單，但字裡行間卻隱藏了很多高深莫測的竅訣，若能挖掘出來，並貫穿於實際行動中，

肯定有非常大的利益。所以我們也不趕時間，每節課能講多少算多少，有時候我覺得自己有點囉唆，不過常給大家提醒的話，大家也會有一些不同的感覺。

我始終覺得《大圓滿前行》對一個人畢生修行的改變非常非常大。很多人說《入菩薩行論》對自己的轉變很大，但我個人認為，《大圓滿前行》遠遠超過《入菩薩行論》。雖然我學得很不好，很差、很慚愧，在你們面前這樣說，真的非常不如理。但自己一生所學的法中，對《大圓滿前行》的信心非常非常大。在傳講的過程中，雖然前前後後有重複的，也有矛盾的、上下不連貫的，不管怎麼樣，我對這個法有一種特殊感情，這次想通過語言把它表達出來。大家也要對華智仁波切的金剛語再三琢磨，看自己是怎麼樣接受的。不說其他內容，光是今天講的「四想」，若認認真真思維並行持的話，一生修行的大致方向也已經搞定了。

如果沒有實地修持良藥般的妙法，那就像一位病人的枕邊雖有不可計數的妙藥和藥方，但不曾服藥也會於病無補。《勸發勝心經》云：「吾已說妙法，汝聞不修行，患者不用藥，吾亦無法救。」佛陀說，我已給你宣講了妙法，假如你不願修行，就像一個患者病得非常嚴重卻不想服藥，那再好的醫生也無計可施。醫生除了開藥治療，不可能用其他方法消除疾病，因為他精通醫理，知道你身體的病是怎麼來的，也知道身體的病該怎

麼祛除，所以我們要聽醫生的。

　　不過，對現在人來講，身體不健康的話，大多數會聽醫生的，但心理不健康的話，聽上師的並不是很多。許多人喜歡自作主張，其實，你在佛法大海中暢遊的時間並不長，雖然了解一點點道理，但與上師比起來，恐怕差得比較遠。因此，大家不應該對上師指手畫腳，也沒必要跟上師討價還價，上師只要具足法相，肯定會考慮你的修行大計，上師怎麼說你就怎麼行持，修行才有成功的把握。否則，你總憑自己的感覺、自己的分別念，認為「上師說得不對，我適合修那個法」，自己把自己的根基定下來，那你不要依止上師了。就像一個病人，醫生給你開了藥方，但你覺得「這肯定不對，我要開那個藥」，那你不要依止這個醫生了，去依止別的醫生好一點。

　　其實，學習佛法的道場就像是一個醫院，我們學院也是個「大醫院」，這裡有大大小小的醫生、護士，還有專家門診。來自各地的心理疾病患者，應該遵照醫生的診斷和囑咐，這對自己比較有利。我們這裡的法師，我並不認為都是大成就者，是幾地幾地的菩薩，但起碼具有法相、通達佛教基本道理，就像醫院裡有一百個醫生，這些醫生必須要有資格證書，否則，不可能幫助那麼多人。現在的佛教道場特別需要良醫般的法師，一個城市的心理疾病患者有千千萬萬，比身體疾病患者更多，但真正治療他們的醫生有多少？大家也可以看得出

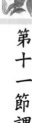

第十一節課

來。因此，一旦遇到良醫般的上師，我們應該長期地服藥。就像噶當派大德所說，三界眾生是長期的患者，服一兩次藥猶如杯水車薪，絕對起不到作用。

　　有些人想得很簡單：「我已得了甚深灌頂，求法也有一個多月了，為什麼還沒有證悟？為什麼還會產生煩惱？」「我已經剃度三年了，怎麼還有貪心啊？上師，我是不是修得有毛病？」並不是這樣。我們的煩惱根深蒂固，在輪迴中串習了無數時日，修法的時間與串習煩惱的時間相比，簡直不可同日而語。就像臥床多年的患者，他去醫院打一個針、吃一個去痛片，能不能馬上治好呢？肯定不行。我有時候身體不好，醫生說．「不行不行，打一次針肯定不行。上午打一次，中午打一次，下午打一次，還要給您輸液，可不可以啊？」我也相信他們的說法，畢竟藥多多地進入身體，身體的病就會好。同樣，佛法的妙藥多多地進入心田，你的心理疾病才有康復的機會。否則，現在有些人把佛法當作萬靈藥，聽一兩堂課就想煩惱全部解決，或者在上師面前得個灌頂，用書函加持加持，就想馬上開悟，進上師屋子時是凡夫人，出門就是一地菩薩了，想得特別美，這是不可能的。若沒有長期飲用佛教甘露，不一定很快就能解脫，所以自己得到的法要經常修行，華智仁波切說過：「如果沒有修行，臨死時法本有什麼用？」

　　當今時代許多人認為：「只要祈求上師以大悲觀

照，我不修行也大有希望。上師，我一切都拜託您了，您往生極樂世界時，千萬不要忘了我，如果不帶我一起去，說明您沒有良心！」好像跟上師「簽合同」一樣，上師什麼時候到阿彌陀佛那裡，自己也要跟著去，對往生似乎很有把握：「我上師是個大成就者，上師已經答應了，我肯定會往生極樂世界。即使我隨便殺盜淫妄，也不會有什麼果報，因為我上師非常了不起！」認為上師是萬能的，就算自己累積了許許多多惡業也不需要感受果報，而僅以上師的悲心力，就能像拋石頭一樣將自己投到清淨剎土。

這種想法並不合理。具有法相的上師雖然有慈悲心，但僅以上師的慈悲心讓你解脫，也有一定的困難。在三千大千世界中，佛陀的智慧、慈悲、能力最大，對眾生猶如獨子般慈愛，可是佛陀在世的時候，不信佛教的眾生那麼多，佛陀即使悲憫他們，也不可能將他們全部扔到清淨剎土，所以很多事情並不是像你想得那麼簡單。以前有一個教證說，眾生的罪業不是用水洗掉的，眾生的痛苦不是用佛陀的手遣除的，佛陀的智慧也不可能轉移到眾生相續中，那麼佛陀唯一的辦法，就是給眾生宣說清淨、寂滅之法，以令其通達因果取捨的道理，如此才有解脫的希望⑦。

---

⑦ 佛陀云：「諸佛無法水沖罪，眾苦親手亦不除，自之證悟非移他，說寂法性令解脫。」

《現觀莊嚴論》剛開頭頂禮般若是四聖之因時，宣說了佛陀成就的目的，就是通過轉法輪來利益眾生㊆，除此之外，不可能把他們一個個拽到極樂世界。《現觀莊嚴論》最後一品所講的佛陀事業，也是通過傳法，令一部分人獲得道的所依，一部分人獲得道，一部分通過道而成就果，佛的三種事業都與講經說法有關。因此，佛陀度化眾生的唯一方法就是轉法輪。

上師也是同樣如此。雖然你對上師有依賴心、信心是很好，畢竟病人若對醫生一點都不恭敬，醫生開的藥不會對你有利，但自己不吃藥、不打針，完全依靠醫生也不行。如果醫生脾氣不好，會把你趕出去：「不吃藥的話，我有什麼辦法？我唯一的辦法就是給你藥，你吃了才能好，否則，待在我身邊也沒有用。」然而，有些人對上師的信心可能太大了，認為：「上師隨時在加持我，我錢包不用好好保管，肯定不會丟，上師會加持的！」那也不一定，上師自己的錢包都經常丟、經常被偷（眾笑）——所以，不能把上師看作這方面的加持來源。

上師的慈悲雖然是有，但哪些方面才叫上師的慈悲，一定要觀察好。我經常想，法王如意寶等大德真的很慈悲，引導什麼都不懂的我們趨入佛教真理，把我們從輪迴深淵中救出來，一想起這些，覺得上師的悲心遠

大圓滿前行廣釋（一）附大圓滿前行實修法

㊆《現觀莊嚴論》云：「諸佛由具種相智，宣此種種眾相法，具為聲緣菩薩佛，四聖眾母我敬禮。」

遠超過父母。父母對我們雖好，但除了教走路、吃飯、穿衣等基本常識外，怎樣讓我們擺脫輪迴的漫長痛苦，他們從來沒有想過。可是上師以慈悲攝受我們，宣講甚深教言及取捨教理，所開示的解脫聖道完全符合如來教言——噶當派的教言說，符合佛的語言是正法，不符合佛的教言就是非法。觀察上師是否具有慈悲，要看他所講的法是否與經論吻合，如果不相一致，則可能懷有私人目的，但若依照佛陀的意趣傳授佛法，這就是上師的慈悲，除此之外再沒有更殊勝的大悲心了。現在很多人認為，上師傳授殊勝佛法不算是慈悲，如果經常給自己打打電話，帶自己一起朝神山，跟自己吃一頓飯，才是慈悲。這些人對慈悲的定義值得觀察。

第十一節課

弟子依止上師的過程中，假如上師從不宣講佛法的真理，整天讓弟子給他做事，除非他是馬爾巴那樣的大成就者，否則，弟子很難有開悟的機會。一般來講，弟子依止上師時，作為上師，要通過傳法來饒益他，並不是給他打電話、給他一點錢、他心情不好時安慰安慰就夠了。而作為弟子，要將上師所講的法記在心裡，記住之後永遠去行持。上師不可能講一個法，就像盯小孩子做作業一樣，在你身邊看你記住了沒有，天天督促你、跟著你，這是不現實的。任何一個善知識，在年輕時、中年時，給有緣弟子傳授相關的教言之後，也許就會前往其他剎土，或者以不同的緣分去往他方。在我人生的

經歷中，很多善知識的確是這樣，有些已前往清淨剎土，有些雖沒有前往清淨剎土，但不可能永遠和我們在一起。就像一個人讀書時，小學讀完以後，小學老師不會一直跟著你，中學讀完了以後，中學老師也不會一直跟著你，除了福報大的個別弟子以外，一般人不可能有機會永遠依止上師。因此，現在上師宣講佛法時，大家務必要銘記於心，並且始終行持這些法要。

當然，依靠上師的大悲心，到底能否趣入解脫道，關鍵還是靠自己。俗話說：「師父領進門，修行在個人。」佛陀也對弟子講過：「吾為汝說解脫之方便，當知解脫依賴於自己。」佛陀也只有這個辦法——為如海般的眷屬宣講四諦法，根基好的弟子依照佛陀教言去做，最後就能獲得成就；有些並沒有如理地行持，反而對佛陀生邪見，最終會墮入三惡趣。如今我們有幸獲得如意寶般的暇滿人身，並依靠上師諸佛加持，不敢說完全精通浩如煙海的大經大論，但已知曉取捨的要點，明白善有善報惡有惡報、依止善知識、輪迴痛苦、皈依和菩提心的重要性等基本法要，所以自由自在的此時此刻，是計劃永遠快樂或永遠痛苦的警戒線，也是下墮深淵或上升天堂的交界點。

大家有因緣聽受佛教的道理，前途是光明還是黑暗，完全取決於自己。有些人在這方面比較明智，昨天有一個道友，她放棄海外留學的一切，到學院要馬上出

家。本來，想在學院出家的人，必須經過四個月觀察，但她的心特別切，說永遠的解脫或永遠的痛苦由現在決定，現在不出家的話，其他事情沒有意義，所以一定要出家。後來我觀察了半天，她說的話也有道理，既然她把親人、工作、國外深造都放下了，有時候也不得不特殊開許。

每個人的想法各不相同，有些人想得開、放得下，有些人也不一定，但不管怎麼樣，大家要知道現在是最關鍵的時候。就像大學畢業填表時，去什麼樣的單位完全由自己選擇，同樣，我們獲得了人身，聽到了佛法，有這麼難得的因緣，以後的命運也是由自己決定：若行持善法，會趣入善趣、往生極樂；為非作歹、不斷作惡則會下墮惡趣，飽嘗無量痛苦。所以依止具相上師之後，要不折不扣地遵照上師教言踏踏實實修行，從而徹底分清輪迴和涅槃的界限，這一點非常重要！

遺憾的是，現在有些人依止上師時，就像偵探一樣，今天到這個道場聽聽課，明天到那個道場聽聽課，東一個、西一個，依止的上師太多了，最後自己也找不到方向。我個人而言，多年的修學經驗歸納起來，就是先要尋找具有利他大悲心的上師，然後應該長期依止，不要三心二意。有些人今天依止一個上師，上師說《地藏經》非常好，他就念幾天《地藏經》；再過一段時間，到東邊去找一個上師，上師說《金剛經》很殊勝，

他又開始念《金剛經》；沒有什麼感應後，去依止藏地的一個上師，上師要求修大威德，他又修了兩三天。這種人一生中修了很多很多法，拋棄一個上師又依止一個上師，拋棄一個上師又依止一個上師……最終自己一事無成。所以，佛經和論典中都強調，依止善知識之前要觀察，觀察好了以後，依止的時間越長越好。我依止法王如意寶的過程中，這附近也有很多了不起的善知識，我對他們沒有任何邪見，但覺得自己修的法已經足夠了，關鍵是看能不能修，就沒有再去依止其他大德。

若長期遵照上師教言修行，根本不會墮入惡趣。《別譯雜阿含經》云：「長夜修善，若墮惡趣，受惡報者，無有是處。」如果我們長期修持善法，墮入三惡趣或感受惡報是絕不可能的。當然，作為凡夫人，做善事的力量比較弱，但只要盡心盡力，也能起到一些作用。比如，你從早到晚偶爾生起惡念、分別念、煩惱，但大多數時間若用來聞思修，一生是這樣度過的，那解脫就會有一定把握。我們這裡有些出家人，覺得自己每天產生惡分別念，擔心以後會不會墮落？其實你又沒有天天殺生、偷東西、做壞事，而是在守居士戒或出家戒，竭盡所能地念咒語，這個果報是無欺的，肯定會獲得解脫。

依靠上師三寶的加持，大家現在擁有修法的機會，應當經常默默發願：在短暫的人生中，千萬不要改變，不能做誹謗佛法、違背佛法的事。發願的力量非常強

大圓滿前行廣釋（一）附大圓滿前行實修法

大，我們遇到這麼好的佛法和上師，雖不敢說證得極高的境界，但若這樣度過自己的一生，也會很心安快樂！

第十一節課

第十二節課

　　這個前行法，每個修行人都要引起重視，沒有修好的話，修持正行會舉步維艱。此法文字上比較簡單，但意義上還是有一定難度，大家務必要結合自相續實修，只有把前行修好了，整個修行次第才不會混亂，煩惱通過這種方式斷除也是最有效、最有力的。現在末法時代，許多人修行不按照次第和傳承上師要求，以至於出現違緣或沒有感應就半途而廢，對佛法和上師退失信心，甚至生起邪見，這樣的現象比比皆是。我們每個人希求解脫道非常不容易，因此，務必要依照傳承上師的竅訣來要求自己，這是極為重要的！

　　昨天說在修學過程中，要經常思維「四想」，尤其是把上師作明醫想、自己作病人想。上師令你解脫的唯一辦法就是傳授佛法，你若遵照上師教言實地行持，必定可以得償所願。就像一個病人，若想重病得以痊癒，必須謹遵醫囑服藥，如果不依賴醫生，或者只依賴醫生卻不吃藥，病情則無法好轉。而作為醫生，醫術再高明但不給藥的話，恐怕也不能治癒疾患。因此，這二者之間的緣起，大家一定要了解。

　　現在有些人太極端了：要麼不需要上師，想完全依靠自己的智慧通達萬法，這是非常困難的，歷史上除了極個別利根者以外，一般人絕對做不到；要麼又過於地

大圓滿前行廣釋（一）附大圓滿前行實修法

依賴上師，自己不願意修行，把所有希望寄託在上師身上，一切都交給上師了，那上師再是了不起的大成就者，相續中的證悟也無法遷移到你心中。正如我昨天所說，三世諸佛的大慈大悲不可思議，不要說諸佛，觀世音菩薩的大悲也極為強烈，若能將眾生的疾苦完全遣除，又豈會眼睜睜地看著他們墮落？

這個問題，通過學習才能了知，並不是像有些邪見者認為的：要麼上師能救度一切，自己不需要任何勤作；要麼上師什麼能力都沒有。這兩者都不是。若了解醫生和病人之間的緣起，很多人便不會落入極端。你一點都不吃藥，完全依靠醫生讓自己痊癒，有沒有這種可能呢？稍微懂醫學的人都明白，這是絕不可能的。因此，有些極端邪說一定要制止。

如今，藏傳佛教這種現象比較嚴重，許多貌似信心強烈的弟子聲稱：「我上師是非常了不起的大活佛，我造什麼罪業也沒關係，上師答應過我，臨死時會來接我往生。」有些顯現上不太精通經論的上師，也給某些弟子承諾：「沒事沒事，只要你臨死時想著我，我就會來接你，你怎樣造罪都沒問題。」這種說法不符合實際道理。你們以後有機緣攝受弟子，千萬不要想什麼就說什麼。真正觸犯嚴重法律的人，他不得不受法律制裁，即便是中央領導的至親，也沒辦法救護。世間的因果規律，任何人都無法超越，因此，依止上師時要懂得這些道理。

前面講了，現在是計劃永遠快樂或永遠痛苦的分水嶺，若不折不扣地遵照上師教言去修行，就會徹底分清輪迴和涅槃的界限。所以，我們真正有希望的，就是活著的時候，若依止善知識聽受竅訣，並且實地修持，即是解脫的唯一途徑。

否則，藏地有許多經懺師⑲，進行超度時，聚在亡人的枕邊念《聞解脫》儀軌，其中有一句是：「上去下去之關鍵，如馬隨轡頭所轉。」「上去」指往生人天善趣或清淨剎土。「下去」指墮入三惡趣中。就像一匹馬被轡頭所牽引，騎馬的人不管想到哪裡，拉一下手中的繩子，就可以讓馬沿著所想的方向去，同樣，亡人剛死時也像隨轡頭所轉的馬一樣，是上去或下去的關鍵。華智仁波切那個時代，經懺師在超度亡人時，一般都用這種方法。

然而事實上，臨終並不是上去下去的關鍵，真正關鍵的是自己活著的時候。如來芽尊者和華智仁波切在不同教言中說：「到了中陰時，像我這樣的人，只依靠簡單的念誦很難轉移，因此生前修行非常重要。」到了那時，除非是前世修道的高僧大德，在法性中陰可以獲得解脫。縱然沒有解脫，轉世中陰的時候，依靠上師或道

---

⑲經懺師：對念誦非常精通，有些修證比較高，有些也不一定。他們經常去別人家裡，給亡人念七七四十九天的《聞解脫經》、《極樂願文》等作超度；或者給活人念《長壽大修法》等進行加持。在藏地，這種現象比較普遍。

大圓滿前行廣釋（一）附大圓滿前行實修法

友在耳邊的指點：想入胎的話，將心識觀為吽（）字或舍（）字等；想解脫的話，將心識觀想為舍（）字，融入阿彌陀佛，阿彌陀佛前往極樂世界，密宗中有許多這樣的修法。亡人外氣已斷而內氣未斷，或者內氣已斷而於四十九天內每天對他直指，他就有轉移的機會，即使業力深重而前往下道，通過上師強制性的破瓦法，極個別有緣者也會轉入善趣，甚至獲得解脫。

第十二節課

不過，對大多數亡人來講，依靠簡單念誦而轉移非常困難。由於生前沒有修持善法，離開世間的時候，背後為殺盜淫妄等業力的狂風所驅逐，前面有陰森可怕的黑暗和恐怖的呼叫聲相迎接，就這樣獨自一人進入中陰狹長險道。倘若以前殺生、造惡業非常嚴重，牛頭馬面等閻羅獄卒會手裡拿著種種兵器，口中喊著「殺殺、打打」，窮追不捨地錘打你、殺害你。有些大德在教言中說，尤其是惡業比較深重的人，在斷氣的當下，地獄境象會馬上現前。那時面臨不可思議的業力顯現，想逃也逃不出去，想躲也無處可躲，想求庇護也找不到怙主，處在這般無可奈何、無所適從的時刻，就像落葉一樣身不由己地隨風飄蕩，又怎麼會是上去下去的關鍵呢？

既然如此，那麼是不是《聞解脫》說得不對呢？並不是這樣。對某些眾生來講，通過那種念誦也會有幫助，直指之後可以獲得解脫。但對大多數人而言，活著的時候更為重要。有些人經常講：「我現在沒辦法行持

214

善法，死後希望您給我好好超度。」包括有些道友的父母，對自己孩子出家抱有極大希望：「你作為出家人，我死時一定要好好超度我。」「你是學佛的，我死的時候，只要你給我念佛就可以了。」其實，超度雖然有功德，可是最關鍵的，是你現在活著時行持善法，自己若擁有珍貴的善根，這是誰也搶不了、奪不走的。

前段時間，我回家鄉建了個藏族居士林，那裡大概有一百多人，我就跟他們說：「你們現在已經老了，家裡很多事情基本上沒有權利了，人生也到了最後階段。如今你活著的時候，若不好好修學佛法，那死了以後，家人給你念四十九天經，然後把屍體送去尸陀林或殯儀館，雖然也有一定功德，但遠遠不能跟你自己行持的功德相比。哪怕你一天聽一堂課，或者磕頭、念佛、供燈，親自做的善根也遠遠超過那些。」

所以，不要把所有希望寄託在上師超度上，也不要指望上師無所不能，自己什麼都不用做，依靠上師就可以。這種想法確實不對。現在有些偏僻的地方，對佛教並不是特別了解，很多人認為什麼樣的惡業都可以造，死後請上師念經超度一下就萬事大吉了。但這有一定的難度。就像一個人最好不要犯法，一旦他觸犯了法律，被關進監獄，想托關係找人把他放出來，還是相當不容易的。

鄔金蓮花生大士也說：「靈牌之上灌頂時已遲，靈

大圓滿前行廣釋（一）附大圓滿前行實修法

魂漂泊中陰如愚狗，憶念善趣彼者有困難。」什麼是「靈牌之上灌頂」呢？依藏地的習俗，人死後不管哪一家，在四十九天的過程中，都會請上師或僧人在屍體枕邊念經超度，此時必須準備一個靈牌，把亡者的樣貌畫出來[80]，並將其靈魂勾召在上面，以作為每天《聞解脫》灌頂的所依。靈牌是這樣的：在一張紙上畫一幅像，男人就畫男像，女人就畫女像。由於各地的習俗不同，畫像的風格也迥然有異，但一般而言，是畫亡人在傘蓋下蹲著，雙手合掌。靈牌畫好以後，上面做些傘蓋、花鬘等，簡單裝飾一下，還要掛上亡人生前特別執著、最珍貴的東西，比如富人會掛珍珠珊瑚，窮人則掛自己的念珠。（我今天該拿一個來的，我那邊應該有。）

這種現象十分普遍，蓮師許多伏藏中也有如此要求。一般來講，藏地人死了以後，條件如果允許，四十九天中會不斷地念《聞解脫》；條件若不太允許，起碼也要在一個七或兩個七內給亡人念。念完了以後，把這個靈牌及上面掛的珍貴飾物，一併交給亡人最有信心的上師，請他來處理。你們也清楚，法王如意寶在世時，各地亡人的靈牌全部送到上師手裡，非常非常多，上師在每月15號或30號，就讓僧眾念經一起處理。

其實按理來講，通過上師加持或僧人念經使亡人獲得解脫，這種情況相當常見。當然，在這裡，是為了強

[80]現在把亡者照片貼在上面也可以。

調上去下去的關鍵就是活著的時候，所以蓮花生大士說，如果人死了以後再給他作靈牌灌頂，已經來不及了。因為此時的靈魂漂泊在中陰狹道中，就像愚笨的狗一樣不聽話，任憑經懺師怎麼樣勾招，也喚不回來，唯有隨業力四處遊蕩，無法憶念善趣、前往清淨剎土。

我們生前若依靠偶爾的因緣認識中陰法，實際上功德不可思議。藏地有一個家喻戶曉的故事說：從前在藏地有個非常富裕的人，他家附近住著一位老太太，老太太跟他們關係很不錯。後來富人家的丈夫過世了，他妻子特別傷心，便派人把消息告訴老太太。這位老太太雖然學佛也行持善法，但住的地方比較偏僻，故對密宗的壇城、本尊不太熟悉，為了安慰富人的妻子，她就到那家去幫忙處理事情，做一些施食等。

富人家請了許多喇嘛給亡者念四十九天的《聞解脫》，在佛堂上掛了文武百尊的唐卡。老太太這輩子從沒有見過，就以非常希奇的眼神看著它。當時在場有一個喇嘛，她便問那個喇嘛這是什麼，喇嘛對她說：「這些是人臨終時會顯現出來的本尊。」老太太心中充滿了懷疑，說道：「真的嗎？奇怪啊，人死時怎麼會有這些東西顯現出來？」她不太承認這種現象，但也起了一些信心，就這樣回到家。

再過三年，老太太離開了人間。她的子女非常傷心，也請許多喇嘛給她念了四十九天的經。念滿四十九

大圓滿前行廣釋（一）附大圓滿前行實修法

天之後，要把靈牌交給一位很有名的上師，於是老太太的一個兒子前往拉薩，準備把靈牌還有珠寶、念珠等交給噶瑪巴。

　　到了噶瑪巴那裡，由於參見的人太多了，所以前兩天都沒有輪到他，一直到了第三天才見到。那時噶瑪巴在花園裡坐在椅子上，他將帶來的金銀財寶供養噶瑪巴，並將母親的靈牌交給他，然後說：「我的母親已去世，請您務必要引領她得到解脫，請您一定要答應我！」

　　噶瑪巴說：「這個我沒辦法答應。眾生隨自己的業力而轉，我沒有這麼大能力。」

　　兒子說：「那麼請您告訴我，我母親現在投生到哪裡了？」

　　噶瑪巴說：「我怎麼知道？我又沒有神通，什麼也看不到。」

　　兒子說：「不行，不行！您一定要告訴我，我母親到底投生到什麼地方去了？請您一定要引領她、加持她，讓她能解脫到佛的淨土。」

　　噶瑪巴回答：「我沒有這樣的能力，也沒有這樣的神通。」

　　兒子堅持道：「您一定有的！您一定具有這樣的能力，您一定具有這樣的神通！」他抱住噶瑪巴的腳，熱切地請求：「您一定要答應我！不答應的話，我就不放

開！」然後一直哭個不停。（那人可能對母親很有感情。藏地這種現象非常多，一方面對亡人的感情很深，一方面對上師的信心很大，就一定要讓上師答應。）

最後噶瑪巴說：「唉，你母親已經往生淨土好幾個禮拜了。」

這時兒子不相信，反過來說：「您一定說謊，我母親一生不懂修行，也沒有持咒念佛，她怎麼可能解脫呢？都是因為我抱著您的腳不放，您才這樣講的，對不對？」

噶瑪巴說：「不是的。你們那個地方三年前不是有人過世嗎？你母親去安慰他們時，在壇城中剛好看到文武本尊的法相。當時有一位出家人，告訴她這是死亡時會顯現的本尊。所以你母親死後看到這些本尊，馬上認出來而當下解脫了。你不信的話，回去問那位喇嘛當時的情形就能一清二楚了。」

回到家後，兒子馬上去問那位喇嘛原委，喇嘛回答說：「哦，沒錯！當時你母親什麼都不懂，看到中陰百尊時，問我這是什麼。我就告訴她，這些都是我們在中陰時會顯現的所有本尊。」兒子聽完之後，對密法生起強烈的信心。

這是一個真實的故事，並不是杜撰的傳說。所以，我們若有能力修中陰法，中陰時可獲得解脫，實在不行的話，下一世也能遇到甚深密法而成就。即使沒有修過

大圓滿前行廣釋（一）附大圓滿前行實修法

中陰法，有善根、有因緣的人生前認識了文武本尊，那麼中陰時就不會墮落，甚至能得到解脫。

因此，大家平時若看到文武百尊的像，應把它記得清清楚楚，知道自己死後會出現這些顯現。當然，每個人的根基不同，有些人中陰時，文武本尊的雙運像、寂靜像、忿怒像全部現前；有些人則不一定原原本本現前，本尊也許會顯現動物的形象，此時你不要生害心，也不要將其看作動物，否則，如果你沒有認出來，這些馬上就變成恐怖的地獄獄卒，這也是自心的一種幻化。

現在許多人對密法有成見，但有成見也沒辦法，在佛陀時代，有些人不僅對密法有邪見，對顯宗有邪見的也是千千萬萬，不可能一一地制止。可是與密法有因緣的人，不要對不懂的事情統統排斥，一見到雙運像——「這個有什麼必要啊！」千萬不能這麼想。這些畫像有很多甚深的密意，絕不是像你想像的那樣，把貪嗔癡顯現在唐卡上，佛教並沒有愚癡到這一點。哪怕你不懂這些，看到文武本尊的像，功德也的確很大。那位老太太沒有得過灌頂，也沒有修過中陰法，只是生前看過中陰本尊的身相，並且還存在一些懷疑，結果在死亡的當下，就得到了那麼大的利益。因此，最關鍵的就是自己活著的時候。

一般而言，我們即生中依靠人身，若行持善法，比如發菩提心、出家、修密法，此善業的力量與地獄、餓

第十二節課

鬼、旁生、阿修羅、天界其餘五道相比遙遙領先，此生此世完全可以永遠捨棄天靈蓋⑧¹。例如，噶當派的有些大德，一生中通過勤奮努力，最後獲得了金剛持果位；我們寧瑪派的很多捨事者，也是通過一生努力，最後前往清淨剎土；漢地禪宗和淨土宗也有相當一部分大德，從前是地地道道的凡夫俗子，後來依靠對上師和佛法的信心，將繁雜的世間瑣事統統放下，身心全部融入佛法而精進修持，最後永遠不再轉生輪迴。

　　同樣，這個人身造惡業的能力也遠遠超過餘道眾生，換句話說，今生今世也可成為決定無法脫離惡趣的罪魁禍首。為什麼呢？如果你對上師、三寶、因果等生邪見，口中謾罵，心裡詆毀，此罪業短短的時間就可以造下，犛牛和地獄眾生都做不到。尤其現在科學迅速發展，假如一個人見解不正，製造核武器、利用原子彈，可讓千千萬萬的眾生送命，哪怕是造一個炸藥，也能炸死無數生命，所以，人造惡業的能力非常可怕。包括在座有些道友，以前不信佛教的時候，所造的惡業遠遠超過吃草的犛牛，犛牛雖然也具有貪嗔癡煩惱，但故意去殺人、故意製造武器，這樣的行為不一定做得出來。因此，今生如果造惡業，可能永遠無法從輪迴中解脫。

大圓滿前行廣釋（一）附大圓滿前行實修法

⑧¹永遠捨棄天靈蓋：人死一次會捨棄一次天靈蓋，不僅是人，包括犛牛等旁生也是如此。如果沒有得到解脫，在輪迴中輾轉投生，還要捨棄無數次天靈蓋。但若依照上師的教言精進修持，今生捨棄一次頭蓋後，不再以業和煩惱轉生輪迴，從此之後永遠也不用捨棄天靈蓋了。

值得慶幸的是，我們如今已遇到具有法相、如明醫般殊勝的上師，（我經常想：在那麼多的因緣中，遇到上師如意寶，是一生中最大的福報。這並不是口頭上說說，而是發自內心的感觸。倘若我沒有遇到上師，就會像我的同學一樣，生活、見解、行為方面慘不忍睹。）獲得了從輪迴解脫的妙法甘露，此時應當在實際行動中，依止上面所講的「四想」，修持正法趨入解脫道。對這些要經常思維，若能如此，佛法的加持和力量逐漸可以融入相續。

其實，學佛的人常祈禱上師三寶非常重要，通過祈禱，諸佛菩薩的感應和加持會融入於心。學佛並不是像學世間知識那樣，懂得以後就可以了，而要靠自己的信心和恭敬心，獲得傳承上師和諸佛菩薩的加持。這種加持與自己智慧融入一體的力量非常強，它能指引我們趨入解脫，制止一切惡行，故與學習世間知識完全不同。

希望大家在修學的道路上，早上起來時祈禱上師三寶，晚上睡覺時也祈禱上師三寶，白天行住坐臥也時時憶念上師三寶，始終與上師三寶加持、智慧的光明不離開。以前很多大德和修行人都是這樣，即使在一個花園裡看花，他也不會迷戀花的絢麗多姿，而會觀想把花供養諸佛菩薩，或者感恩上師的加持讓自己這麼快樂。

對一個有修證的人來說，遇到痛苦和快樂均會憶念為上師三寶的加持。縱然生病時感受難忍的煎熬，他也根本不想：「我這個人很倒霉，無意中得了這麼重的

病。」而是想：「上師三寶的加持不可思議，我今天得病是消業障，依靠這個機會，無始以來的業障能得以遣除。」這就是上等修行人的行為。不像有些居士一樣，總是抱怨：「我好倒霉、好痛苦噢！學了那麼長時間佛，供燈、放生做了那麼多功德，結果今天又感冒了。三寶怎麼不加持我？我對佛法的信心都沒有了。」這些人對佛法的見解很低，根本不知道三寶加持到底是什麼樣的。

我們要依止「四想」聽聞正法，同時應當斷除「四想」的違品——四種顛倒想。如智悲光尊者在《功德藏》中云：「人性惡劣詒如繩，依止上師如捕獐，已得正法麝香物，實喜狩獵捨誓言。」這其中已說明了所謂的四種顛倒想，也就是把自己當作獵人，上師看成是獐子，正法看作是麝香，精進修行作為捕殺獐子的方便。

在古代，獵人捕獐子時會用盡欺詐的手段，比如先在路上挖個陷阱，裡面用繩子做個小圈，繩子的另一頭綁在有彈性的木頭上，陷阱上面鋪一些草或樹葉加以掩飾。如果有獐子路經此地，馬上就會陷進裡面，牽動彈木收緊繩索，獐子就被牢牢套住了。逮住獐子之後，獵人馬上殺掉牠得到麝香，把麝香賣掉就能發財。

秉性惡劣的弟子也像這些獵人一樣，先通過狡詐的方法來依止上師：上師喜歡錢財，他就多多供養；上師喜歡名聲，他就花言巧語、百般取悅。目的是什麼？就

是得到上師相續中的竅訣法要。上師的法要沒有得到手之前，他一直跟著上師，多年都不離開。一旦上師傳完了顯密正法，他就把上師拋之腦後，捨棄以前所有的誓言，依靠這些法大搞世間八法，為自己謀取名聞利養。

末法時代這種情況非常多，有些人依靠種種手段獲得一些傳承，然後到各個地方宣傳自己，把法像麝香一樣到處兜售。這些惡劣弟子根本不想上師恩德，從不承認在上師那裡得過什麼法，說這些法是自己無師自通，甚至提起上師的名字，也害怕對自己有影響。當然，由於不感恩上師的緣故，他那些法暫時對別人有一點點好處，最後對自他都沒有利益。因此，大家在依止上師的過程中，務必要捨棄這四種顛倒，否則，違背上師教言、捨棄上師、欺騙上師，會導致生生世世在地獄不能解脫，這些可怕的果報在密宗中講得非常清楚。

所以，我們依止上師時，行為應當如理如法，以恭敬心、清淨心祈禱上師三寶的加持融入自心，只有真正把自己當作病人，上師甘露般的正法妙藥才會對自己有利。假如依止上師是為了有利可圖，得完法以後，對上師再也不理不睬，在什麼上師面前得過法，說都不說，就算說了，也用其他語氣來講，這是非常可怕的行為。

縱然是賜予一句法恩的上師，你也要有感恩之情，一生當中不能忘。世間老師傳授文化知識，智者尚且對老師銘記不忘，那麼佛法的價值和利益遠勝於此，我們

對傳講佛法的上師更要感恩戴德。只有這樣，佛法對自相續才有加持，否則，你所學的佛法就成了表面文字，不一定有強大的力量。

　　總之，聽受佛法之後，大家不要以無所謂的態度，不去實地修持。這次《前行》每天講得不多，希望你們認認真真地看，好好地思維，再再地修持，若能得到傳承上師不可思議的加持，一輩子都會變成清淨的修行人，道心永遠不會退失。同時，還要感念上師對自己的恩德，如此所得之法才能利益眾生。與之相反，假如你對正法根本不修持，對上師恩德從來不憶念，反而經常生邪見，依靠正法積累惡業，最終將成為惡趣的基石。我們學佛是為了解脫，並不是故意想墮落，但學佛有時像動手術一樣比較危險，方法正確會讓你迅速痊癒，方法錯誤則可能讓你送命，因此一定要謹慎。若能如此，如《賢愚經》所說，這才算是真正的智者。希望大家對上述內容反反覆覆地思維！

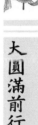

大圓滿前行廣釋（一）附大圓滿前行實修法

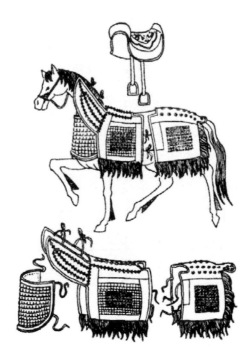

第十三節課

　　現在正在講「所取之行為」，第一個「依止四想」已闡述完畢，緊接著講第二個。

丁二、具足六度：

　　聞法的過程中，其實還需要具足六度。無垢光尊者在《大圓滿心性休息》中講過，行持大乘佛法饒益眾生，六度萬行不可缺少，佛陀在因地時，所有行為均可攝於六波羅蜜多中。因此，我們聽聞佛法、修學佛法、弘揚佛法時，具足六度至關重要，若不具足六度，不一定屬於大乘佛法。

　　有些人認為：「我布施的時候不能持戒，持戒的時候無法安忍，安忍的時候沒辦法行持精進、禪定、智慧。」好像六種波羅蜜多是東山和西山一樣完全分開，這種說法肯定不對。無論是《經莊嚴論》、《現觀莊嚴論》還是《大乘理趣六波羅蜜多經》，都講了行持一度時其餘五度可統統具足，也就是說，一個波羅蜜多可涵攝其他波羅蜜多，這即是大乘菩薩的最高境界。尤其《現觀》講最後幾個加行時，經常提到一度涵攝餘度而行持，此為正等加行圓滿或者達到頂點的標誌。

　　你們不要覺得：「我現在每天都在聽課，布施的機會也沒有，持戒的機會也沒有，安忍的機會也沒有……哪能行持六波羅蜜多啊？」不應該這樣想。即使你沒時

間召集可憐的窮人發放布施，只要規規矩矩、如理如法地聞受佛法，在聞法過程中調整威儀，也能具足六波羅蜜多。以前有些人對佛法不太了解，非要放棄聞法機會，出去化緣得一些財產，然後到處去布施，覺得如此才能圓滿布施度，這種做法大錯特錯。只要具足下面所講的方便，即使聽一堂課，也可圓滿六波羅蜜多。反過來說，假如你聽法時行為不如法，則不但沒有六度的功德，反而會產生眾多罪過，因此一定要特別注意。

一般而言，藏傳佛教的大德在傳法之前，都會宣講聞法規律，故在藏地，除了沒受過系統完整的佛法教育的人外，大多數人對聞法方式都比較了解。希望你們也能如此，不管是哪一個民族、居住在哪一個城市，聽聞佛法都要做到如理如法，只有這樣，佛法的功德利益才會在自相續中生根發芽。

你們聞法是為了解脫，並不是害怕別人對自己有看法、有說法，為了顧及情面，才裝模作樣地加入聞法行列，暫時聽幾句，這種心態不正確。大家首先應把發心調整好，盡量以大士道的發心來聽，偶爾產生自私自利，也要依正知正念予以遣除，這樣聞法才有真正的意義。

那麼，聽一堂課該怎樣具備六度呢？正如一切法行之竅訣——《現證續》中所云：「奉獻花座等，隨處戒威儀，不害諸含生，於師生正信，無散聞師教，解疑問難題，聞者具六支。」具體而言，

一、布施度：「奉獻花座等」。

在聞法之前，首先為上師擺設妙高法座。法座上若光是一個板子，其他什麼都沒有，上師坐久了肯定很痛，所以應該鋪陳坐墊。上師如意寶講過，坐墊不能太硬，也不能太軟，否則，假如是一堆軟軟的海綿，上師陷在裡面，一直爬不出來，大家都看著，這樣也不太莊嚴。然後在法座前或者周圍，供養曼荼羅以及花鬘、燈等。這即是布施度。

按理來講，對上師的法座應當供養，但我們新經堂因為特殊原因，不允許隨便擺放供物，好幾個道友有意見，希望大家還是要理解。你們在自家佛堂供養就可以，再加上對我供燈、供花沒什麼功德，最好是在佛像前供養。

現在大城市裡的人，聽課的地方同樣是經堂，你們的上師在電視裡，所以可在電視前供一些燈——開玩笑！這倒沒必要。不過，一起學習的時候，對聽法的屋子進行清掃、裝飾，給大家提供電視機，這方面共同努力，也屬於布施度。對聞法道友而言，電視機起到的作用不可小覷，它的確是諸佛菩薩的化現。電視機也代表上師，如果有條件，應該買個好一點的。有些居士房子特別好，但電視機破破爛爛的，上師在裡面現種種相，很不莊嚴。甚至有些人好像只是擺個樣子，二十幾個人集中在一起，只有一個小小的筆記本放在桌上，根本看

都看不見，聽都聽不見，這樣不是很好。現在城市裡的條件不是那麼差，若實在不行，為了聽法，大家湊幾百塊錢買個屏幕大的電視機，我覺得這不浪費。世人為了沒必要的吃吃喝喝，浪費了多少錢？真正有意義的事情，大家也不要隨便應付。

或許有人認為：「我們出錢買電視機，結果歸那家所有，太划不來！」或者：「聽課的人那麼多，算了，還是用那台破電視表示一下就行了。」這樣聽課效果不是很好。你們現在聽法，不一定非要上師在面前，通過什麼方便令自己得到法益，對此就應作上師想，作善知識想。以前一個人講法，幾個人聽，人多了的話，在一個場合有很多麻煩，而今科技比較發達，成千上萬的人同時聽也可以，不同地方的人同時聽也可以，對這些方便設備就要作上師想。

聽法過程中，為此創造一些良好條件，都是在圓滿布施度。山下有些居士比較大方，每次聽課都買一些水果、礦泉水，這樣以後，自己的布施度圓滿了，大家也很開心，結果這個組的人越來越多。有些組什麼都沒有，連水也沒得喝，最後人越來越少。其實不應該這樣，你們並不是為了吃東西才參加學習的，雖然凡夫人有必要作布施，但沒有條件也不能勉強。藏族有句俗話說：「人窮的話，讓他布施財產是辦不到的；人死了的話，讓他站起來是辦不到的。」如果實在沒有錢，可以

發願下一輩子布施，但如果你有能力、有條件，則應做一些有意義的事情，不要把錢浪費在毫無實義的事情上。

概而言之，聽法時盡己所能地作上供下施，就是布施波羅蜜多。

二、持戒度：「隨處戒威儀」。

在講法的經堂裡，隨處做些灑水、清掃、噴香水等善行，保持那裡整潔舒適；同時，遮止自己身口意不恭敬的威儀，長至一部法，短至一堂課，一切行為從頭到尾如理如法，這就是持戒度。

高僧大德和修行好的人在聞法時，猶如享用甘露般，以歡喜心一直聽著。而有些人可能是業力現前，每次上師傳講佛法，就在下面交頭接耳，偷偷摸摸做很多事。其實，在聽法時，做不了其他什麼事，此時三門應當如理如法，心懷恭敬，斷除傲慢相及輕蔑他人的行為。

實際上，這六度真正去做的話並不困難。若讓你安住在遠離一切戲論的三輪體空的境界中，對凡夫人來講不太可能，但具足這六度的話，只要提起正知正念，經常觀察三門，應該沒有任何問題。

三、安忍度：「不害諸含生」。

聽法的過程中，無論是有意、無意，都不傷害螻蟻在內的含生。當然，一邊聽課一邊殺犛牛等大動物，可

大圓滿前行廣釋（一）附大圓滿前行實修法

能做不到。但如果夏天特別熱，許多蚊子叮你，不能一邊聽課一邊「啪」把蚊子打死，或者看見地上有蟑螂、螞蟻，使勁一腳把牠踩死，這些行為非常可怕。

　　同時也不能損害旁邊的金剛道友。有些人性格不好、行為不如法，平時好像沒有時間，只要大家聚在一起聞法，他就開始把仇恨擺到桌面上來，用各種語言攻擊別人、污蔑別人，這是不合理的。

　　而且聽受佛法的時候，不管天氣再熱再冷，傳法時間再長，中間出現種種違緣，都要忍受下來。我們山上聽課的話，從家門口走到經堂不花一分錢，但城市裡的人不是這樣，為了聞法經常要花錢，若沒有一點錢，不管放生還是聽課都很困難。有些人為了一百天的放生，僅僅是車費，一年就要花幾千塊，對一般人來講是個天大的數字。還有些人本來收入就低，為了聽法坐公交車、搭出租車，有時候還要跟道友一起請客吃飯，這樣花銷非常大，如果安忍修得不好，心裡會特別疼，比割身上的肉還難受。

　　還有，聽法的時候，假如上師講什麼都能接受，這也是一種安忍。有些人可能前世福報不夠，上師講淺的法，覺得太淺了，沒什麼可聽的，盼望著早一點下課；上師講深的法，覺得像講天書一樣難懂，又盼望著早一點下課。然而對善根深厚的人來說，不管上師講什麼，淺顯易懂的法還是高深莫測的法，都願意欣然接受。

我個人而言，上師講淺法也好、深法也好，從不會生厭離心，而且有種不可言說的歡喜心。就這個角度來看，可能自己前世曾聞思過。以前學物理、化學、歷史時，我常生厭煩心，覺得這沒什麼道理，並不是究竟真理。但遇到佛法以後，對它每一個道理都佩服得五體投地。比如，《賢愚經》和《釋迦牟尼佛廣傳》看起來是一些普通故事，但我覺得裡面的意義相當深。雖然我不是知識分子，可知識分子講的世間故事，恐怕我不會特別愛聽，而佛教故事再簡單，還是樂意接受。以前上師如意寶講過一次《賢愚經》，那時很多故事我沒有記住，後來上師臨圓寂前又講了一次，當時我確實非常高興。每個人前世因緣還是有差別，有些人學習佛法，深的接受不了，淺的也接受不了，其實不管學什麼樣的法，應當有種感恩心、歡喜心，這種心態就是具足安忍度。

四、精進度：「於師生正信」。

在聽受佛法的過程中，要斷除對上師及正法的邪見、懷疑、嗔恨等不良心態，滿懷虔誠信心、滿懷喜悅之情而聞法，即是精進度。

我以前看過一個法師在佛學院講法的錄像帶，那個法師講得眉飛色舞、手舞足蹈，開心得不得了，而下面的弟子不知什麼原因，一個個愁眉苦臉，傷心萬分的樣子，十八大羅漢的表情一一具足。如果我是那個法師，

大圓滿前行廣釋（一）附大圓滿前行實修法

可能當下就會停下來，沒必要讓大家那麼不高興，但每個人的風格不同，我看那個法師特別歡喜。

按理來講，聽課時不要特別傷心、特別憤恨，每個人應當歡喜才是。為什麼呢？因為聽受大乘佛法的機會，在千百萬劫中極為難得，這並不是偶爾獲得的，也不是有能力、有勇氣即可獲得，而需要具備無量的福德、因緣，所以，即生有幸遇到大乘佛法和宣說大乘佛法的上師，要以歡喜的心態和姿態來聽受。

其實，世間學校的老師講課也是如此，假如學生們個個生嗔恨心，以非常不悅的態度來聽，那老師講什麼都沒興趣——咦，你們的表情越來越慈悲了，這個要長期啊，不是今天一天就可以了。我們這裡有極少數人，不管是聽課時也好，下課後也好，我從來沒見到他笑過，天天都板著一張臉——你已經知道是自己了，知道了就可以！

五、靜慮度：「無散聞師教」。

聽法時心不能妄想紛飛，也不能外散於他處，倘若心不專注，佛教的甚深義不可能通過三心二意、東張西望而得到，因此，從最開始到結束之間應專心致志、一心一意，諦聽上師所講的言教，這就是靜慮度。

平時聽課的時候，放下其他一切瑣事，這也是一種習慣。剛開始若經常這樣串習，每次聽課心就可以收回

來；假如你總喜歡打妄想，想這個、想那個，那聽什麼法也記不住。其實，我們的心就像一個小孩童，開始時把他教育好的話，他的行為始終會如理如法，但如果他聽課已習慣了心不在焉，則非常不容易改變過來。有時候上師在課堂上講了最重要的教言，結果有些人下課後一問三不知，好像聽課時沒帶耳朵一樣，若問：「你剛才一個小時聽了什麼課？」「啊？反正上師講了一些。」「到底講了什麼內容？」「我想一想、想一想……哎，現在腦子一片空白，什麼也想不起來，改天再說吧！」這些人實在值得慚愧，原因就是當時心沒有專注，甚至上課時在本子上畫大象、駿馬。

世間經常有這種情況，老師在上面講得熱火朝天、非常起勁，不聽話的學生卻在下面一直偷偷地畫蘋果，蘋果上有幾個眼睛……講完課時一個字也沒聽進去，那幅「巨作」倒完成了。這樣的學生，我以前上學時見過很多，希望大家不要像他們一樣，聽課還是要專心致志，盡量圓滿靜慮波羅蜜多。當然，作為凡夫人，百分之百一絲不苟，一節課若有二十分鐘，二十分鐘全部專注，這也有一定困難。但不管怎麼樣，我們人總比旁生強，像鸚鵡那樣的旁生，經常訓練的話，都會說「嗡瑪呢巴美吽」，我們人想養成聞法專注的習慣，應該沒有多大問題。

大圓滿前行廣釋（一）附大圓滿前行實修法

六、智慧度：「解疑問難題」。

聽聞佛法時，若對某些法義產生疑問，則應向上師請教，或者道友之間研討辯論，以此遣除懷疑、邪見、增益[82]，即是智慧度。

其實藏傳佛教的辯論，在佛教團體中推廣很有意義。如果沒有進過辯論場，別人給你提一個法義上小小的問題，你可能臉都紅了，認為在對你人身攻擊。包括現在有些道友做講記、弄稿子，旁邊一個道友說：「你不應該這樣做，應該這樣改下來。」他馬上面紅耳赤地爭辯：「你懂什麼呀！這是我的權利，你沒有資格發言。」其實別人是一番好意，完全是對事不對人，只要說得符合事實，你就當以開放的心態對待，這沒什麼不可以的。然而，有些人就像藏地有句俗話所形容的：「除了灶以外，沒有見過世面；除了母親以外，沒有看過外人。」尤其是從未進過辯論場的人，別人說一句就接受不了，立即怒目相向、口舌相爭，這樣沒有必要。

佛教的真正意義，通過互相辯論才能深入領會，希望大家也不要聽完課以後，夾著書就跑了，應該互相探討一下。探討的過程中，開始可能有點不愉快，我最初參加辯論也是這樣，偶爾心裡不舒服，但十多年從來沒有吵過架，跟許多有智慧的道友，關於佛法的一個問題，也能聊得很晚，從下午六點直到晚上十二點，甚至

第十三節課

[82]增益：本來不存在的東西，卻以分別念妄執為存在。

半夜三四點還在辯論。有時我到有些堪布家去，對一個問題開始爭論，今天弄不清楚，明天繼續……半個月以來都是這樣，直至把問題搞明白為止，如此，這個問題至今還是印象很深。

所以，學習佛法應像提煉純金一樣，一定要通過各種方式，將自己的疑惑在智者面前摧毀無餘，對於佛陀所講的邏輯推理至高無上，生起一種穩固的定解。否則，你什麼都沒接觸過，認為自己的分別念千真萬確，結果通過正理一觀察，如同紙上倒水一樣馬上就爛了，你自以為無堅不摧、顛撲不破的智慧，根本經不起任何觀察。

因此，聽完課以後，大家輔導時一定要探討，探討過程中不要生氣。別人針對的是法義，又不是針對你，有什麼可氣的？現在很多居士研討的時候，只是不經意的一句話，從此之後，在彼此心裡永遠留下一道傷痕，見面再也不打招呼了。哪有這樣的！我們在辯論場中，經常用最尖銳的語言有意無意地攻擊對方，比如，我明知他懂這個道理，卻用最尖銳的語言破他的觀點，令其招架不住，雖然不是挖苦別人，但依此方式可以觀察他的智慧，這種現象在辯論場上不計其數。可是有些道友沒有上過這樣的「戰場」，完全像紙老虎一樣，一捅就破，一破就生氣，這非常沒有必要！

以上講了聞法時的六波羅蜜多，大家務必要具足。

大圓滿前行廣釋（一）附大圓滿前行實修法

宗喀巴大師在《菩提道次第略論》中說過：「若能具足六度而修學，其力尤大。」

其實修行也要觀察自己具不具足六度，如果不具足，說明修行不如法。漢地蕅益大師講了，念佛亦當具足六度：念佛時放下身心世界，即大布施；念佛時不起貪嗔癡，即大持戒；念佛時不掛懷是非人我，即大安忍；念佛時不間斷、不夾雜，即大精進；念佛時不隨妄想馳逐，即大禪定；念佛時不為他歧所惑，即大智慧。如此稱之為真念佛。

放生也可具足六度，例如，放生本來是無畏布施，同時還具足財布施、法布施，這是布施度；從小乘來講，不害眾生就是持戒，從大乘來講，直接間接利益眾生就是持戒，在放生過程中，既不害眾生也利益了眾生，這是持戒度；放生時忍耐嚴寒酷暑、艱難困苦，以及他人的謠言或攻擊，這是安忍度；不管再怎麼辛苦、再怎麼勞累，每年春夏秋冬不間斷地放生，這是精進度；放生過程中，沒有什麼其他目的，只是一心一意想讓眾生離苦得樂，這是靜慮度；通過念咒語、念經文加持所放眾生，為其播下解脫種子，或者以三輪體空的方式來攝持放生，這是智慧度。

按照阿瓊堪布的觀點，不但聞法者應具足六度，傳法者也同樣如此：不懷有求得名聞利養的奢望而講經說法，即是布施度；對他眾沒有冷嘲熱諷、不屑一顧等行

為，即是持戒度；自己能接受甚深法義，聞法者屢屢詢問也不嗔不惱，即是安忍度；日日夜夜講經說法，不厭其煩，即是精進度；心專注佛法的詞句和意義，即是靜慮度（講法者肯定具足禪定度，心若沒有專注，一堂課肯定講不下來。聽法與講法比起來，講法時更容易專注。聽法則不像這樣，身體雖在聞法行列中，心若一直雜念紛飛，非法的念頭此起彼伏，除非別人有他心通，否則根本看不出來。所以，聽法者像芒果一樣有四種類型，有些人外表很專注，內心也很專注；有些人外表特別專注，一直盯著法師，心卻早跑到外面去了……然而，講法者如果稍微不專注，口中無法滔滔不絕地講出來）；通過三輪體空、如夢如幻的境界攝持講法，令弟子聞思有所長進，即是智慧度。

總而言之，不管聽法、講法，還是放生、念佛，做什麼樣的善事，都應當具足六波羅蜜多。

丁三、依止其他威儀：

作為聽法者，還要認真依止其他威儀。如《毗奈耶經》云：「不敬勿說法，無病而覆頭，持傘杖兵器，纏頭者勿說。」其中講了對幾種人不能傳講佛法，我們也應依此觀察，看自己是不是合格的法器。

對哪幾種人不能傳法呢？

1、不敬：對不恭敬的人，不能說法。世間人學習文化知識，尚且要懂得尊師重道，出世間佛法更需要恭敬才能獲得。

大圓滿前行廣釋（一）附大圓滿前行實修法

2、無病而覆頭：除非是有病而特殊開許，沒有病的話，以披單等蓋著頭的人面前，不能傳講佛法。

3、持傘：天氣炎熱或者下雨時，撐著傘聽課也不行。當然，如果上師特殊開許倒可以，否則，不管太陽再強、雨再大，也最好不要持傘。以前上師如意寶講經，大家在草地上聽課時，有時上師開許持傘，有時不開許，故意讓弟子苦行。記得以前在五台山東台頂，上師如意寶講《文殊大圓滿》，有一天中午，突然下起了傾盆大雨，當時上師不開許打傘，說：「現在是夏天，小麻雀在外面都不會凍死，你們最好不要打傘，也不要用披單蒙頭。這樣聽法，象徵著對佛法的恭敬！」於是大家全身淋透，一直在那裡聽。現在人可不是這樣，上師講法的時候，若下大雨卻不讓打傘，肯定抱怨連天，覺得上師太不慈悲，孰不知這是對佛法的恭敬。

4、持杖：拄著拐杖。

5、持兵器：手拿兵器。都是不恭敬的行為。

6、纏頭：纏著頭的人面前，也不能講法。

《入行論》云：「無病而覆頭，纏頭或撐傘，手持刀兵杖，不敬勿說法。」這個偈頌跟《毗奈耶經》的教言基本上相同。

所以，聽法一定要規規矩矩、如理如法，否則過失非常大，甚至會成為墮入旁生之因。以前也講過，這樣來世會轉生為鸚鵡⑧。漢傳佛教的《梁皇寶懺》中也說：

「聞說法語，心不飡采，後生長耳驢中。」意思是說，聽到了正確的道理，心裡不以為然，嗤之以鼻，不想依法修正自己，這種人將來要去做習性倔強的長耳驢。又云：「聞說法語，於中兩舌，亂人聽受，後墮耽耳狗中。」聽受佛法時心不專注，甚至在下邊說三道四、交頭接耳，一會兒發信息，一會兒吃瓜子，一會兒偷偷地聊天：「哎，最近身體怎麼樣？來來來，我們開個『小會』，那邊講什麼不要緊！」——我們學院是正規佛教道場，一般沒有不如法的現象，而外面人在聽法的過程中，通常會有很過分的行為。如此擾亂他人聽法，將來會墮為耽耳狗[84]。《寶篋經》中還記載，佛陀在世時，有個人假裝聽了三年的法，表面上一直規規矩矩，可是心不誠，始終懷有殺生、偷盜等惡念，最後墮入地獄，感受寒熱等苦。其實聞法對每個人來講，是希望自他得到利益，並不是想依此墮三惡道，故而務必要如理如法。

以前講《三戒論》時也講過，對具不如法行為的二十六種人，譬如穿鞋的、戴帽子的、持傘的、持武器的，比丘不得說法，否則犯惡作罪[85]。可是，現在有些人真的不懂，個別法師講課時，自己戴個小小的帽子，下

[83]《極樂願文大疏》云：「尤其是在聽法時，如果沒有聚精會神、洗耳恭聽，那麼必將猶如在覆口的容器上注水一樣，任何法義也無法銘記於心。如果在此時說綺語，則成為自他聞法的障礙，經中說此為捨法罪業，將轉生為鸚鵡。」
[84]耽耳狗：聽到一點動靜，就不分青紅皂白地狂吠亂叫，攪擾四鄰不安。
[85]《三戒論》云：「二十六種說法聚：聽者立臥己低坐，前行自行道邊緣，覆頭手抄披單者，拊肩抱項披頂髻，戴帽冠鬘纏頭者，乘象馬與輪車者，著履拄杖持蓋者，持兵器劍弓箭者，披甲者前不說法。」

大圓滿前行廣釋（一）附大圓滿前行實修法

面每個人也戴一個帽子。假如法師是位比丘，那麼有多少個人，就產生多少個惡作罪，這非常不值得。還有些地方的人穿著鞋聽課，也是需要遮止的。這並不是藏傳佛教標新立異，而是《毗奈耶經》的觀點。

可惜很多寺院的法師，沒有正規地聞思過，對這些道理不一定懂。所以，現在有這麼好的因緣，希望法師也好、居士也好，一定要好好學習。有時候看一些信眾的行為，就能推知他有沒有聽聞過佛法，如果行為很有規矩、修行很有次第，此人肯定以前聞過佛法。而有些人一眼就能看出他從來沒有聽過法。所以，聞法時調整威儀非常重要，不要依靠佛法來造惡業。

這以上講了不能做的一些行為，下面講應當做的行為：

《本生傳》中云：「坐於極下地，當具溫順儀，以喜眼視師，如飲語甘露，當專心聞法……」

要怎麼樣做呢？

「坐於極下地」：傳法上師坐在高高的法座上，聞法弟子應坐得比上師低，不能與上師平起平坐，也不能讓上師坐在矮矮的小凳子上，自己則坐在高高的豪華沙發上。現在有些人聽課時，把電腦或電視放在地上，自己在高大的椅子上，居高臨下地接受佛法，看起來很不舒服。雖然那不是真正的上師，但上師的圖像在裡面，還是要有一種恭敬心。

第十三節課

以前法王如意寶在大經堂講法時，一部分道友坐在左邊台階上，位置比上師高，上師顯現上很不高興，批評道：「你們都坐得比我高，那我沒必要傳法了，你們給我傳法吧！《毗奈耶經》是怎麼講的，你們沒有看過嗎？統統給我下來！」

因此，外面的道友依靠電視聽法時，如果有條件，最好是坐在地上。但若腳不方便、身體不太好，或者房子實在特別小，沒有地方坐，個別人坐在沙發上也可以。大家在學習過程中，我經常觀察過失和功德，看你們行為如不如法，有沒有戴帽子？有沒有穿鞋？坐得怎麼樣？……這些都要值得注意。

「當具溫順儀」：聽法時應具足溫順、調柔的威儀，杜絕暴躁、不如法的行為。

「以喜眼視師」：以歡喜的眼神看著上師。但也不能過於歡喜，一直咧著嘴笑，上師在那邊講課，你在這邊嬉皮笑臉，甚至還對上師使勁招手——上師正在講課，招什麼手啊？你如理如法地在下面聽就可以了。

「如飲語甘露，當專心聞法」：猶如飲用甘露般接受法義，津津有味地專心諦聽。

《父子合集經》[86]中有一句話：「善巧方便說法師，能示真實無為道，志求寂靜菩提者，應當恭敬常親近。」這個教言我非常歡喜。具有善巧方便的善知識，

---

[86]《父子合集經》：二十卷，宋朝日稱等奉詔譯。

大圓滿前行廣釋（一）附大圓滿前行實修法

能宣說真實的無為道，作為志求寂滅菩提的人，務必要以歡喜心、恭敬心長期依止，斷除一切不敬的威儀。

　　本來還有好多內容要講，但時間不夠了，算了，只好讓它永遠消失在我智慧的法界中了，好可惜噢！

第十三節課

第十四節課

前面講了聞法該注意哪些事項：怎麼樣發心？怎麼樣如理諦聽？今天正式闡述「所講之法」，即整個修行次第。

我再三地強調過，《前行》文字上雖然簡單，但其內容相當甚深，必須要下一番功夫，才能生起穩固定解。這樣的定解，修任何法都必不可少。所以，大家應將其內容反反覆覆貫穿於心。

這個道次第，對每個人而言非常重要。現在藏地、漢地的很多上師，依靠各種善巧方便攝受弟子，弟子的愛好、意樂雖然各不相同，但不管怎麼樣，都應先把佛教的基本知識搞懂，只有打下牢固紮實的基礎，一輩子的修行才不會顛倒。

記得阿底峽尊者來藏地時，曾將從人身難得到往生法之間的道次第，秘密傳授予仲敦巴。仲敦巴不解地問：「為什麼您對其他弟子傳授密咒，而對我傳這個道次第呢？」尊者回答：「除你之外，我沒有找到可以託付這個法的人了。」以此緣起，仲敦巴成為繼承阿底峽尊者之後的法主，弘法利生事業極為廣大。

還有，噶當派普穹瓦尊者曾問金厄瓦尊者：「一種是通達五明、具足五通、獲得八大悉地，一種是道次第在心中生起，您會選擇哪一個？」金厄瓦尊者答道：

大圓滿前行廣釋（一）附大圓滿前行實修法

「不要說道次第在心中生起，甚至僅僅是產生『道次第確實如此』的勝解，也應當選這個。過去我們曾無數次通達五明、具足五通、獲得八大悉地，然而都沒有脫離生死輪迴。如果獲得了對道次第的定解，則必定能從輪迴中解脫出來！」

因此，我們濁世眾生不應先高攀大法，務必要從加行修起，一方面了解它的法義，更重要的是，要把這些引導一個一個地修。比如修「人身難得」時，心裡產生一種定解，的確感到：得個人身不容易，尤其能學習佛法的人身更為罕見，既然自己有幸得到了，從現在開始，一定要利用它不斷地精進修行。每個人若能發起這樣的心，修行勢必會善始善終。

大家應當追隨前輩大德的足跡，他們是真正的利根者，顯現上仍按照道次第修持，勤奮努力地完成了道業，那我們這些業力深重、煩惱熾盛的凡夫俗子，又怎能不對加行下一番功夫呢？若想再過幾十年道心不退，關鍵要看現在的功夫。無始以來我們的煩惱根深蒂固，以短暫的時間，蜻蜓點水般地修學一點法，不可能馬上獲得利益，因此，一定要先完成共同加行和不共加行的修行。

今年學習《前行》，我對大家理論上的要求不是很高。什麼是八無暇？什麼是十圓滿？六道輪迴的狀況怎麼樣？……理解起來並不是很困難，不像學因明和《俱

第十四節課

舍論》那樣複雜。但你們修加行時一定要重視，這不是在字句上劃就可以了，關鍵要在心裡產生定解，對每一個引導文生起不退轉的信心。

　　曾經有一次，堪布阿瓊到上師那裡去，上師問他最近修加行的進度如何。他回答道：「我不敢說已如理如法地圓滿修完了四加行，但較有把握的是，我從很小就對世間的榮華富貴看得比較淡。特別是現在，上師您的加持讓我從道理上明白了世間幻象的不實本質，因而我不用刻意去修持什麼出離心，它自然而然就能生起。同時，對三寶的信心與日俱增，基本上自己能做到心口不異。我已明白菩提心是大乘道的基礎，因此平日裡無論碰到怨親近疏，都能把他們視為生生世世的母親，發自內心地希望他們離苦得樂。」

　　上師聽後高興地說：「能這樣當然再好不過。但值得一提的是，依修持加行之力而生起的少許善心，若不經過反覆串修，則很容易退失。暇滿難得等每種加行的體相、條目、次第，應該將其全部諳熟於心，且牢牢印持不忘。如此說來，你最好能把《大圓滿前行》完整背誦下來！」於是送給他一本《前行引導文》的法本。堪布阿瓊依教奉行，沒有跟上師討價還價——「我很忙，我很累，我最近身體不好……」，而是將之全部背了下來。上師得知後特別高興，對此非常讚歎。（我們有些人不要說背這麼大的論典，讓他背一部短短的《親友書》，也會講半

大圓滿前行廣釋（一）附大圓滿前行實修法

天的理由來推拖。）

　　藏傳佛教有很多修行人，《前行引導文》可一字不漏地背下來。當然，若要做到這樣，對《前行》的文字肯定要下功夫，如果下了功夫，那一輩子不會輕易忘記，裡面的內容什麼時候要用，什麼時候即可浮現於心間。否則，光是聽聽課，過後把法本扔到一百公尺以外，從此再也不看了，或者兩三年前翻過一遍，其後連碰都沒碰一下，那不要說把裡面的教言牢記於心，就算背一個教證，也會很費勁。

　　我們學院的很多堪布，對《大圓滿前行》非常熟悉，有些人基本上能背下來，有些人雖無法將字字句句倒背如流，但對裡面的內容特別熟，無論提到哪一則公案、哪一個教證、哪一段文字，都知道是在哪一處講的。就我個人而言，與《前行》的因緣也非常深，最初學佛時，學的就是這部法。當時我把所有教證、公案都抄在日記本上，一邊修加行一邊在中午背誦，因此，這本書的教證和公案，我全部都背過。雖然沒背過通篇內容，但哪一個科判中講了什麼樣的公案、什麼樣的教證、什麼樣的道理，自己記得很清楚，華智仁波切的這些智悲精滴經常浮現在腦海中。

　　然而，很多人對前行的重視度不夠，只是把法本供在佛堂上，或者看過一遍就不看了。還有些人就像看《水滸傳》、《西遊記》、《紅樓夢》一樣，躺在床上

用一個晚上把《大圓滿前行》全部翻完，然後將法本放入書架，永遠再也不看了，這是絕對不行的。像堪布阿瓊那樣的大成就者，都要花功夫把《前行》背下來，那我們這樣的凡夫人，若對此法不予以關注，恐怕無法得到真實加持，許多境界不一定生得起來。

現在很多人雖然世間法方面挺有能力，比如在電腦、醫學上，許多事情手到擒來，在自己的行業領域中，做什麼都不費吹灰之力。學院有些道友也是這樣，後天雖未學過很多技術，但對電腦的有些故障，稍微「入定」一會兒，就能發現出了什麼問題，弄一弄就好了，我都覺得很希有。但學《大圓滿前行》會不會這樣？能不能一下子契入法義？我還不敢說。

有些人認為：「藏傳佛教不管哪個教派，薩迦派也好、格魯派也好，在宣講加行時，都是人身難得、壽命無常，為什麼沒有創新呢？若發明一個新的次第，那就最好不過了。」這種想法特別幼稚。其實大德們完全知道，眾生要想獲得聖者果位，需要經過什麼樣的修道。因遵照這些要求去行持，往昔無數眾生獲得了聖果，今後仍然會如此。我遇到過許多老法師和老修行人，他們的教言完全一致，都再三強調不要忙著修大法，先應該把加行修好，而沒有說不用修加行，一定要爬到最高的地方，然後從最高的地方往下來。尤其是一輩子不離佛

⑧據授記中說，他是布瑪莫扎的化身。

大圓滿前行廣釋（一）附大圓滿前行實修法

法的那些大德，一個個都讚歎修加行的重要性，只有把加行修好了，最終才不會墮落，並能獲得真實成就。

同時，在修加行過程中，以虔誠信心祈禱上師也必不可少。華智仁波切為什麼將本論稱為《普賢上師言教》？「普賢上師」實際上是華智仁波切的上師——如來芽尊者，由於華智仁波切對自己的根本上師非常恭敬，有極大的信心，認為他與普賢王如來無別，故稱之為「普賢上師」。在藏地，具信弟子一般都不敢直呼上師尊名，比如，很多辯論場中把無垢光尊者稱為「法身龍欽饒降」，竹欽派堪布嘉貢賢嘎⑧⑧的弟子稱上師為「金剛持賢嘎仁波切」。因此，對傳承上師有摯誠信心很重要，否則，像看小說一樣對待《前行》，從來也沒有祈禱過傳承上師，這樣無法開啟智慧之門。

在佛教中，始終強調信心和悲心不能離開。傳承上師及其所留下的法本，加持力不可思議，是諸佛菩薩的智慧結晶，我們既然有緣接受，就應對諸佛菩薩、傳承上師有不共的虔誠信心，這是「信心」。同時要想，我們現在因福報現前，遇到這麼殊勝的善知識和大乘教言，而身邊千千萬萬的可憐眾生，始終沉溺在無明愚癡的輪迴苦海中，於是對他們生起極為強烈的悲心，希望有朝一日能解救他們，將所得的大乘教義與他們分享，

---

⑧⑧法王如意寶講過，他一生中培養了二十五位堪布，這些堪布都對大乘佛法具有殊勝定解。

而不是自己一個人獨吞，願三界眾生普沾法雨，這是「悲心」。以這兩種心來聞思或者修行，自相續會逐漸滋潤調柔。反之，假如沒有對諸佛菩薩的信心和對六道眾生的悲心，縱然剛開始學佛時，什麼都記得清清楚楚、說得明明白白，可是到頭來，弘法利生的事業不一定能展得開。

學習佛法並不是智力比賽，而是要將法一點一滴地融入內心。其實，內心的境界可從外在的身語意上表現出來，倘若一個人內心寂靜調柔，那身語也會呈現出寧靜的姿態。無論住在寧靜的寺院裡，還是喧囂的鬧市中，若一直保持這種心態，生活上會如行雲流水般灑脫，不論到哪裡去，都不會被紅塵中的障垢所染污，誠如《華嚴經》所言：「猶如蓮華不著水，亦如日月不住空。」那個時候，哪怕是深居山林，以老虎、豺狼為伴，或者身入紅塵，到了茫茫人海中，你怎麼做都是在饒益眾生，因緣成熟時可為眾生開演殊勝妙法。

假如對弘法利生有希求心，何時都會有弘揚佛法的因緣。當然，這也要修過加行才可以，如果你連人身難得都沒憶念過，覺得世間上賺錢很重要、升官很重要，人身沒什麼難得的，最難得的就是地位、財富，目標已經轉到世間法上了，想利益眾生是天方夜譚。但若你對加行不但道理上明白，同時還反反覆覆在心中串習過，修得非常成功，那修任何法都絕對不會有問題。這一

點，我敢給你保證——有些人去醫院看病，經常問醫生能不能保證治好，醫生總是回答：「噢，這可不敢保證，我們連感冒都不敢保證。」同樣，你們如果沒有修加行，我肯定不敢簽字保證，但若把加行修得非常圓滿，像我這樣的人，可能也會拿起筆來考慮考慮。

有些人常跟我講：「我即生中想變成一個名副其實的修行人，上師，請您給我簽字擔保！」這要看你加行修得怎麼樣，如果修得非常好，我簽字可能有點把握。其他方面的話，現在世間那麼複雜，形形色色吸引人的東西層出不窮，凡夫的分別念很容易受外境誘惑，就像一個孩童在戰場上，誰也不敢保證他生命安全，同樣，你在那種環境中，沒有修過加行的話，我也不敢給你任何承諾。

甲二（所講之法）分三：一、共同外前行；二、不共內加行(89)；三、往生法。

「共同」與「不共」的差別有幾種解釋：

一、「共同」，指與顯宗共同；「不共」，指密宗不共。比如，人身難得、壽命無常的內容，在顯宗中可以體現出來；但法報化三身無二無別的皈依、觀金剛薩埵懺悔業障、修古薩里積累資糧，都是密宗的不共修

(89)為什麼叫做外前行、內前行呢？所謂「外前行」，並不是與外道相同的前行，由於那些修法不是特別深，一般的修行人都能通達，故稱之為「外」。與此相較，「內前行」的涵義比較甚深，一般人難以通達，故稱之為「內」。

法，顯宗中並沒有很明顯地提到。

二、「共同」，指與小乘共同；「不共」，指大乘不共。在小乘經典中，人身難得、壽命無常、依止善知識都有，而大乘的皈依、發菩提心、修金剛薩埵，則根本找不到。

三、「共同」，指與後譯格魯、薩迦等教派共同；「不共」，指前譯寧瑪派單獨具有。例如，人身難得、壽命無常等，是各大教派都有的，而後面部分的觀想對境主要是蓮花生大師，其他教派並非如此，故稱為「不共」。

四．上師如意寶還講過：「共同」，指很多人能行持的各個教派的基礎修法；「不共」，指其他人不能行持的本派的竅訣性修法。

總而言之，「共同」與「不共」有各種不同的說法。

共同外前行

乙一（共同外前行）分六：一、暇滿難得；二、壽命無常；三、輪迴過患；四、因果不虛；五、解脫利益；六、依止上師。

大圓滿前行廣釋（一）附大圓滿前行實修法

一、暇滿難得

丙一（暇滿難得）分四：一、思維本性閒暇；二、思維特法圓滿；三、思維難得之喻；四、思維數目差別。

丁一、思維本性閒暇：

我們常說「暇滿難得」，什麼是「暇」呢？「暇」指閒暇。總的來說，沒有生於八無暇處，而有空閒修持正法，就叫做閒暇。

現在很多人經常抱怨：「我現在忙得很啊！要去單位上班，要處理家裡許多事情，沒有時間修加行，也沒有時間閒思。等我退休以後，家人把我『開除』了，那時候再開始學吧！」於是一直明日復明日，把修行拖延到將來。這種做法不好，也算是一種無暇之處。不過，嚴格來講，下面所講的無暇才是真正的「無暇」，它從自相續所依的角度，大致分為八種，如果轉生到這些地方，的的確確沒有修行的機會。

在《前行備忘錄》中，對八種無暇講得非常廣，觀修時先修上師瑜伽，然後對地獄、餓鬼、旁生、長壽天等非人的四種無暇，以及邊地、持邪見者、佛不出世、喑啞等人的四種無暇，一個一個解釋得非常清楚，大家務必要參考。在藏傳佛教中，該書涵攝了非常甚深的實修竅訣。前段時間也講過，堪布阿瓊在書中說，每天閉

關修行分為加行、正行、後行，加行包括身要、語要、心要，正行則是觀修「人身難得」至最後引導文之間的修法。你們在學習的時候，應當把《大圓滿前行》所講的內容，結合《前行備忘錄》的修法及《心性休息大車疏》的教證和理證，認認真真地專注修持，若能如此，相續中定會生起牢不可破的定解。在座的道友們，前不久剛把「人身難得」十個引導文修完了，如果你修得不是特別滿意，從現在開始，可以把那些內容再修一遍。字面上看來，那些內容比較簡單，道理上誰都懂，似乎沒有必要修，但道理上懂跟內心生起定解是兩回事，所以　定要重視實修。

八無暇並不是藏傳佛教的一種特法，其實漢傳佛教中也有明確說明：在《中阿含經》中，八無暇又叫做八難、八非時[90]；義淨法師翻譯的《佛說八無暇有暇經》中，對八種無暇也有簡短宣說。但可惜的是，漢傳佛教很多經典一直放在藏經樓，在塵埃當中「入定」，自古以來講聞的傳統不太興盛。尤其現在，居士懂法義的比較多，但寺院裡的出家人卻不知在忙什麼，對聞思佛法興趣索然。按理來講，弘法利生的責任主要在出家人身上，在家人則要忙於商業、農業、工業、牧業，為了養家糊口有很多事要做，不可能完全出來弘揚佛法，否則的話，誰來養他？而作為出家人，不要整天待在寺院

---

[90]《中阿含經》云：「人行梵行而有八難、八非時也。」

大圓滿前行廣釋（一）附大圓滿前行實修法

裡，在佛像前供個燈就可以了，既然你把家庭、工作等一切都放棄了，就應該全心全意地繼承如來家業，不但自己要懂佛法，還有責任弘揚給他人。

所以，非常希望每個寺院都有講經說法的道場，有了講經說法，才算是如來正法住世。否則，寺院裡只有佛像、佛經，出家人有沒有都無所謂，那就像很多旅遊景點一樣，為了賺錢，到處塑一些菩薩像、佛像，下面標著「保佑」、「平安」等字眼，跟這個沒有什麼差別了。雖然漢地也有極個別道場注重聞思，但跟藏地相比起來，這種傳統並沒有得到普及。因此，希望漢地每個寺院都能有一個講法的講修院、一個修行的閉關處，此二者是佛法的核心，至於其他的，對出家人來講則可有可無。

不過，有些人也很想弘揚佛法，只是苦於沒有寺院的「政權」。這在藏地也有類似的現象，比如一個堪布想大力弘揚佛法，可寺院住持不贊成，他就無法發揮應有的作用。個別人也有這種情況，本來很想弘揚佛法，但當家師願意保持現狀，維持原有的狀態，這樣一來，自己的發心就會與現實相衝突。其實，寺院應該起到弘法利生的作用，否則，僅僅是個燒香拜佛的道場，這是不是在弘揚佛法還值得觀察。因此，大家一定要把佛法盡量推廣，有些寺院若沒有講法的傳統，今後應當想辦法培養起來！

那麼，何為八無暇呢？

所謂的八無暇，如云：「地獄餓鬼及旁生，邊鄙地及長壽天，邪見不遇佛出世，喑啞此等八無暇。」

一、地獄：如果轉生於地獄，日日夜夜連續不斷感受寒地獄的寒凍之苦、熱地獄的灼燒之苦，以及孤獨地獄、近邊地獄的各自痛苦，則根本沒有修法機會。佛經（《佛說八無暇有暇經》）中也說：「銅柱鐵山眾苦逼，煻煨糞屎刺刀林，於地獄中受斯苦，此處豈能聞正法？」

二、餓鬼：如果投生為餓鬼，不管是隱住餓鬼還是空遊餓鬼，都會終日感受飢渴的厄難，也不會有機會修法。

不要說餓鬼，即便是人沒有吃飯，也會餓得不想修行。就像有些人守八關齋戒，到了晚上的時候，根本沒精力聞思、背誦、磕頭，自己強迫自己早點睡覺，但翻來覆去也睡不著，所以在飢渴的狀態下，不會有心思修行。佛經中也說：「飢渴針咽苦逼身，雨注河流成猛火，於餓鬼中受斯苦，此處豈能聞正法？」我們今生沒有轉生為餓鬼，真的很幸運，否則不要說修大法，連念一句觀音心咒或者聽一部經典的緣分也沒有。

三、旁生：如果轉為旁生，不論是海裡的魚蝦，還是陸地上的牛馬，都會遭受被人役使或相互殘害的痛苦，也沒有修法時機。佛經中云：「更互恆懷怖害心，常欲展轉相食啖，於旁生中受斯苦，此處豈能聞正

大圓滿前行廣釋（一）附大圓滿前行實修法

法？」

四、長壽天：長壽天有不同的解釋方法，有些說是無色界天，有些說是欲界諸天，有些說是色界第四禪的附近。不管怎麼樣，如若轉生到長壽天，則將於多劫中一直安住在無想的狀態中虛度光陰，也同樣不具備修法的時機。

有些道友在家裡傻傻地待著，過了半個小時也不知不覺，這說明他要轉生長壽天了，很危險啊！長壽天的天人，就這樣多劫不起一個念頭，最後生起邪見而墮入惡趣，故絕對沒有修行的機會。佛經中也說：「若在天中有頂處，由先福力生於彼，長壽覺慧不分明，此處豈能聞正法？」

五、邊地：假設轉生在佛教不興盛的邊鄙地方，那裡無有教法、證法，也沒有佛教的四眾弟子，因而不會有修法的機會。

現在有些城市中，連三寶的名號也不知道，佛與神都分不清楚，尤其是漢地個別偏僻地方，對佛教一無所知，許多思維方式非常可怕，根本沒有取捨因果的概念。如果轉生到那裡，肯定無緣修行正法。

包括在座的有些道友，自己家鄉沒有佛教，可以稱之為邊鄙地方，你家裡若出一個出家人，覺得給整個種姓帶來恥辱。本來按理講，你的家族世世代代造惡業，好不容易有個出家人，應像得到如意寶一樣歡喜，正如

第十四節課

古大德所說:「一子出家,九族升天。」所有的親人都蒙受利益。可是他們有一些顛倒觀念,認為:「我女兒出家了,回來時千萬別剃著光頭啊!如果能回家過年,可不可以留些頭髮?短一點也可以。不然,我在別人面前實在抬不起頭來。」這就是所謂的邊地。佛經中也說:「生在邊方鄙惡處,耳不曾聞說法聲,無識恆居蔑戾車⑨,此處豈能聞正法?」

有時候我看你們不爭氣、不好好修行,心裡不舒服,生厭離心,但跟世間人比起來,你們放棄家庭、事業,頂住種種的壓力,來到清淨地方出家,我覺得還是很偉大。有些人頭髮留得非常好,卻想方設法把它剃掉,即使沒有找到人,也自己動手把它剃光,這是需要一定勇氣的。相信大家也看得到,如今大多數人每天殺盜淫妄,造惡業比誰都擅長,造善業卻什麼都不懂,甚至聽到「三寶」的名字,認為是瑪瑙、珊瑚、鑽石等三個寶貝。在這樣的環境中,今生有緣修行正法,真的非常難得!

六、持邪見者:若投生為外道或成為隨同他們的持邪見者,就會因為自相續被邪見染污,而沒有修法的良機。

外道主要是常見派和斷見派。現在斷見派特別多,認為前後世不存在、業因果不存在、極樂世界不存在、

---

⑨蔑戾車:又作篾隸車、畢[口*栗]車。舊曰彌離車。譯曰邊地。下賤種也。

地獄不存在……這種人不勝枚舉；還有一部分人雖然不持這種邪見，但沒有人生觀和價值觀，只要吃得好、穿得好就心滿意足，人生目標僅此而已，跟犛牛沒有什麼差別。佛經中云：「若人不信於三寶，說無因果無尊親，如是邪見壞其心，此人豈能聞正法？」

我們有時候邪見也比較多，經常產生各種懷疑。如果孩童時代就知道極樂世界存在、業因果存在，此時接受是全面性的，一輩子都會秉持這種信念。而有些人小時候沒有這種機會，一直被灌輸無神論的理念，現在突然以不同的因緣學佛，很難一下子改變過來，容易產生一些懷疑。但這種懷疑可用正理智慧予以根除，否則，相續中邪見此起彼伏、層出不窮，這個人沒有修行的機會。

七、佛不出世：若出生在佛不出世的暗劫，不要說修持正法，連三寶的名號也聽不到，不曉善惡取捨，也就不會有修法的機會。

幸好我們沒有轉生於暗劫，如今佛陀已經出世，且轉了三次法輪，佛法依然住世，生於這樣能辨別善惡的時代中，實在是莫大的福分。不然，若出生在暗劫中，定然沒有修行的機會。佛經中也說：「諸佛大師不出現，亦無妙法流世間，若人生居暗世中，此時豈能聞正法？」

八、喑啞：如果投生為心不堪能、諸根不具的喑啞之人，則心相續無法以佛法來調柔，由此導致無有機會

第十四節課

修法。

佛經中也說：「由彼先身造惡業，聾盲喑啞缺諸根，癡鈍即是人身牛，此人豈能聞正法？」

意即假如前世造了許多惡業，今生就會轉生為聾子、啞巴、盲人等諸根殘缺之人；或者其他諸根雖具足，但意識不堪能，非常癡鈍，給他講得清清楚楚的道理，一轉眼就忘光了，讓他上來卻下去，讓他下去卻上來。馬戲團的動物在鞭子的「教育」下，尚且能學會坐下、起來等基本動作，但這種人比動物還笨，讓他坐下的話，他會站起來，這就是心不堪能，這種人很難得到佛法的利益。

簡而言之，佛陀在經中云：「我說八無暇，是眾生難處，得住有暇者，斯人世希有。」佛陀所說的八種無暇，實際上是眾生的難處，若能遠離這八無暇而具足閒暇，修法一點危害也沒有，這在世間上確實希有。現在有些人說：「這個人今年賺了一百萬，很希有！」「那個人變成了市委書記，很希有！」這些沒什麼希有的，最希有的是什麼？就是原來你是城市裡忙忙碌碌的「犯人」，連一個小時的修法機會也沒有，而現在放下一切，每天無憂無慮地行持善法，這種快樂可以說是極為希有、也極其難得的。我們理應想方設法令自己具足這樣的因緣。

然而現在有很多人，讓他行持世間法的話，有條不

大圓滿前行廣釋（一）附大圓滿前行實修法

紊，極有計劃，時間可以安排出來，但讓他行持正法的話，常常藉口說「我現在不空」、「我特別忙」，總能找到百般理由來推辭。比如，讓他修菩提心，八點鐘起床都很吃力，而如果是公司上班，七點鐘起來也沒問題，這就是所謂的業障深重。我們現在修加行，很多人每天半小時能磕180或200個頭，但有些人連這個都做不到。其實很多無暇是你自己造成的，你每天再怎麼忙，半小時肯定拿得出來，所以大家應該要求自己，這一點我覺得比較重要！

第十四節課

第十五節課

下面繼續講「八無暇」。昨天講了八無暇的大致含義，現在再作進一步分析：

（一）地獄、（二）餓鬼、（三）旁生：

八無暇處中的三惡趣眾生，由於往昔各自惡業所感，夜以繼日、連續不斷地飽嘗痛苦，比如，地獄有寒熱之苦，餓鬼有飢渴之苦，旁生有互相殘害、被人役使之苦，根本談不上有修法的機會。

我們作為人，雖看不到地獄、餓鬼的景象，但對旁生卻可以親眼目睹。旁生界的任何眾生，哪怕是一天，也無法做到最初有皈依發心、最後有迴向發願來行持善法。所以，通過比量可以推知，餓鬼和地獄更不可能有聞法或修法的因緣。

地獄裡的寒熱痛苦，根本不像人間夏天的酷熱和冬天的寒冷；餓鬼的飢渴也不是人間飢餓之苦所能比的，我們哪怕一天沒有吃飯，也什麼法都修不下去，餓鬼就更不用說了；還有旁生的愚癡、遭受役使，根本沒機會修任何法。所以我們要明白，三惡趣不會有修行的機緣，正因為如此，《正法念處經》中說：「云何聽法？畜生之中，互相殘害，餓鬼飢渴，地獄苦逼。」對三惡趣的痛苦描寫得十分清楚。

我們一定要時時發願，千萬不要轉生到惡趣中去。

大圓滿前行廣釋（一）附大圓滿前行實修法

三惡趣當中，旁生算是比較好的，可一旦轉生為旁生，感受痛苦的時間也相當漫長。從前給孤獨長者為佛建造精舍，佛看著地上的螞蟻，對給孤獨長者說：「此蟻自毗婆尸佛出世已來，已經歷七佛，至今還墮落為蟻身。」還有，舍利子曾入三昧，觀察一隻鴿子的過去和未來，發現牠八萬大劫來常作鴿身，八萬大劫後也未免鴿身，一直看不到前際後際。佛告舍利子：「此鴿除諸聲聞、辟支佛所知齊限，復於恆河沙等大劫中常作鴿身，罪訖得出。輪轉五道中，後得為人，經五百世中，乃得利根。」旁生得人身都如此之難，何況餓鬼和地獄眾生了？因此，一旦墮入三惡趣中，不僅僅是一世兩世，乃至無數劫都聞不到佛法，聞不到佛法就解脫不了，解脫不了的話，將沉溺於輪迴苦海遙遙無期。

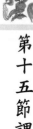

　　《前行》的每一個道理，作為有智慧的人務必要細心琢磨，只有一而再、再而三地思維，修行才會有效果。否則，即使上師給你揭示了禪宗或密宗的最高境界，什麼「認識心的本性」、「光明無為法」，這些金剛語聽起來很舒服，你當下似乎也有一種感覺，但實際上，這就像在冰上倒開水一樣，剛開始會融化一點，但過一會兒又凍上了。為什麼呢？因為你沒有基礎，這些境界就不穩固，無法在你相續中一直存留。因此，大家必須先把加行基礎打牢，然後再修學一些大法，這才會對自相續有利益。

然而，現在許多情況與此恰恰相反：如果傳一些大法，大家都蜂擁而至，傳加行的話，則遠遠逃離，這樣一來，大法對你絕不會有利。有些人從來沒思維過「八無暇」，自以為獲得高深境界易如反掌，雖然這種願望很好，可是你剛強難化的相續若未以佛法甘露來滋潤調柔，任何境界都不會平白無故地產生。

因此，希望大家對前行要修好，對三惡趣的痛苦要思維，一直到生起真實的感受為止。不然的話，法師要求你觀修三惡趣，你只是稍微修一下，產生一點點分別念，這是絕對不行的。修行必須要把法融入內心，最後產生堅定不移的定解，什麼樣的定解呢？「我千萬不要墮入三惡趣，否則，的確沒有聽受正法的機會。若對佛法連聽都沒有聽，那修行更不會有了。」如果能生起這種信念，說明你對三惡趣有厭離心。

（四）邊地：

古印度有很多不信佛教的邊地，根據地方不同，可分為羅卡查族等32種，還有些論典中說有108種，若把最小的邊地也算進來，總共有1200種。不管怎麼樣，世間上有許多部落、民族根本不信仰佛教，不但不信仰，反而還有各種陋習。例如，邊陲異教(92)的教徒們，聲稱損害為正法，視殺生為善業，對神明殺生祭祀，把損害眾

(92)邊陲異教：也稱野人教。相傳為一名「蜜慧」的人，於公元624年在麻喀地方創立的一種宗教。

生視為解脫。

這是非常不好的行為。我們作為佛教徒，雖然從人類大團結的角度講，各宗教之間以及與非宗教之間要和睦相處，但見解上互相抵觸時，自己一定要頭腦清醒，堅定自己佛教的立場。有些佛教徒把各種宗教混為一談，這實在不合理。為什麼呢？佛陀在經中說：「損害他眾非沙門。」而其他宗教，包括伊斯蘭教、基督教，他們的教義跟佛教不相同。譬如，《聖經》中說，因為百姓放肆，上帝在發怒的時候，殺死了一千人、三千人乃至十萬人等等。還有些宗教的經典中說：「你們在哪裡發現他們（不信道者），就在哪裡殺戮他們。」「他們（不信道者）的報酬，只是處以死刑，或釘死在十字架上，或把手腳交互著割去，或驅逐出境。這是在今世所受的凌辱；他們在後世，將受重大的刑罰。」這些說法與佛教觀點截然不同。

我曾講過《影塵回憶錄》中倓虛法師的一段經歷：有一次他在北塘到天津的火車上，遇到一個基督徒，兩人一路上有許多精彩的辯論，其中有這麼一段：基督徒說：「凡是活著的動物，都是人們的菜蔬，你們出家人為什麼不吃葷？」法師反駁：「因為牠也是一個生命！」並以子之矛、攻子之盾說：「當初上帝訓誡後人不要吃動物的血，因為動物的生命都在血中。既是動物的生命在血中，肉是血長起來的，血裡有生命，肉裡就

沒生命嗎？肉裡就沒血嗎？……」法師從各個角度駁斥，最後那人啞口無言。

現在有些佛教徒在很多場合中說，各大宗教都是一樣，都是「行善」的。從行善的角度來講，一些宗教是有做慈善、建醫院，這些都很好，我們也不反對。但如果因為有一部分慈善，就認為自他見解完全一致，這是不合理的。包括在藏地，麥彭仁波切說過，苯教與佛教歷來有一些衝突，二者在見解上有天壤之別，不應混淆不清。比如，苯教轉經輪是逆時針，轉神山也是逆時針；而我們佛教認為，逆時針轉一遍，有全部毀壞的過失，平時看到電動轉經輪在逆轉，趕緊會去糾正過來。假如因二者有些許相同之處，就認為它們的見修行果一模一樣，沒有任何衝突矛盾，對此理應值得觀察，不要為了達成自己某種目標，就開始安立各種理由。

我們作為佛教徒，見解不能跟外道混為一體，但也不要看見他們就怒目相向，甚至掉頭就走。他們畢竟也是眾生，我們發了菩提心，就應當對天下眾生一視同仁，只不過見解不能模棱兩可，覺得學這個也可以、學那個也可以。有些人認為佛教與外道沒什麼兩樣，於是勸許多佛教徒徹底放下佛教，加入外道的教堂或者學會。這一點我自己完全不贊同。皈依三寶的功德是什麼樣的？捨棄佛法的過失又是如何？每個人應該心中有數。所以在大的問題上，大家要擦亮自己的慧眼，認認

大圓滿前行廣釋（一）附大圓滿前行實修法

真真地對待。

外道推崇殺生祭祀，這些邊地的野蠻人，雖然外表有腳有頭，看起來是人相，但內心頑固不化，根本不能轉向正法方面。尤其是漢地很多大城市，雖然興旺發達、極其繁華，但造惡業十分嚴重，這些地方均可稱為「邊地」。你們不要認為邊地就是經濟落後、偏僻邊遠的農村，像上海、北京等大城市肯定不是。其實，邊地分為佛法邊地和地界邊地，印度以外的地方是地界邊地，而四眾弟子不具足，或者即使具足但對其身心無有利益的地方，就叫佛法邊地。因此，有些大城市的人，身上穿得特別光鮮、口中吃得特別高檔，可若對佛教一無所知，也可以稱為「邊鄙人」。

在邊鄙地方，有許多行為與正法背道而馳，甚至還有娶母為妻等惡習陋規。像印度東部的一些地方，到目前為止，此類現象仍屢見不鮮。在2006年，有一個叫羅賓的人，聽從山神指示，與母親完婚。據悉，他母親攀登拉克什米山時跌落下來，因此，認為山神一定是在懲罰她。她一直祈禱，三個月以後，山神入夢告訴她，若能與自己的兒子結婚，婚姻會消除她的災難。於是她詢問十多歲的兒子，兒子同意了這門婚事。之後，二人在四百多人的村子裡舉行了婚禮。對此，當地一名人類學家說：「這種情況並不希奇，對於當地人而言，經常會發生和樹、狗或其他動植物結婚的現象。」

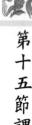

　　邊鄙地方的人，形象上跟人一樣，但行為違背正法、違背倫理，什麼事情都做得出來，所以，他們信仰佛教、如理修行真的相當難得。我認識一個人，他經常說：「我在不信佛教的群體中能信仰佛教，而且信仰了具有聞思修行的藏傳佛教，是我一生中的福報。我小學、中學、大學的所有同學，基本上有一百多人，一百多人中只有我一人信佛，因此感到非常榮幸！」他的話確實有道理。現在很多人都認為，行善是一種迷信，學佛是一種逃避，無惡不作才合情合理。他們對殺生、狩獵等不善業的伎倆極為擅長，所作所為全部是在造惡業。

　　有時候看來，不要說一生造業墮入惡趣，僅僅是吃一頓飯，也能讓有些人在惡趣中多生累劫爬不出來。尤其是許多有錢人，造的惡業更為可怕，每頓飯要求很高，有點肉食還不夠，還要吃活鯉魚、龍蝦、穿山甲、猴腦等等。其實，地獄並不是在我們看不見的地方，一到了飯店，它已經在人間上演了。那些美女和帥哥就是閻羅獄卒，他們一個個牙齒上滴著鮮血，只有動物的鮮血才能讓他們滿足，為了一時的口腹之欲，無數眾生付出了寶貴的生命。

　　所以，現在社會到底是進步還是退步？人類的確需要反思。很多人經常認為，過去穿得破破爛爛，現在穿得華麗舒適；過去住在土房子裡，現在住在高樓大廈中，電視上也好、報紙上也好，老百姓都交口稱讚現在

大圓滿前行廣釋（一）附大圓滿前行實修法

生活多麼美。可是人們往往忽略了，在物質高速發展的背後，我們的心已破破爛爛、面目全非，且不說大乘的慈悲理念，即便是孝順父母、尊敬師長等人文道德，也早已被眾人棄如敝屣。孩子們迷戀於網絡遊戲，大人們拼命地追逐享樂，真的成了一個瘋狂的世界。

包括藏地有些人，其行為也令人大跌眼鏡。前兩天有個熟人給我打電話，求我可不可以借錢來救他的命。我問了一下什麼原因，沒想到他在一個月中賭博，竟然輸了150多萬。以前他每月有幾千塊錢工資，生活過得快快樂樂，可是後來財迷心竅，最終落得一敗塗地。他跟我說得很漂亮：「我畢竟也是一個眾生，您可不可以拿放生錢來救我的命？」我直接拒絕：「放生錢不是用來還賭債的，這肯定沒辦法！」據我了解，附近幾個小縣城裡的很多人，包括一些公務員，因賭博而借高利貸，今天借一萬塊，明天早上要還一萬五，如果到期不能還，利息就要翻多少倍。沒有頭腦的人為了貪錢，根本不計後果，結果利滾利，債務像雪球一樣越滾越大，有些人還不起就跑了，一輩子東躲西藏、提心吊膽，還有些人傾家蕩產、家破人亡。

如此道德淪喪的可怕現象，現在各地隨處可見。在過去，雖然沒有高樓大廈，但人們過得快快樂樂，有一種慈悲心，有一種滿足感。而現在無有頭腦的人，對造惡業隨波逐流，一切的一切只有毀於一旦。其實，人們

第十五節課

津津樂道的現代化、工業化、科技化，背後隱藏著環境污染、生態失衡、人文道德退失……這到底是進步還是倒退？作為一個理性的人，應該反反覆覆地思考。假如你始終跟不信因果的斷見派同流合污，到了最後恐怕會後悔莫及。

現在很多人聚在一起，聊的就是：「這個人的工資多少？」「那個人賺了多少錢？」一直談論錢財或者非法行，從來也不講做慈善、利益眾生。且不說殊勝佛法，就連世間的唐詩宋詞，他們也沒有興趣。過去的老師對唐代詩人寫了什麼詩、那個詞內容是什麼，都朗朗上口、耳熟能詳，而現在的老師，成天琢磨的就是：「我怎麼樣才能漲工資？」「某某人很有錢啊，買了房子，買了車，我一定要超過他！」貪嗔癡的信息從四面八方衝擊著感官，自己的意識充滿種種染污，根本不知方向，不可能懂得佛法的道理。

有時候我很想講一些法，可一聽到外面的情況，就很失望。雖然我沒有大圓滿、大中觀的最高境界，但前行的這些境界，例如人身難得、壽命無常，依靠傳承上師加持和自己努力，我自問還是有一點。這種定解任何人也無法動搖，如果能轉到另一個人的相續，對他肯定有百利而無一害。可惜的是，現在找不到合格的法器，我想把這種境界傳給別人，但沒有人聽。即使聽了也不會修，一直忙著他的瑣事，聽完一節課以後，在一個禮

拜中根本不看書，既然不看書，對法義怎能真正通達呢？沒有通達的話，修行又怎能成功呢？如今簡直越來越末法了，出家人也是——不說了，算了，今天又不是開「批鬥大會」！

總而言之，邊地對不善業極為擅長，所作所為全部是在造惡業，因此，他們中的多數人死後立即墮入惡趣。由此可見，邊地純屬無暇之處。

（五）長壽天：

長壽天，就是無想天。《俱舍論釋》中說：無想天位於四禪廣果天附近，轉生於此的眾生，在八萬大劫或五百劫中，就像凍在冰中的魚一樣，滅盡一切粗大心識，安住在無念的狀態中⑨③。我們藏地的旱獺，三四個月中在地洞裡「閉關」，牠也不生分別念，但還是在喘氣——冬天早上能看到一些洞口有很多霜，這說明洞裡有「閉關者」。

有些人每天就是打坐，什麼善事都不做，這樣若利於解脫倒非常好，但有時候對坐禪還是要好好分析。像漢地禪宗、淨土宗的有些寺院，在原有傳統的基礎上，若能借鑒藏傳佛教的有些教義，肯定是有利益。但有些人可能懷疑：「你是不是在拉攏人啊？想通過這種方法改變我們的信仰。」這是我夢中也沒有想過的，只不過

第十五節課

⑨③本來，他們以為這種沒有善念惡念的禪定就是解脫，但當八萬大劫或五百劫過後出定時，他們發現自己並沒有獲得解脫，於是對佛法生起邪見，以此惡業而墮入惡趣。

272

自己學習佛法多年，對修行的障礙了解得比較多，末法時代這些很容易出現，所以非常希望大家互相學習。

在禪宗歷史上，高僧大德的傳記中，開悟的人確實不計其數，就像大圓滿的成就者一樣。但是後來，有些竅訣沒有如理如實地傳到位，許多人憑自己的想像坐禪，經常出現一些歧途。因此，依聞思修行來指引修證、印證境界非常有必要。否則，一直安住在無念的狀態中，很可能會轉生長壽天，於禪定中安住數個大劫，一旦引業窮盡，將以邪見之因而下墮惡趣。

有些天人安住在無念的禪定中，沒有修行的機會，而有些天人由於放逸過甚，成天忙著娛樂、享受，也沒有時間修法。（現在漢地有些城市裡的人，條件稍微好一點，就開始追求各種享樂，像生活在天堂裡一樣，實際上這對修法很有影響。）曾有這樣一則公案：佛陀在世時，神醫耆婆常為國王、僧眾等治病，並在目犍連面前皈依了三寶。耆婆死後轉生於忉利天。有一次目犍連因為弟子有病，就升到忉利天去向耆婆問診。當時正趕上天人們進入歡喜園，目犍連在路旁站著等待，沒有一個天人看他。只有耆婆最後到的時候，坐在華麗的花車上，向他舉起單手致意，然後乘車飛馳而過。目犍連雖是大阿羅漢，但心裡有點不舒服：「我的弟子怎麼對我這種態度啊？我好不容易從人間來趟天界，他不但不請客，反而招個手就走了。」於是以神通定住耆婆的花車，耆婆不得已只好下車，向尊者頂禮。尊

大圓滿前行廣釋（一）附大圓滿前行實修法

者以種種因緣訓斥他，耆婆回答說：「實在沒辦法，我們這裡忙得很，每天玩都玩不過來。您看，其他天人對您連招呼都不打，正因為我在人間是您的弟子，所以才用了最大的力氣向您舉一隻手問訊。」

我們人間的生活比不上天界，但有些人也只要有條件，就今天看節目，明天到卡拉OK廳，後天逛花園，再過兩天到九寨溝、三亞……一直這樣散亂著，絕不會有修行的機會。有些人覺得人間很苦，發願來世要轉生天界，可在天界享樂並不是真正的解脫，這無有任何實義，所以大家不要有這種念頭。

（六）持邪見者：

一般而言，持邪見者指置身於佛法之外、持有常斷邪見的外道。所謂常見，即宣稱上帝、帝釋天常有存在；所謂斷見，是指鼓吹前後世不存在、業因果不存在、三寶四諦不存在、人死如燈滅等等。這些人自相續被邪見染污，對真實正法不起信解，因此也無有機會修行正法。

但值得慶幸的是，在藏地，昔日「鄔金第二佛」蓮花生大師剛入藏時，降伏了途中製造違緣的十二個鬼神⑭，並讓其承諾永遠守護藏地的佛教，致使真正的外道無機可乘。

⑭即護地母十二尊，又名永寧地母十二尊，立誓永遠保佑藏土的十二尊主要地祇女神：遐邇名揚地母、葉岩孚佑地母、普賢地母、魔后地母等為四魔女神；獨具支眼地母、賢德明妃地母、剛烈尊勝地母、白衣龍后地母等為四藥叉女神；藏土孚佑地母、太一濟世地母、麗質冰心地母、翠聰綠炬地母等為四女醫神。

記得薩迦班智達曾與印度外道措傑噶瓦辯論，兩人當時約定：如果薩迦班智達輸了，則捨棄佛教，加入他們宗教；如果措傑噶瓦輸了，則捨棄自宗而皈入佛教。結果外道以失敗告終，薩迦班智達準備把他帶回藏地。到了尼泊爾和藏地交界處，措傑噶瓦說：「我最好不去吧，不然，護地母十二尊恐怕不會讓我進藏。」薩迦班智達說：「不要緊，我帶著你，應該沒事。」可是快要接近藏地時，措傑噶瓦突然吐血身亡，也有說被雷劈死。（以前我們去印度的路上，有些人介紹說：「措傑噶瓦死的地方就在這裡。」）薩迦班智達只好把他的髮辮帶回了薩迦寺，據說至今此髮辮仍存放於薩迦大殿中。

由於十二大護地母的護持，外道確實無法進入藏地。後來的許多上師，包括法王如意寶及國外很多大德，也造過護地母的各種祈請文，現在各大寺院經常念誦。儘管如今藏地佛法不像以前那麼純潔，斷見派的也比較多，常見派的也有一些，但外道的殿堂和傳教士仍無法長驅直入，不像其他大城市一樣，各種形式的外道道場遍地開花，基本上被外道占領了。而在藏地，佛教之所以長盛不衰，無不歸功於護地母十二尊的護佑。

藏地的佛法殊勝無比，若被外道、邪道所染污，真的特別可惜。由於藏地是全民信教，不管小孩、中年人、老年人，從小就有念佛和拜佛的觀念，這並不是一種個人信仰，而是已與整個民族融為一體，眾人的生活

大圓滿前行廣釋（一）附大圓滿前行實修法

觀與佛法的慈悲連在一起，佛教的影響在生活中處處可見。這樣的地方確實很希有，不信佛的人前往藏地，哪怕去了一趟拉薩，內心也能得以淨化。包括前不久有些老師來到我們學院，原本他們極力反對佛教，後來徹頭徹尾地改變了，上來時是一種人，下去時是另一種人，這也是佛法道場和護法神的加持。因此，真正的外道在藏地非常少。

可是，作為與之雷同、對正法和上師起邪見的人，其實跟外道沒有什麼差別，他們也沒有如理如實修持正法的時機。上師如意寶講過，一旦自相續被邪見染污，上師再怎麼樣如法，他也看不到。在三界當中，像釋迦牟尼佛那樣斷證圓滿的善知識獨一無二，可是飲光外道因邪見所致，見佛陀具足九種過失或十八種醜相，根本看不到三十二相、八十種好，就像膽病患者見白色海螺是黃色的一樣。所以，在很多邪見者的眼中：這個上師貪心大，那個上師嗔心大，那個上師嫉妒心大，這是傲慢的專家，那是吝嗇的專家……每天除了看上師過失以外，從來看不到上師功德，即使在上師身邊待了很多年，不但得不到任何利益，反而可能有害處。

原來有一個人說：「我對您經常生邪見，所以我明天準備離開，不想待在學院。」我說：「你不要明天離開吧，還是今天離開好一點！」真的，這樣沒有必要。我倒不是說自己具法相，肯定沒有。我以前學《竅訣寶

藏論》的時候，記得有一個教言說：「自尚不具弟子之法相，想做上師矛盾又可笑。」我深信自己連弟子法相都不具足，更不可能去做他人的上師，這不是說什麼謙虛話。但佛法的加持極大，從我口裡說出來，對別人也許會有一點利益，就像是一個聾子，他自己雖然聽不到聲音，卻能彈奏樂器讓別人快樂。佛經中也說，縱然自己是性格很壞的人，但為具信心者傳法，也會有意義。我是以這種原因給大家傳授佛法的。

你們在依止其他上師的過程中，也應當觀察自己心態，倘若心不清淨，依止的時間再長也不一定有利。例如：善星比丘雖承侍佛陀已有二十五年（也有說二十四年）之久，但對佛陀無有絲毫信心，唯生邪見，他認為：「除佛有一尋光之外，悉皆與我相同，根本無超勝處。」並說：「二十四年為汝僕，除身具有一尋光，芝麻許德吾未見，知法我勝莫為僕。」因此離開佛陀。七日之後，他在花園中墮為餓鬼。賢劫千佛來到這個世間，都會講述他的經歷，千佛全部出世之後，他才開始墮入地獄，然後再慢慢轉為人身。可見，生邪見的果報非常可怕，具邪見者不會有修行佛法的機會。我們平時沒有生邪見時，一定要經常祈禱上師三寶，以令自相續中生起正見。

（七）佛不出世：

佛不出世，就是指轉生在無佛出世的暗劫之中。一

旦投生在佛未現身的空世中，就連三寶的名號也聽不到，遠離正法光明，所以也屬於無暇之處。我們現在生於佛出世的明劫，佛陀轉了三次法輪，佛法也沒有隱沒，此時正具有修行的閒暇。

（八）喑啞：

假如轉生為喑啞之人，自相續剛強難化，聞法、講法、修法對他們來說，實在力所不及。所謂的喑啞，通常指不具備「知言解義」這一人之法相的啞巴。但由於意根喑啞之人愚不可及，什麼道理都一無所知，無法領悟正法含義，所以也屬於無暇之處。

有些人特別愚笨，今天講了什麼法，一點一滴都不懂，如此可稱之為喑啞。但這種人在世間上比較少。在座有些道友自以為非常笨，但實際上，你去理解的話，不論是念觀音心咒、念南無阿彌陀佛、行持一些善法，多多少少都會懂一點，若是這樣，則不算是轉生於無暇之處。

通過以上分析，大家一定要通達八無暇，這與我們自身有一定的關係，倘若沒有空閒修行，每天都忙於世間八法，那短暫的人生中，肯定拿不出一個「境界」來。寂天菩薩說過：「吾當再三思，歷劫得暇滿。」無垢光尊者在《大圓滿心性休息》中也說：「友等暇滿寶藏身，六趣之中極難得。」所以，我們對自己應該有種強烈的要求，既然多生累劫才能得一個暇滿人身，就要

第十五節課

以難得之心來珍惜，利用它獲得一點點利益。

　　現在擁有這樣的人身，我們應當像病人遇到良醫一樣，認認真真地聞法。佛經中也說：「猶如病者遇良醫，應可至心聞正法。」哪怕一天只聽一堂課，這個功德也不可思議。這種機會不一定很長久，每個人只有一段緣分，假如你福報不夠，或許只有一兩年的時間聞法，而不可能有二三十年那麼久的聽法時間。因此，為了自己今生來世的利益，大家務必要珍惜這個機會，盡量克服各種困難違緣。

　　在聞法的過程中，最可怕的敵人就是懈怠。誠如《正法念處經》所言：「若求現未樂，應離於懈怠，放逸懈怠人，如狗等無異。」意思是說，若想希求今生來世的快樂，一定要竭盡全力遠離懈怠，懈怠放逸的人整日渾渾噩噩，跟豬狗沒有什麼差別。

　　我經常害怕自己懈怠，所以總是多增加一點課，累一點不要緊，病了也沒什麼，反正每天必須堅持講課。在講課的時候，也多安排一點善法，比如，課前念《釋迦牟尼佛儀軌》、《普賢行願品》，課後跟大家一起磕頭，這樣心裡很舒服。有了一堂課的話，能強迫自己做很多善事；而不講課的那一天，這些讓我自己一個人在家做，又要念《普賢行願品》，又要磕頭，力量會很薄弱。所以，每天最好能上一堂課，集體共同修持善法，這樣真的很快樂！

大圓滿前行廣釋（一）附大圓滿前行實修法

《前行廣釋》思考題

第1節課

1、你對《大圓滿前行》有哪些認識？堪布仁波切在課前提的兩點要求，你自己能否做到？

2、解釋題目：大圓滿龍欽寧提前行引導文·普賢上師言教

3、當今時代，很多人不修前行就直奔大法，對此現象你有什麼看法？修持前行，對一個修行人來講有何必要？請談談你自己的感想。

4、華智仁波切在造論之初，為什麼寫那麼多頂禮句？你從中學到了什麼？

5、請詳細解釋什麼叫「三大傳承」？為什麼要了解這些？你平時是如何祈禱傳承上師的？

第2節課

6、《大圓滿前行》的內容是什麼？這些內容是否只是前行法？為什麼？

7、本論是華智仁波切怎麼樣造的？你對此有哪些感觸？

8、有些人認為，聞思太多了只會增加分別念，故而聽一兩部法就可以了。這種想法是否正確？請以你自己的體會進行說明。

大圓滿前行廣釋（一）附大圓滿前行實修法

『聞法方式』

第3節課

9、發菩提心需要具備哪兩個條件？請一一說明。你是不是這樣發菩提心的？

10、怎麼樣緣一切有情生起大悲？請以竅訣的方式闡明。你這樣觀想之後，自相續有哪些改變？

11、什麼叫做三殊勝？行持善法為何要以三殊勝攝持？你今後能否做得到？

12、善行是大是小以什麼來決定？為什麼？明白這個道理，對你有哪些幫助？

第4節課

13、請以教證概述密宗有何特點？請具體闡明密宗哪方面與顯宗相同，哪方面比顯宗超勝？對此你有什麼認識？

14、密宗有許多不經苦行即證佛果的甚深方便，歸根結底主要依賴於什麼？你打算如何觀修？

15、觀清淨心應避免何種錯誤觀念？這是否唯一是密宗的修法？為什麼？請引用公案進行說明。

16、聽聞佛法的時候，應當怎麼樣觀清淨心？請一一闡述不同的明觀方法。你會用哪一種？

17、什麼叫做「本來常有相續輪」？明白這一點，對你有哪些幫助？

《前行廣釋》思考題

第5節課

18、請以上師為例，說明一切萬法本來清淨。並具體分析，上師是三寶、三根本、三身、三世佛的總集。

19、惹瓊巴夢中去鄔金淨土時，聽到了什麼不可思議的事情？這對你有哪些啟示？

20、為什麼說上師的恩德勝過諸佛？有人認為這只是密宗的片面之詞，你對此是如何看待的？為什麼？

21、我們應當怎麼樣對道友觀清淨心？這是基於什麼理論？請引用教證加以說明。

22、在聞法時，什麼叫做法器之三過？此三過如何依次障礙聞、思、修？你平時具有哪些？今後打算怎麼做？

第6節課

23、修持佛法的過程中，需要經歷哪五個階段？其各自有什麼特點？請以比喻一一說明。

24、聞法的諸多威儀中，哪一條令你最有觸動？為什麼？請引用具體事例進行闡述。

25、一般而言，怎麼樣才叫依止上師？為什麼？這方面你有哪些經歷？現在有何感想？

26、請以比喻描述聞法的三種過患。倘若聞法時雜有煩惱或不良動機，將會導致什麼後果？最終你得出什麼結論？

大圓滿前行廣釋（一）附大圓滿前行實修法

第7節課

27、什麼叫做六垢？請一一解釋。六垢對聞法有何影響？

28、為什麼說在所有煩惱中，傲慢和嫉妒最難認識？你自己對此有哪些體會？

29、在聽法的過程中，一切功德為何與傲慢者無緣？你是否有傲慢？請舉例說明。今後你打算怎麼樣做？

30、信心分為哪四種？請具體闡述。哪一種信心最好？你有什麼樣的信心？

31、為什麼說對世間和出世間而言，具有希求心都相當關鍵？你如何理解「法本無主人，誰勤誰得大」這句話？

32、佛陀在因地時，對佛法是怎麼樣希求的？相比之下，你又是怎麼做的？對此你有何感想？

第8節課

33、眼耳鼻舌身意六根識若貪執外境，分別會有哪些過患？請用比喻一一說明。你對其中的哪個比較有體會？為什麼？

34、在聞法和修行時，應當如何斷除三世分別念？如果實在無法斷除，如何才能轉為道用？請引用無著菩薩的教證進行說明。你今後會怎麼做？

《前行廣釋》思考題

35、倘若對未來不切實際地幻想，如此會有什麼過患？請以公案進行說明。是否對未來所有的打算都不能有？為什麼？

第9節課

36、什麼叫做內收？聞法和修行時若內收，會有什麼樣的過患？你平時是這樣的嗎？

37、修行時如何才能做到鬆緊適度？請引用公案、教證加以說明。這與世間的做法是否相違？對此你有哪些體會？

38、聞法時在什麼情況下，會產生疲厭的心態？產生這種心態時，應當如何對治？假如實在無法對治，那應該怎麼辦？

39、今生遇到如此殊勝的佛法，是不是平白無故的？為什麼？明白這個道理，對你心力提升有哪些幫助？

第10節課

40、什麼叫持文不持義？什麼叫持義不持文？哪些情況屬於持文不持義？哪些情況屬於持義不持文？你是否有這些過患？

41、假如偏墮於文字或意義一邊，對聞思修行有哪些影響？請說說你自己的體會。

大圓滿前行廣釋（一）附大圓滿前行實修法

42、有些人認為：「凡是佛陀親口所宣，就是最究竟、最了義的，對此應當不折不扣地受持。」這種觀點正確嗎？請詳細說明理由。

43、什麼叫上下錯謬而持？什麼叫顛倒而持？二者的區別在哪裡？你認為怎樣才能杜絕這兩種過患？

44、在聞思修的過程中，對難法和易法應該分別持何種態度？什麼樣的現象是需要避免的？

45、概而言之，講述聞法方式時，「所斷之行為」分為哪幾種？各自講了什麼內容？請依科判大致歸納。通過學習這些，你最大的收穫是什麼？

第11節課

46、什麼叫做依止四想？請結合自己的情況具體解釋。每一條你都能真正做到嗎？

47、在依止上師的過程中，倘若上師是大成就者，但他有些行為無法讓人接受，這時候你該如何對待？請以教證、公案進行說明。

48、有些人認為：「我根本不用修善法，造惡業也沒關係，因為我的上師是大成就者，只要好好地祈禱上師，上師就會把我像塊石頭一樣扔到極樂世界。」這種想法是否合理？為什麼？如果你周圍有這樣的人，你打算怎麼勸導他？

49、什麼叫做上師的慈悲？這與你自己的理解有何

出入？明白這一點，對你有哪些幫助？

50、為什麼說現在是計劃永遠快樂或永遠痛苦的警戒線？你對此有什麼樣的認識？

第12節課

51、藏地經懺師在超度亡人時說：「上去下去之關鍵，如馬隨彎頭所轉。」對於這句話，你是如何理解的？最終可得出什麼結論？

52、依藏地的習俗，若有人死了會怎麼樣對待？相較於漢地的傳統，你有哪些體會？今後有何打算？

53、為什麼說人身造善業、造惡業的能力均超過其餘五道？明白這個道理，對你有什麼樣的幫助？

54、「四想」的違品是什麼？請以比喻具體說明。現在社會上是否存在這種現象？你對此如何看待？

第13節課

55、有些人認為：「六度要逐一行持方可圓滿，布施時不能持戒，持戒時不能修安忍……」這種想法正確嗎？為什麼？

56、我們在聞法的過程中，如何於一堂課中具足六度？這樣有什麼功德？你以後打算怎麼做？

57、講法、放生、念佛時怎樣圓滿六度？請一一說明。這對你有哪些啟示？

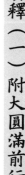

大圓滿前行廣釋（一）附大圓滿前行實修法

58、按照《毗奈耶經》的觀點，對哪幾種人不能講法？如果聞法時行為不如法，這會導致什麼過患？正確的聞法方式是什麼樣的？

『暇滿難得』

第14節課

59、了解道次第對我們來講有何必要？請引用公案進行說明。最終可得出什麼樣的結論？

60、你對《前行》這部法是如何對待的？請用具體行為加以描述。這是什麼原因造成的？

61、有些人認為：「佛法的內容應該創新，如果古往今來都是那一套，則無法吸引新新人類。」對此你怎麼樣看待？

62、共同前行與不共前行的差別，有哪些不同的解釋？請一一列舉。

63、八無暇是否僅僅為藏傳佛教的說法？為什麼？請引用佛經的教證，詳細說明何為八無暇。

第15節課

64、三惡趣具體有哪些痛苦？請以旁生為例，說明一旦墮入惡趣，則根本不會有修法的機會。

65、有些人說：「佛教和其他宗教沒什麼兩樣，都

《前行廣釋》思考題

是行善的。」對此觀點你怎麼認為？為什麼？你身邊若有持這種論調的人，你打算如何幫助他？

66、什麼才是真正的邊地？你所居住的地方屬於邊地嗎？請說明理由。

67、現在科技高速發展，人們的物質生活一天比一天好，社會到底是進步了還是倒退了？為什麼？請談談你自己的感想。

68、轉生於什麼樣的天界，就不會有修行的因緣？請一一說明。你相續中有這樣的種子嗎？

69、什麼叫做喑啞？有些人生性愚笨，這是否也算是一種無暇？為什麼？

大圓滿前行廣釋（一）附大圓滿前行實修法

《前行廣釋》 思考題

前行實修法

全知無垢光尊者　著

索達吉堪布　傳講

我們講《大圓滿前行》的同時，這次也要求共同修行。

修行的內容，主要是根據無垢光尊者的《大圓滿心性休息實修法》。每天我先以簡單的語言講一個引導文，接下過後，大家用5分鐘的時間，以坐禪的方式思維法義。

一般來講，每一個引導文需要觀修三天。如果因緣和時間具足，每天最好能修四座；如果實在不行，至少也要保證兩座，這樣不斷地修下去。否則，對《前行》僅是理論上了解，卻從來沒有真正思維過，那肯定是不行的。

每次修行的時候，對上師三寶要有虔誠的信心。以這種信心為基礎，首先念誦皈依偈(95)；之後一邊念誦發心偈，一邊發菩提心，觀想為了利益天邊無際的一切眾生而修此法。

(95)可以是《開顯解脫道》中的皈依偈，也可以是其他傳承上師以金剛語造的皈依偈。

皈依偈：

ནམ་མཁའི་གནས་སུ་ནམ་མཁའ་གང་བ་ཡི། །

安住虛空遍滿虛空者

བླ་མ་ཡི་དམ་མཁའ་འགྲོའི་ཚོགས་རྣམས་དང་། །

上師本尊空行諸會眾

སངས་རྒྱས་ཆོས་དང་འཕགས་པའི་དགེ་འདུན་ལ། །

諸佛正法以及聖眾前

བདག་དང་འགྲོ་དྲུག་གུས་པས་སྐྱབས་སུ་མཆི། །

我與六道眾生敬皈依

發心偈：

བདག་དང་མཐའ་ཡས་སེམས་ཅན་རྣམས། །

我與無邊諸有情

ཡེ་ནས་སངས་རྒྱས་ཡིན་པ་ལ། །

本來即是正覺尊

ཡིན་པར་ཤེས་པའི་བདག་ཉིད་དུ། །

了知如是之自性

བྱང་ཆུབ་མཆོག་ཏུ་སེམས་བསྐྱེད་དོ། །

即發殊勝菩提心

迴向偈：

བསོད་ནམས་འདི་ཡིས་ཐམས་ཅད་གཟིགས་པ་ཉིད།།

此福願獲遍知果

ཐོབ་ནས་ཉེས་པའི་དགྲ་རྣམས་ཐམ་བྱས་ཏེ།།

摧毀作害之怨敵

སྐྱེ་དགུ་འཆིའི་ཐ་གྱོང་འཁྲུག་པ་ཡི།།

救護眾生皆擺脫

སྲིད་པའི་མཚོ་ལས་འགྲོ་བ་སྒྲོལ་བར་ཤོག

生老病死三有海

所修教言之引導分五：一、暇滿難得；二、壽命無常；三、輪迴痛苦；四、業因果；五、依止善知識。

乙一（暇滿難得）分十：一、思維閒暇之本體；二、思維差別之圓滿；三、思維惡趣之險地；四、思維難得之比喻；五、思維次第之數目；六、思維無義而空耗；七、思維因緣與緣起；八、思維生死之流轉；九、思維暇滿之讚頌；十、思維當生歡喜心。

丙一、思維閒暇之本體：

前行：皈依、發心。

正行：反覆觀想自己未墮於八無暇中，並且已獲得暇滿人身，應當心生歡喜而精進修法。

若轉生於地獄，則恆時遭受無邊寒熱之苦，根本沒有修法機會；

若投生為餓鬼，時時都要感受飢餓的痛苦，不會有

修法機會；

　　若轉為旁生，經常互相啖食、被役使殺害，則無有修法機會；

　　若轉於長壽天，一直處於無念禪定中長達數劫之久，最後臨終時生起邪見而下墮惡趣，因而不具備修法機會；

　　若生於邊鄙地方，那裡無有佛法的光明，自己不懂聞思修行，故無有修法機會；

　　若轉生為外道徒，自相續被可怕的邪見所束縛，從而沒有修法機會；

　　若生於暗劫中，因無有佛陀出世，連三寶的名號也聽不到，所以無有修法機會；

　　若生為瘖瘂之人，由於意根不具足，而不能堪為法器，如是無有修法機會。

　　本來不能修習佛法的情況比較多，但概括起來，除了這八種眾生，再沒有其他的了。今生中幸好沒有轉生八無暇，否則，絕不可能有機會修佛法。未轉生於八無暇，而有空閒修行佛法，則稱為「閒暇」。如今我已擺脫八無暇，獲得了閒暇之自性，因此應當唯行正法，精進修持。

　　後行：將所修善根迴向於一切眾生。

【提示語】：

修的時候不是坐禪，有些人也不要安住於無念當中，而是要好好地思維，把每一個問題在心裡想。想了以後，你就會真正體會到，人身難得並不是口頭上說說，而從內心深處有一種觸動，以後看到外道徒或旁生時，就會覺得幸虧自己沒有變成這樣。如果你沒有修的話，

看見旁生不會覺得人身難得，看見不信佛教的外道徒，也不會感到獲得暇滿人身不容易。

這次不是什麼都不想、什麼分別念都不起，所以在觀修之前，最好能把引導文先看一下，這樣修的時候就不用看了，對裡面的內容基本上清楚。清楚以後再進行思維，就會對法義有另一種感受。

以前很多上師修加行時，都反反覆覆這樣觀過，後來在實際生活中他會用得上。非常希望大家也能得到一些感覺。當然，剛開始的時候，你的分別念特別奇怪，不一定能收得回來，但久而久之，就不會有這種困擾了，慢慢會得到修行的境界。

麥彭仁波切講過，初學者應當先觀察修，然後安住修。我們現在這樣就叫「觀察修」，以分別念進行觀修，不是讓心一緣安住，如果心不時地胡思亂想，就要把它收回來，強迫它對法義進行思維。通過這種方式來修行。

第一修法終

大圓滿前行廣釋（一）附大圓滿前行實修法

丙二、思維差別之圓滿：

前行：皈依、發心。

正行：觀想十種圓滿，即五種自圓滿和五種他圓滿。

所謂「自圓滿」，是指觀待自己方面所具足的修法因緣。具體而言，一、假設沒有獲得人身，就不會有修法機會，但如今已得到了人身，故當生起歡喜心；二、倘若得到人身而諸根不全，尤其是意根不具足，變成癡呆、精神癲狂者，那法再殊勝也不能修行，但如今自己六根俱全，故無有此類過患；三、假如諸根具足卻生於邊鄙地方，由於無有正法，也照樣沒有修法機會，但如今已生在佛法興盛、有教法證法的中土，所以沒有這方面顧慮；四、如果雖生中土卻業際顛倒，自相續被邪見染污，那也無緣行持善法，可如今無有業際顛倒，相信「善有善報、惡有惡報」，因而理應值得歡喜；五、倘若業際無倒卻不信佛教，也不能行持正法，但如今信仰佛教，自心已轉入正法，因此具有修行機會。

前行實修法

這五條叫做五種自圓滿。對於每一個道理，要先看書，把轉生為人、諸根具足、生於中土、業際無倒、信仰佛教這些內容背下來，之後再合上書本，心裡開始一一觀想。最後會深深感到：「從自身方面，我今生因緣真的很好！不然的話，如果我變成啞巴，或者沒轉生為人，那怎麼有修行的機會呢？」思維之後，必定會生起歡喜心。

所謂「他圓滿」，是指需要觀待他緣才能具足的修法條件。具體而言，一、佛陀若沒有出世，則不會有機會遇到佛教，而今正值佛陀出世的時代，故而具足他圓滿；二、佛陀雖已出世，但若沒有宣講正法，我們眾生也得不到收益，而今佛陀已轉了三次法輪，故而具足他圓滿；三、佛陀雖已講經說法，但如果佛法已經隱沒，也對眾生起不到什麼作用，而今正法非常興盛，並未隱沒，故而具足他圓滿；四、佛法雖未隱沒，但若沒有皈入佛門也無濟於事，而今自己已趨入佛教，故而具足他圓滿；五、雖然已入佛教，但若沒有被具相善知識攝受，那麼對佛法的甚深教理將一無所知，而今已蒙具有智慧、慈悲的上師攝受，故而具足他圓滿。

佛陀出世、佛已說法、佛法住世、趨入佛教、善知識攝受，這五條叫做五種他圓滿。如此自己已經全部具足，應當生起極大歡喜心。

進而觀想：既然具足了十種圓滿，為使暇滿人身有實義，我必須要精勤修法。

後行：善根迴向於一切眾生。

第二修法終

大圓滿前行廣釋（一）附大圓滿前行實修法

丙三、思維惡趣之險地：

前行：皈依、發心。

正行：觀想如今我已獲得遠離八無暇、具足十圓滿的人身，若沒有依此修持大乘佛法，則肯定為業力所牽，死後墮入三惡趣。到時候連佛法的名稱也聽不到，更不要說實地修持了；再加上，不能值遇大乘善知識，進而無法了達善惡因果取捨，這樣一來，一切所作唯是造惡，無有善法，結果必定不斷流轉於輪迴中，感受無量無邊的痛苦，那將多麼悲慘啊！而現在，我遇到了殊勝的上師和佛法，又對修行善法生起信心，具足一切順緣，遠離一切違緣，因此，一定要認認真真精勤地修持佛法。

後行：迴向善根。

第三修法終

丙四、思維難得之比喻：

前行：皈依、發心。

正行：觀想整個世界變成無邊無際的汪洋大海，在被風吹動的海面上，有一具孔的木軛，為海浪所沖而不停地漂蕩。海底下有一隻盲龜，每一百年浮出海面一次。可想而知，這兩者相遇必然十分困難，因為盲龜沒有尋找木軛的眼睛，木軛也沒有尋找盲龜的念頭。但是

以偶爾的機緣，盲龜的頸也可能鑽入木軛的孔隙內，而從三惡趣中獲得人身比這更為困難。

此外，向光滑的牆壁上撒豌豆，必定統統掉在地上，顆粒難以存留。但憑藉萬一的機會，豌豆也可能在牆壁上停留，而獲得人身較此更難。

我即生中沒有墮入惡趣而獲得了人身，並具有修行佛法的機會，無論從哪一個角度觀察，都不是非常容易的事情。因此，應當珍惜此來之不易的因緣，以歡喜心精進修法。

後行：迴向善根。

【提示語】：

修行的時候，心一定要專注。專注並不是安住於阿賴耶或無記狀態中，而是要一心觀想所講的內容。

這樣集體觀修，很多人還是有一種收穫，心稍微不專注，馬上就能發現，然後收回來繼續觀。以前你聽到這些比喻時，並沒有太大感觸，而現在通過反覆思維，能強烈體會到人身很不容易得，這並不是口頭上說說而已。

今天修的是第四個引導，按照三天修一個引導的進度，已經修十二天了。有些人可能觀得很好，有些人可能比較散亂。其實不管你是老年人還是年輕人，這些沒什麼不會觀的。如果每一個引導能好好觀，以後講更高的密法時，那些境界很容易生起來。否則，你連人身難

得、壽命無常的見解都沒有，想證悟甚深境界簡直是空中樓閣。

這次我帶大家一起實修，機會還是比較難得，以前一直在理論上劃，如今想盡量付諸於實踐。當然，高深莫測的境界我也沒有，給你們帶修很慚愧，但人身難得沒什麼不會修的，所以給大家作一下簡單引導，有智慧的人應當認真觀修。

第四修法終

丙五、思維次第之數目：

前行：皈依、發心。

正行：思維一切眾生次第的數目：地獄眾生猶如夜晚的星星，而餓鬼眾生如同白天的星星；餓鬼眾生猶如夜晚的星星，而旁生眾生如同白天的星星；旁生眾生猶如夜晚的星星，而人類如同白天的星星。

在人類中，不信佛教、恆造惡業的數不勝數，而信奉佛教的極其稀少。比如在漢地一個大城市裡，人口有幾百萬、幾千萬，其中信佛教的卻寥寥可數，尤其能如理行持人身難得、壽命無常等正法者，更是絕無僅有。我如今已獲得珍寶人身，並遇到了殊勝的上師、殊勝的正法，自己也對三寶生起了信心，這是十分難得的緣分。因此，一定要精進修法。

前行實修法

後行：迴向善根。

第五修法終

丙六、思維無義而空耗：

前行：皈依、發心。

正行：觀想一個人到大海裡尋寶，如果去了如意寶遍地的寶洲，卻空手而歸，或者拿了一個假寶，這非常可惜也非常遺憾。按照世人的想法，到了一個如意寶洲，至少也應帶一部分珍寶回來，否則就太愚癡了。

同樣，我如今已到人身大寶洲，若未得佛法如意寶，沒有了解佛法的真實含義，一味耽著於今生無實義的瑣事，而虛耗自己的一生，則臨死時什麼境界都沒有，雖獲珍寶人身也是空走一遭。因此，我要珍惜現在的時光，下定決心精勤修法。

後行：迴向善根。

第六修法終

丙七、思維因緣與緣起：

前行：皈依、發心。

正行：觀想一切萬法依賴於心，心又依賴於身體，假如身體不允許，修心也極為困難。而如今，自己無病

大圓滿前行廣釋（一）附大圓滿前行實修法

無苦，未被他人所縛，既有萬法所依賴的信心，也有心所依賴的暇滿人身，各方面順緣皆已具足，在自由自在之此時，若不修行更待何時？故當全力以赴勤修正法。反覆對照自己而深入思維。

後行：迴向善根。

第七修法終

丙八、思維生死之流轉：

前行：皈依、發心。

正行：觀想三界六道的一切眾生，無始以來輾轉於生死輪迴之中，感受各自的強烈痛苦，但到目前為止，仍無有解脫之際，這完全是由於曾獲暇滿人身時未修正法、虛度人身所導致。我如今已獲得暇滿人身，為令其具有實義，必須精進修持正法。

後行：迴向善根。

第八修法終

丙九：思維暇滿之讚頌：

前行：皈依、發心。

正行：再三觀想一切聲緣阿羅漢，都是依靠暇滿人身而獲得；大乘一地到十地之間的菩薩，乃至究竟佛

前行實修法

果，也是依靠人身而獲得；密宗四大持明等解脫果位，也唯有依賴暇滿人身方可成就。因此，不論是大乘小乘、顯宗密宗，最殊勝的所依即是暇滿人身。如今我已擁有這樣的人身，一定要利用它不斷地修持，從而獲得解脫道。

後行：迴向善根。

第九修法終

丙十、思維當生歡喜心：

前行：皈依、發心。

正行：再三觀想我獲得人身非常幸運，就如同身無分文的窮人撿到如意寶，或者乞丐得到一百萬人民幣般喜不自禁，高興得晚上都睡不著。世間上有這麼多人，修行佛法的寥寥無幾、非常罕見，而今我擁有了暇滿人身，修什麼法都自由自在，邊看自己的暇滿人身邊思維：這究竟是夢還是真的呢？進而從內心中生起無比的歡喜心。

後行：迴向善根。

【提示語】：

我有時候也這樣想：世上那麼多人沒有遇到佛法，而我不但遇到了佛法，還遇到這麼好的上師，基本懂得佛法教理，現在真的很快樂！昨天我遇到一些居士，有些人也

說自己即生中遇到這麼好的佛法，現在有修行的機會，這是最開心、最快樂的一件大事。所以，大家有了暇滿人身，理應生起歡喜心，這樣的話，修行佛法才會有勇氣、有能力。

觀修的時候，按照無垢光尊者教言，持心性休息手印⑨也可以，或者雙手結定印也可以。

「人身難得」分十個修法，這是最後一個引導。你們對人身難得觀得怎麼樣，可以好好看一下。如果觀得不太好，則應多翻閱《大圓滿心性休息大車疏》、《前行備忘錄》、《大圓滿前行引導文》，這三本書對人身難得的修法講得非常好。

我們這次實修，只是歸納性、象徵性地觀想。有些人修得非常不錯，確實覺得人身難得，如今有機會修持佛法，心裡特別開心；而有些人只是做個樣子而已，並沒有潛心去觀修。不管怎麼樣，我的任務完成了，如果沒有出違緣，我想把顯宗部分的引導全部講完就可以。

第十修法終

⑨兩手搭在兩膝上，就像無垢光尊者像的姿勢一樣。

乙二（壽命無常）分十二：一、觀蘊身而修無常；
二、觀世間尊主而修無常；　三、觀器情成壞而修無常；
四、觀諸佛聖士而修無常；　五、觀死亡不定而修無常；
六、觀有為法自性而修無常；七、觀驟然死緣而修無常；
八、觀獨自離世而修無常；　九、觀時代士夫而修無常；
十、觀無可信賴而修無常；十一、觀外緣不定而修無常；
十二、觀厲力希求而修無常。

丙一、觀蘊身而修無常：

前行：皈依、發心。

正行：觀想不論是任何眾生的身體，均由眾多肢節聚合而成，雖然現在依靠衣食等，對其進行裝飾、擦拭、維護，可是一旦死亡來臨，必將離衣裸體，被扔到尸陀林，為豺狼鷹鷲所食，或者拖到火化場變成一堆灰。我特別喜歡的這個身體，現在雖然盡心維護，但再過一段時間會化為烏有，無論是骨頭、肉、皮膚，都不會留下一點一滴。因此，我如今必須行持正法。

後行：迴向善根。

第十一修法終

大圓滿前行廣釋（一）附大圓滿前行實修法

丙二、觀世間尊主而修無常：

前行：皈依、發心。

正行：觀想在整個世間中，非常有智慧、有能力的大梵天王、帝釋天王、大自在天王、遍入天王、仙人等，威光奪目，智慧廣大，壽量長達數劫，具足五通等無量神變。包括孔子、老子等賢聖，以及唐宋元明清的歷代皇帝，其眷屬、智慧、威望也為眾人望塵莫及。但他們最終也有死亡之時，像我們這些小螞蟻一樣微不足道的人，即便有暫時的權勢財富，水泡般的骨肉身體也毫無實義，最後會紛紛離開人間，化為一堆白骨。

既然一切均為無常，死時什麼也帶不走，我應當下決心，在短暫的人生中，修持對來世有利的正法。

後行：迴向善根。

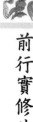

【提示語】：

這樣觀修很重要，希望你們一定要修，如果《前行》的基礎沒打好，修任何法都很困難。這個法並不是理論上了知就可以，必須要在心裡反反覆覆地思維、體會。課堂上若修得不太滿意，私下來應結合堪布阿瓊的講義，一定要多下苦功，對這些引導不斷地觀修。

其實，修的過程中，找到一種感覺很重要。今天有些發心人員也探討了，在某些問題上如何才能找到感覺。包括我每次傳法之前的備課，因為沒有太多時間，

前行實修法

也是先要找感覺，假如找不到，就算講了很多，自己對自己也不滿意。同樣，修這個引導文時，最關鍵也是找到感覺：「哦，世間一切尊主，不論天人還是人，都是無常的，我就更不用說了，所以一定要修法。」若能經常這樣串習，修行真的會成功，否則，紙上談兵起不到什麼作用。

今年我們既要修共同加行，又要磕頭等修不共加行，依靠上師三寶的加持，前行的境界肯定會在每個人的相續中生起來。如果前行修得好，再過二十年，修過加行的人，定會變成真正的修行人；如果前行沒有修好，我今天雖然可以給你們傳一個直指心性的法，但由於沒有基礎，找不到感覺，心沒有調柔，再過二十年，你們也許會變成持邪見者等各種各樣的人。其實，這個引導文很殊勝，能不能品嘗到它的妙味，關鍵是看自己。

第十二修法終

丙三、觀器情成壞而修無常：

前行：皈依、發心。

正行：觀想高山、平地、草原為主的外在器世界，以及各個國家、各個民族的男女為主的內在有情世界，其本性也是無常的。外器世界終會為壞劫七火一水所毀，內情世界也沒有一個不死的眾生，我們這些人的身

大圓滿前行廣釋（一）附大圓滿前行實修法

體和壽命又豈能長存？

既然器情一切世界皆為無常，沒有一個實有堪能之法，那我沒有必要再去執著，即生中最有意義的唯是勤修正法。

後行：迴向善根。

第十三修法終

丙四、觀諸佛聖士而修無常：

前行：皈依、發心。

正行：猛厲觀想昔日的毗婆尸佛、尸棄佛、釋迦牟尼佛等七佛及其眷屬、中間的聲聞緣覺及其眷屬等，都已先後出世、入滅。他們的教法也隨著歷史變遷，歷經無數興衰。既然諸佛菩薩和高僧大德都避免不了無常，那麼像我們這些人以及親眷，又怎能恆常存在呢？因此，我從現在起，應當恆修對生生世世有利的正法。

後行：迴向善根。

前行實修法

【提示語】：

我經常這樣想：法王如意寶以前在世時，每一次開法會都人山人海，數量多達幾十萬人，場面非常隆重。可是現在只剩下美好的回憶，除此之外什麼都沒有，就像昨天晚上的夢一樣。包括一代一代的領導，過去也曾

風光無限、輝煌萬分，權力和眷屬都無人能及，可現在變得落魄潦倒、不名一文。前幾天我看了一本書，是講述一位中國的偉大領導人，上面附了他年輕時的照片、老年時的照片，一直到死後的遺照。所以無常很容易觀，再過二十年，在座的很多道友也會離開人間，即使沒離開人間，也不可能一直待在這個道場。

現在我們學院中，二十多年前的僧人基本上看不到了，有些已經去世了，有些已經離開了。那天我跟幾個道友談論，發現好多都是新來的，根本不認識。中午供齋的時候，我想找個熟悉的僧人一起吃飯，但到處找也找不到，全是陌生的面孔。在座的老常住可能也有這種感覺，七八年前的道友，現在幾乎都沒有了。包括我座下的「講考班」，死的死、走的走，也不斷地在換。有人跟我說要把這些人定下來，不要經常換人。然而沒辦法，無常本來就是這樣，每個人的身體和心識在剎那遷變。所以無常很容易修！

第十四修法終

大圓滿前行廣釋（一）附大圓滿前行實修法

蓮花塔

菩提塔

轉法輪塔

神變塔

八大佛塔

天降塔

和合塔

尊勝塔

涅槃塔

前行實修法

310